“十三五”高职高专护理专业立体教材

精神护理

主编　杨礼芳　邬君芳

河南科学技术出版社

·郑州·

图书在版编目（CIP）数据

精神护理/杨礼芳，邬君芳主编．—郑州：河南科学技术出版社，2017.1（2019.1 重印）
ISBN 978-7-5349-8151-7

Ⅰ.①精… Ⅱ.①杨… ②邬… Ⅲ.①精神障碍-护理学-高等职业教育-教材 Ⅳ.①R473.74

中国版本图书馆 CIP 数据核字（2017）第 009954 号

出版发行：河南科学技术出版社
地址：郑州市经五路 66 号　　邮编：450002
电话：（0371）65788110　65788001
网址：www.hnstp.cn
总 策 划：李喜婷　马艳茹
策划编辑：范广红　马晓薇
责任编辑：武丹丹
责任校对：柯　姣
封面设计：张　伟
版式设计：张金霞
责任印制：张艳芳
印　　刷：河南龙华印务有限公司
经　　销：全国新华书店
幅面尺寸：185 mm×260 mm　　印张：12.75　　字数：308 千字
版　　次：2017 年 1 月第 1 版　　2019 年 1 月第 2 次印刷
定　　价：36.00 元

"十三五"高职高专护理专业立体教材编审委员会名单

《精神护理》编写人员

主　编　杨礼芳　邬君芳

副主编　张　华　李　婕

编　委　（以姓氏笔画为序）

王　平　湖南中医药高等专科学校

王荣俊　合肥职业技术学院

邬君芳　雅安职业技术学院

李　婕　湖南省娄底职业技术学院医学院

杨礼芳　湖南中医药高等专科学校

张　华　郑州大学第一附属医院

焦传安　安徽医科大学附属巢湖医院

出版说明

“十三五”高职高专护理专业立体教材由河南科学技术出版社组织，全国十几所院校的教师共同参与完成编写。本系列教材自 2005 年出版以来至今经过三次大的修订再版。根据教育部、卫生部颁布的《三年制高等职业教育护理专业领域技能型紧缺人才培养指导方案》，于 2005 年出版了第一版教材。使用两年后，为了改进第一版教材的不足之处，适应护理人才培养要求，2008 年对教材进行再版修订，出版了第二版。课程目录由原来的 22 门调整为 26 门；对部分课程从护理专业角度进行了更为准确的定位，教材内容实行整体优化。

卫生部于 2011 年颁布了新的护士执业资格考试大纲。新大纲打破传统的内、外、妇、儿和基础护理的划分局限，疾病按系统、器官分类；新增了护理相关的人文科目，新大纲修改与新增内容共有 102 处。为突出护理专业特点，紧扣新大纲的要求，于 2012 年出版了第三版教材。经过八年多的教学实践证明，第二版、第三版教材在整体框架上是优良的，对护理专业人才培养做出了积极的贡献。

为了促进高等职业学校课程建设和教育质量的整体提高，建立“高效学习、自主学习”的模式，为了顺应“互联网+”的发展趋势，推进信息技术与教育教学的全面深度融合，为了适应职业教育数字化快速发展的形式，更好地利用优质教学资源，有效地将各高等职业院校的数字教学资源与教材相结合，促进高等职业学校课程建设和教育质量的整体提高，河南科学技术出版社于 2016 年出版了“十三五”高职高专护理专业立体教材。本套立体教材包括 34 门科目，全面覆盖护理专业基础课程、临床课程、实训课程、拓展课程。本套教材特色如下：

1. 一书在手，学理论、看微课、做试题、练操作

在纸质教材上印制二维码，扫描二维码，学生即可进行试题练习、模拟考试，也可观看动画、微课及实验操作等视频材料，丰富了纸质教材的有限表达形式，是真正意义上的立体教材。一书在手，实现多媒体教学。

2. 用匠人精神，打造精品资源

资源是立体教材的重中之重，本套教材配套数字资源全部由全国范围内知名院校特色专业的专家主持建设，确保资源的时效性、规模都高于行业标准。

3. 结合平台，电脑学习功能更强大

教材在使用过程中，结合河南科学技术出版社现有的“爱乐课数字资源学习平台”，

老师可进行在线教学、资源上传、一键收发作业、在线测试、自动批卷等，实现数字化教学，为老师带来了便利的同时，大大节约了教学资源。学生可以随时通过手机、电脑登录平台，进行课件查阅、观看微课、模拟练习、模拟操作等，提高学习兴趣和学习效率。

4. 搭配护士执业考试专用 APP，为护考保驾护航

扫描教材目录后的二维码，可直接下载河南科学技术出版社开发的护考专用 APP“护考点点通”（已上线），该 APP 拥有精选题库、历年真题、模拟试卷等板块，可帮助学生顺利通过护考，提高执业资格考试通过率。2016 年注册人数达 12 000 人，在同类 APP 中遥遥领先。

5. 不带课本也可以学习的 APP——掌上课程

配合教材开发“掌上课程”手机 APP（正在制作），每一门课程的全部文字、数字内容都可以在 APP 中得到直观的体现，不用随身携带书本，手机在手，随时随地学习、测试、看视频、进行互动。

6. 专业特色鲜明

教材紧密结合护士执业资格考试大纲，突出护理专业特点，力求体现思想性、科学性、先进性、启发性。

作为本套教材建设委员会的主任委员，感谢各成员学校领导的积极参与、全面支持与真诚合作；感谢各位主编和编者团结一致，克服了诸多困难，创造性地、出色地完成了编写任务和数字资源建设任务；感谢河南科学技术出版社以及有关单位的全力支持与帮助。

尽管我们尽了最大努力编写本套教材，但由于水平所限，不足之处仍在所难免，希望使用这套教材的广大师生和读者能给予批评指正。

邵一江

2016 年 8 月

前　言

为进一步深化高职高专护理专业教育改革，提高护理专业教学质量，满足社会发展对护理人才的需求，根据全国高职高专护理专业“十三五”规划教材建设研讨会精神，编写了供高职高专护理、助产专业使用的《精神护理》立体教材。

本教材编写坚持贯彻高职高专“培养技能型、实用型高级护理人才”的目标，以“必需、够用”为原则。在阐述学科知识时，本教材以现代化护理观为指导，将知识与技能相结合，使学生在掌握精神护理理论基础的同时，拥有规范的专业操作技能，同时强调职业素质，培养良好的职业道德、职业情感和职业态度。

本教材为坚持“以人为本”原则的创新型立体化教材。①以学生为本，创新教材呈现形式：根据高职高专护理类教育的特点和需求，在纸质教材上印刷二维码，学生通过扫描二维码连接到网络增值服务平台，平台内设有试题库、图片、微课、动画、多媒体课件、电子教案等资源，使教材更加立体化、形象化、情景化、动态化。②以学生为本，创新教材内容：引入经典案例、明确学习目标，培养学生学习主动性；结合护理职业标准，教材内容涵括护士职业资格考试大纲中与精神护理相关的内容，有利于提高学生护士执业资格考试的通过率；教材以知识链接方式，结合精神护理新知识、新方法、新技术，丰富和创新教学内容和方法，可使学生更好地适应临床护理工作，同时利于学生可持续发展。③以护理服务对象为本，结合护理岗位工作任务：教材内容共 14 章，包括绪论、精神障碍的基本知识、精神障碍患者护理的基本技能、精神科常见危机的防范与护理、精神科治疗方法与护理、器质性精神障碍患者的护理、精神活性物质所致精神障碍患者的护理、精神分裂症患者的护理、心境障碍患者的护理、神经症性障碍和游离（转换）障碍患者的护理、心理因素相关生理障碍患者的护理、人格障碍与性心理障碍患者的护理、儿童及少年期精神障碍患者的护理、精神障碍患者的社区护理和家庭护理，最后附录有中华人民共和国精神卫生法、90 项症状清单、焦虑自评量表、抑郁自评量表。各章节均以护理程序为框架，重视对护理服务对象的身心护理。坚持患者安全第一的原则，实施" 因人施护、因地制宜、因病而异" 的个性化护理。

本教材编写过程中，聘请了临床一线护理专家和一线护理教师，坚持以权威部门颁布的法律条文为准入原则，本着严谨求学的科学态度，保证教材有效的统筹规划，凸显教材的科学性、实用性和先进性。

由于编者水平和时间有限，教材中难免有疏漏之处，诚挚希望使用本教材的师生和护理界同仁给予谅察并惠正，从而不断改进，提高教材质量。

编　者

2016 年 12 月

目　录

第一章

绪 论

学习目标

1. 掌握精神护理的基本任务。
2. 熟悉精神障碍与精神护理的概念；精神护理工作的主要内容及要求。
3. 了解精神护理的发展简史、现状和发展趋势。
4. 具有严谨求实的学习态度，具有关心、爱护、体贴患者的职业道德。

第一节 精神护理的主要概念与任务

一、精神护理的主要概念

1. 精神 指客观事物在人脑的主观反映，也称为心理。

2. 精神障碍 在各种生物、心理和社会因素影响下，大脑功能发生紊乱，导致认识、情感、意志、行为等精神活动异常的疾病称为精神障碍，又称精神疾病。

3. 精神护理 是精神病学的一个重要组成部分，又是护理学的一个分支。是以一般护理学为基础，以护理心理学为导向，以人类异常精神活动与行为的护理、保健、康复为研究对象，应用护理学、心理学、精神病学等专业知识与技能，从生物、心理、社会等多方面研究和帮助精神障碍患者以及健康、亚健康人群保持和恢复精神健康、预防精神障碍的一门独立学科。

二、精神护理的任务

（1）研究对精神障碍患者科学护理的理论和方法并及时运用于临床，探讨护理人员在预防精神障碍方面的作用，为科学、全面地护理精神障碍患者提供理论依据。

（2）研究和实施接触、观察精神障碍患者的交流沟通技巧，探讨接触、观察精神障碍患者的有效途径，通过各项护理工作及护理人员的语言、行为，与患者建立良好的护患关系，保证护理措施的有效实施，确保患者安全、舒适、愉快和健康。

(3) 研究和实施对不同种类精神障碍患者各种治疗的护理，如药物治疗的护理、心理治疗的护理、工娱与康复治疗的护理等，确保诊断、治疗任务的顺利完成。

(4) 研究和实施如何维护患者的权利与尊严，使其得到应有的尊重与合适的治疗；培养和训练患者的生活能力、社会交往能力，使其在疾病好转后能及时重返社会。

(5) 研究和实施如何密切观察有关精神方面的病情变化，详细记录、协助诊断，防止意外事件的发生，并为医疗、教学、科研、法律和劳动鉴定等积累重要资料。对精神卫生护理人员进行培训，不断提高其职业道德素质和专业业务水平。

(6) 探索和理解不同精神障碍患者的内心病态体验和正常的心理需求，找出正确的护理问题，实施有效的护理措施，给予准确的护理评价，使整体护理在精神护理中发挥作用。

(7) 研究与实施对精神障碍患者和亲属开展康复教育，争取患者早日康复，尽可能减少复发；对社区公众开展精神卫生宣传教育工作。

第二节　精神护理发展简史

精神护理是随精神卫生事业和护理学的进步而发展起来的。

一、国外精神护理发展简史

在远古时期，人们将精神行为异常归属于超自然现象，通常认为精神障碍的发生是因为魔鬼附身、灵魂离体或冒犯了上帝与神灵。因此精神病患者常常遭到监禁、捆绑、鞭打、挨饿、受冻乃至火烧等，这些被认为是驱神赶鬼的方法，根本谈不上护理。直到近百年前，精神医学经历了4次革新，才成为独立的医学分支学科，走向较快的发展道路。精神护理也随之发展起来了。

知识拓展

精神医学发展的四次革新

第一次革新：法国精神病学家比奈认为精神障碍是可以治疗的，主张人道地对待精神障碍患者。

第二次革新：奥地利弗洛伊德创立精神分析学派，突破了器质性病因论研究的瓶颈，将精神医学带入“心因性病因论”。

第三次革新：社区精神卫生运动的开展。

第四次革新：生物精神医学的发展。

国外有关精神护理的文字记载源于1814年希区在精神病疗养院使用受过专门训练的女护士进行专门的看护工作。

继之，南丁格尔在《人口卫生与卫生管理原则》一书中强调注意患者的睡眠与对患者的态度，防止精神障碍患者伤人、自伤。从此开始要求护理人员在工作中不能忽视对精神问题的关注。

1873 年，理查兹提出要以对内科疾病患者护理的同等水平来护理精神障碍患者，重视患者躯体方面的护理与生活环境的改善，她确定了精神科护理的基础模式，被称为美国精神护理的先驱。

1882 年，美国在马萨诸塞州的马克林医院开办了学校，专门培训精神科护理人员，它包含 2 年的课程，但课程中很少有精神科方面的内容。

20 世纪中叶，精神科护理职能拓宽到协助医生观察精神症状、运用基础护理技术协助对精神障碍患者进行治疗等。1954 年，苏联《精神病护理》一书详细阐述了精神障碍患者的症状护理与基础护理。1977 年，恩格尔提出生物—心理—社会医学模式，罗伊、奥瑞姆等带领现代精神护理学发展到了整体护理模式。

二、我国精神护理发展简史

我国一直有“三分治疗，七分护理”的说法。古代关于精神障碍专科护理的记载极少。清末民初，精神医学随传教士进入我国，修女们提供了大量的非专业护理服务，1897 年在广州建立了我国第一所精神病医院。其后，北京于 1906 年、大连于 1932 年、长沙于 1934 年、上海于 1935 年、成都于 1944 年、南京于 1947 年相继建立了精神病医疗和教学机构，受过专门培训的护士进入精神障碍收容机构提供专业的护理服务。

新中国成立后，精神护理学事业逐渐受到重视，全国各地相继建立了各级精神病院，部分地区陆续建立了系统的精神障碍防治网。至 20 世纪 50 年代，除西藏自治区因当时条件所限外，21 个省、市先后新增设精神病医院 62 所。1958 年，我国各主要精神病医院实行了开放式和半开放式管理制度。到 1985 年，全国共有精神病医院 348 家。1990 年成立了中华护理学会精神科护理专业委员会。随着改革开放的发展，我国精神科护理与国际护理交流日益增多，精神科护理理念、临床实践和基础研究逐渐与国际接轨，先后引入了责任制护理、整体护理、临床路径护理等护理模式，并取得了丰硕的成果，我国精神卫生工作随着经济社会的发展而步入快速、持续发展的时期。

第三节　精神护理工作的主要内容与要求

精神护理工作的对象是有各种精神障碍的患者，关注的是精神和行为方面的异常，还需掌握精神障碍与躯体疾病相互影响的问题。因此，精神护理工作有其独自的特点和要求。

一、精神护理工作的主要内容

精神护理工作的主要内容包括基础护理、心理护理、危机状态的防范与护理、特殊治疗的护理等。这里仅强调几项精神护理的特殊内容。

1. 治疗护理工作　主要是针对精神障碍患者提供护理服务，此项工作通常是在精神病专科医院或综合医院精神科进行。精神障碍患者对疾病缺乏自知力，不认为自己有病，无治疗要求或强烈反对接受各种必要的治疗，所以保证医嘱的执行是精神护理的一项重要内容。其主要职责是通过专科护理，为患者提供良好的治疗环境，保证医嘱的执行，采取积极有效的护理措施，尽可能地缩短病程，减轻和消除患者痛苦。

2. 康复护理工作　配合医生，指导和帮助精神障碍患者培养和恢复生活技能、社交技能和工作技能，使患者回归社会、独立生活并尽可能提高生活质量。此项工作可分别在医院、家庭和社区中进行。

3. 健康教育工作　主要针对社区居民的心理健康需要，应用心理学、社会学、精神医学及公共卫生知识，开展社区精神卫生工作，为社区人群提供精神卫生预防、心理健康教育、心理咨询等技术服务，提高社区人群精神健康水平，防止和减少精神障碍的发生。

二、精神护理工作的要求

（一）精神护理人员的角色与职责

1. 治疗者　精神护理人员既是精神药物治疗的执行者，又是心理治疗的实施者。在掌握心理治疗理论和技术的基础上，可以与其他精神卫生人员一起合作，制定和参与患者的行为治疗、松弛治疗、小组心理治疗及家庭治疗。

2. 管理者　精神护理人员既是环境设施的管理者，又是患者的组织管理者。首先要给患者提供舒适、整洁、安全的治疗环境。房间应保持宽敞明亮，安全设施要完善齐全，保障患者进行心理治疗和行为矫正的场所及从事娱乐、人际交往的空间。

3. 辅导者　精神护理人员要帮助患者矫正病态行为，训练患者遵守住院规则、按时作息、整理个人卫生、参加集体活动、重新学会与人交往等，从而早日回归社会。

4. 教育者　精神护理人员作为教育者肩负两个重要责任。一是对精神障碍患者及其家属的宣传教育，使其掌握有关精神障碍的预防、诊断、治疗、护理及康复的一般常识，提高患者自理能力和对治疗的顺从性。二是定期和不定期地参加社区精神卫生宣传教育活动，通过多种形式向社区公众介绍精神卫生知识，促进社区人群的心理健康。

5. 咨询者　由于精神护理人员处在与精神障碍患者及其家属直接打交道的最前沿，处在与社区人群面对面接触的第一线，因此精神卫生护理工作者应掌握一定的心理咨询基本知识与技能，随时为患者及其家属、公众解答有关精神卫生方面的问题。

6. 协调者　由于精神障碍病因复杂，影响疾病发生、发展、转归的因素太多，因此精神障碍防治需要多学科共同配合与共同协作，精神护理人员要充当协调者，使医生、护士、心理治疗师、社会工作者以及家属都能围绕患者的问题相互配合，使药物治疗、心理治疗、社会治疗相辅相成，达到最佳疗效。

7. 父母替代者　某些重症精神障碍患者在发病初期往往丧失了自理能力，安全意识减退，需要护理人员为其提供个人卫生、饮食、睡眠，特别是安全等多方面的生活照顾。要安慰和鼓励患者消除焦虑和恐惧，使其获得信任感和安全感。

（二）精神护理人员的素质要求

当前，精神护理已发展成为一门独立学科，护理模式也由传统的功能制护理模式向生物—心理—社会整体护理模式发展。为了适应这种发展，精神护理人员应具备以下素质：

1. 良好的心理素质　精神护理人员必须具有敏锐的观察能力和分析能力，保持健康、积极、稳定的情绪，同时还应具有坚强的意志和慎独精神。

2. 良好的职业道德素质　精神护理人员必须具有全心全意为患者服务的精神，尽力维护患者的尊严，保护患者的利益，保守患者的隐私，建立良好的护患关系。

3. 扎实的医学理论素质　精神护理人员必须不断加强继续教育，不断增长心理学、社会学、生物医学和神经科学等方面的理论知识，不断掌握新知识、新技能，提高实际工作能力。

4. 强烈的敬业素质　精神护理人员要热爱本职工作，有强烈的责任心和真诚的服务态度。

（三）精神护理相关的伦理学与法律问题

精神护理相关的伦理学与法律问题是精神护理工作中一个非常重要的内容。

1. 精神护理相关的伦理学问题　伦理学最基本的三个原则是尊重、有益和公正。精神护理人员要把患者的利益放在首位，要以帮助患者解除病痛、促进患者心身健康为首要目标。在护理过程中要尊重患者的人格、尊严、权利和自主性。对待患者要平等，以真诚、友好和共情的态度服务患者，不受患者的背景、出身等影响。不泄露患者隐私和医疗信息，并且关注患者的长期发展和家庭和谐。自觉遵纪守法，不以公谋私。

2. 精神护理相关的法律问题

（1）知情同意：知情同意是精神护理工作中一个必不可少的法律和伦理规定的行为准则。由于受到精神疾病的影响，有些患者在疾病的某些阶段做出正确决定的能力受损。精神障碍患者的知情同意要注意：①有做决定能力的精神障碍患者应由自己完成知情同意过程。②没有做决定能力的精神障碍患者应由合法的代理人完成知情同意过程。合法代理人国内一般为配偶、父母、其他直系亲属、一般亲属等。

（2）精神医学司法鉴定：精神障碍患者可能在幻觉、妄想等精神症状的支配下出现冲动、伤人、毁物等违法行为时，需要进行鉴定，明确患者需要承担的法律责任。精神障碍司法鉴定的目的是维护精神障碍患者的合法权益，出现违法行为时有减免刑罚之规定。

（3）强制性医疗：出现违法或有严重自伤、自杀等行为的患者，应由其监护人严加管教和治疗。一般由其监护人同意、医生签字认可即可住院。但近年来有多起关于精神病患者住院后否认有病，转而起诉医院侵害名誉权的民事诉讼，应引起重视。1980 年以来，大部分省、市、区建立了由公安部门管理的安康医院，专门收治有违法行为或有严重危险性的精神病患者。

（杨礼芳）

扫码看 PPT　　扫码做练习

第二章 精神障碍的基本知识

学习目标

1. 掌握感知觉障碍、思维障碍、自知力障碍、情感障碍、意志行为障碍的特点。

2. 熟悉精神障碍的分类，注意障碍、记忆障碍、智能障碍、定向力障碍及意识障碍的特点。

3. 了解精神障碍的病因。

情景导入

患者，女，22岁。因自语自笑、疑心重1个月入院。患者2年前失恋后出现异常言行，表现为好独处、沉默寡言、失眠、学习成绩下降，逐渐出现生活懒散、邋遢，反复照镜子，独自凝视或痴笑。半年前开始胡言乱语，说学校老师和同学背后说她坏话，想害她，在她的食物和水里下毒，曾离校出走1天。1个月前患者无故称同寝室同学害她，与同学争执，由家长送入院治疗。

既往体健，平素性格内向温和，与同学关系较好，学习成绩优秀。

其姑母有精神病史，病情不详。

精神检查：意识清晰，定向力完整，仪容不整，表情兴奋激动。患者称自己的眼睛一个大一个小；听到有声音说她“是丑女人，没人会爱她”，叫她离开学校；走在街上，发现到处有人跟踪自己，用怪异的眼神看自己；怀疑同学在她水杯中下毒，喝水时发现有怪味；怀疑老师害她，用电脑芯片控制她，使其头昏、恶心。

问题：

1. 该患者的病因有哪些？

2. 该患者有哪些精神病性症状？

精神障碍表现为各种精神活动的异常，而精神活动受到自然环境、社会环境及个体功能状态的影响，所以在病理状态下表现出的精神症状也千差万别、错综复杂。本章从精神障碍的病因学、诊断分类学及症状学三方面介绍精神障碍的基本知识。

第一节　精神障碍的病因学

脑的结构与功能正常是精神活动正常的前提与基础，凡能影响脑的发育、损害脑结构与功能的一切因素都将导致精神障碍。目前，对于精神障碍的病因学认识尚存在许多未知数，但已经证实以下因素与精神障碍密切相关。

一、生物学因素

1. 遗传因素　从对精神障碍的家系调查，到进行双生子、寄养子研究，再到引入现代分子遗传学研究，人们对精神障碍的遗传性有了较深刻的认识。迄今为止，比较公认的是一些精神障碍如精神分裂症、情感性精神障碍、某些神经症的发生与遗传因素有比较肯定的关系，他们属于多基因遗传，即受到多对非等位基因控制的遗传，遗传者表现的只是一种患病的倾向或患病的素质，疾病的发生由遗传因素与环境因素共同起作用，其中与环境因素相比，遗传因素所起的作用大小叫作遗传度。需要引起我们重视的是，即便是遗传度较高的疾病，环境因素在疾病的发生、发展、严重程度、病程及预后方面仍然起到非常重要的作用。如精神分裂症同卵双生子的同病率不到50%，这说明虽然精神障碍存在遗传倾向，但通过调控环境仍能达到预防、控制精神病的发病。

2. 躯体疾病因素　急慢性躯体感染、颅内感染、占位性病变、血管病变、代谢、内分泌疾病、缺氧、维生素缺乏等引起脑功能或结构异常均可引起精神障碍。如脑炎、急性感染所致谵妄、老年痴呆、血管性痴呆、肺脑综合征等。

3. 理化因素　颅脑外伤引起的脑组织损伤，可导致短暂或迟发而持久的精神障碍。此外，影响中枢神经系统的各种物质均也可导致精神异常，如精神活性物质酒精、吗啡、冰毒等导致各种兴奋症状，长期大量超标接触苯、有机汞、重金属盐、有机磷农药等毒物，中毒后可出现精神异常。

4. 性别、年龄因素　年龄和性别虽然不是致病因素，但可作为一个发病条件，影响精神障碍的发生。有些精神障碍男、女性别比例有明显差异，如抑郁症、癔症、焦虑症、强迫症等，女性发病率高于男性，而儿童多动症、躁狂症、酒瘾、反社会型人格障碍男性发病率高于女性。不同的精神障碍高发年龄段也不一致，如强迫症多发于青春期，精神分裂症多发于青壮年，痴呆则多发于老年期，而某些儿童期发生的精神障碍如多动症成年期后可能好转。

二、心理、社会因素

1. 人格特征　人格指个体与社会环境相互作用表现出的一种独特的行为模式、思维模式和情绪反应的特征相对稳定，具有可预测性。某些人的人格自幼就明显偏离正常、适应不良，称之为人格障碍。有些人格障碍与精神障碍关系十分密切，如具有表演型性格的人容易罹患癔症，具有强迫性格的人容易罹患强迫症，分裂样人格障碍者则患精神分裂症的可能性较大。此外性格对精神障碍的发生发展也有重要影响，如具有开朗、乐观性格的人，对人坦率、亲热，在心理应激过程中对挫折表现出较强的耐受性；而相对拘谨、敏感、多思多虑的人常对人心存疑虑戒备，对心理应激的耐受能力较差，则易患神经症、心身疾病，滥用酒精与药物等。

2. 精神应激因素　精神应激通常是指生活中某些事件引起个体精神紧张和感到难以应付而造成的心理压力。精神应激与精神障碍的关系可以看成是一个致病谱，某些强烈的精神应激可直接导致精神障碍，如地震、火灾、战争、被强奸、被抢劫、亲人突然死亡等可能引起反应性精神障碍或某些神经症、癔症发作；而相对轻微的精神应激在疾病中作用很小，如精神分裂症、情感性精神障碍等，疾病的发生主要以生物学因素为主，精神应激至多作为诱发因素存在；两端之间的则是神经症、身心疾病，这些疾病的发生与精神应激、行为方式有密切关系，但也与个体的性格与素质密切相关。

3. 社会因素　自然环境（如污染、噪声、生存空间过小）、社会环境（如社会动荡、社会大的变革、人际关系紧张）等均可能增加精神压力，诱发精神障碍。不同的文化环境、亚文化群体的风俗、信仰、习惯都可能影响人的精神活动，诱发疾病或使发生的精神障碍打上文化的烙印。如癔症在文化水平较低的农村发病率较高，精神分裂症的发病率则城市明显高于农村；农村中精神分裂症的妄想多为妖魔鬼怪等迷信内容，而城市中精神分裂症的妄想则多为激光、遥控等高科技内容。家庭、社会的态度和反应是影响精神障碍的发生、发展、预后的重要因素，良好的社会支持就像应激与疾病之间的缓冲器，让人在遇到应激事件时，更好地应付困难，降低应激事件对人的身心健康产生的消极影响，降低精神障碍的发病率。

纵观上述对精神障碍病因的探讨，生物学因素和心理社会因素，即内因与外因在精神障碍的发生、发展中共同发挥作用。在不同的精神障碍中，不同的致病因素所起作用大小不同。许多精神障碍的发生是多种因素共同作用的结果。

第二节　精神障碍的诊断分类学

在西方医学中，早在公元前 4 世纪，希波克拉底就有对精神障碍的记载，然而直到 19 世纪，精神障碍的分类仍然十分混乱，19 世纪末，德国神经精神病学家克雷丕林（kraepelin）从临床症状描述、躯体检查和疾病病程三方面考虑，从事精神障碍的分类探索，建立了精神障碍的分类体系。目前的国际分类、美国分类和中国分类都包含了克雷丕林的基本概念。

知识拓展

精神障碍分类直到 18 世纪才逐渐兴起，1772 年苏格兰医生 Cullen 将除了谵妄外的其他所有的精神障碍归到了一起，统称为“神经症”，这一词涵盖了所有的精神障碍以及许多神经系统疾病。1806 年 Pinel 将精神障碍分成伴有谵妄的狂症、不伴有谵妄的狂症、抑郁症、痴呆症和白痴。与此同时，德国的 Kahlbaum 提出对分类的两个要求，即分类系统中的精神疾患定义须以其完整的病程特点为基础，同时也应包含其总体的临床相。这些观点后来为 Kraepelin 采纳，他通过对精神障碍的多年观察，做出了对躁狂抑郁症和精神分裂症的重要区分。Kraepelin 教科书的后续版本不断对其精神疾患的分类做进一步的修订，这些观点构成了当代分类体系的基础。

当前，对世界影响最大的分类系统有世界卫生组织制定的《疾病和有关健康问题的国际统计分类》（ICD）和美国精神病学会制定的《精神障碍诊断与统计手册》（DSM）。在我国，中华精神科学会制定的《中国精神障碍分类与诊断标准》（CCMD）目前为第 3 版（CCMD-3），基本参照 ICD-10 的方法，将精神障碍分为 10 大类。

ICD-10 主要分类类别	CCMD-3 主要分类类别
器质性（包括症状性）精神障碍 使用精神活性物质所致的精神及行为障碍 精神分裂症、分裂型及妄想性障碍 心境（情感性）障碍 神经症性、应激性及躯体形式障碍 伴有生理障碍及躯体因素的行为综合征 成人的人格与行为障碍 精神发育迟缓 心理发育障碍 通常起病于儿童及少年期的行为与情绪障碍 未特定的精神障碍	器质性精神障碍 精神活性物质与非成瘾物质所致精神障碍 精神分裂症和其他精神病性障碍 心境障碍（情感性精神障碍） 癔症、严重应激障碍和适应障碍、神经症 心理因素相关的生理障碍 人格障碍、习惯和冲动控制障碍、性心理障碍 精神发育迟滞与童年和少年期心理发育障碍 童年和少年期多动障碍、品行障碍、情绪障碍 其他精神障碍及心理卫生情况

第三节　精神障碍的症状学

异常的精神活动，通过人的外显行为如言谈、书写、表情、动作行为等表现出来，称为精神症状。研究精神症状及其产生原理的学科称为精神障碍的症状学，又称精神病理学。精神障碍的症状学是精神医学的重要基础。

精神活动是一个复杂的、相互联系又相互制约的过程，为了判断某一种精神活动是否正常，应从三方面进行对比分析：①纵向比较。即与其过去一贯表现相比较，精神状态的改变是否明显。②横向比较。即与大多数正常人的精神状态相比较，差别是否明显，持续时间是否超出了一般限度。③应结合当事人的心理背景和当时的处境进行具体分析和判断。

精神活动按照心理学的分类，一般分为认知（感知觉、思维、注意、记忆、智能等）、情感、意志行为等。为了便于对精神症状的描述，以下按精神活动的各个心理过程分别叙述。应该引起注意的是，人们的心理活动是一个整体，各种心理活动是密切配合、协同活动、不可分割的，此处分开介绍仅仅是便于学习理解。

一、认知障碍

（一）感知觉障碍

感知包括感觉和知觉。感觉是客观事物个别属性，如光、声、色、形等，通过感觉器官在人脑中的直接反应。知觉是客观事物的各种属性在人脑中经过综合，并借助于过去的经验所形成的一种完整的印象。感知觉障碍包括感觉障碍、知觉障碍及感知综合障碍。

1. 感觉障碍

（1）感觉过敏：又称感觉增强，是对外界一般强度的刺激感受性增高，如感到阳光特别刺眼，声音特别刺耳，轻微触摸皮肤感到疼痛难忍等。多见于神经症、更年期综合征等。

（2）感觉减退：又称感觉抑制，是对外界一般刺激的感受性减低，患者感觉阈值增高，对强烈的刺激感觉轻微或完全不能感知。见于抑郁状态、木僵状态、癔症等。

（3）内感性不适：是躯体内部产生的各种不舒适和（或）难以忍受的异样感觉，如牵拉、挤压、游走、蚁爬感等，性质难以描述，没有明确的局部定位，可继发疑病观念。多见于神经症、精神分裂症、抑郁状态和躯体化障碍。

2. 知觉障碍

（1）错觉：是对客观事物的一种错误感知。正常人在光线暗淡、疲劳、注意力不集中、恐惧、紧张等情况中可能出现错觉，但正常人的错觉在条件改善或解释后，能很快认识并纠正错误。病理性错觉常常因意识障碍产生，患者坚信不疑，并伴有相应的情绪和行为反应，不容易纠正。病理性错觉多见于器质性精神障碍的谵妄状态，也见于精神分裂症。

（2）幻觉：是一种缺乏外界相应的客观刺激作用于感觉器官时所出现的知觉体验。正常人也可出现幻觉，主要发生在入睡前和醒来后，通常是短暂的、单纯的，如听到铃声或一个人的名字。意识清晰时出现的幻觉属于精神病性症状，是精神病患者常见的症状之一，常与妄想并存。幻觉种类繁多，按感觉器官不同，可以分为以下几类：

1）幻听：最常见的一种幻觉。患者可听到客观上不存在的各种不同种类和不同性质的声音，如讲话声、机器的轰鸣声、鸟叫声等。如果患者听见的内容为言语性交谈，称为言语性听幻觉；如果言语内容是评论患者的言行，称为评论性听幻觉；如果言语的内容为命令患者做某事，称为命令性听幻觉。言语性听幻觉，尤其是评论性听幻觉、命令性听幻觉多见于精神分裂症。

2）幻视：患者可看见一些客观上不存在的物体，内容多样，可从单调的声、光、色到人物、景象、场面等，在意识障碍时，幻觉多为生动的形象，并常具有恐怖性质。多见于器质性障碍如谵妄、中毒、癫痫等。

3）幻嗅：患者在没有客观物质刺激时闻到特殊的气味，通常是一些特别的、令人不愉快的味道，如腐败的尸体气味、化学物品烧焦的气味。精神分裂症中，嗅幻觉常常与其他幻觉和妄想结合在一起。单一出现的幻嗅，需考虑颞叶癫痫或颞叶器质性损害。

4）幻味：患者没有客观物质刺激时尝到特殊的味道，常拒食。多数味幻觉的内容是患者以前接触过的东西，令人不愉快的味道。常见于精神分裂症和癫痫患者。

5）幻触：患者没有客观物质刺激时感到皮肤黏膜有异常的感觉，如感到皮肤或黏膜表面或底下有接触、针刺、虫爬、通电感等。多见于精神分裂症，也见于周围神经炎、中毒等。

6）内脏幻觉：患者对躯体内部某一部位或脏器的一种异常知觉体验，如感到肠扭转、肺扇动、肝破裂、心脏穿孔、腹腔内有虫爬行等，常与疑病妄想、虚无妄想结合在一起出现。多见于精神分裂症及抑郁症。

按幻觉体验的来源分为真性幻觉和假性幻觉。①真性幻觉。患者体验到的幻觉形象鲜明，如同外界客观事物形象一样，存在于外部客观空间，是通过感觉器官而获得的。患者常叙述这是他（她）亲眼看到的，亲耳听到的，因而常常坚信不疑，并对幻觉做出相应的情感与行为反应。②假性幻觉。幻觉形象不够鲜明生动，产生于患者的主观空间如脑内、体内。幻觉不是通过感觉器官而获得，如听到肚子里有说话的声音，可以不用自己的眼睛就能看到头脑里有一个人像，虽然幻觉的形象与一般知觉不同，但是患者却往往非常肯定地认为他（她）的确是听到了或看到了，因而对此坚信不疑。

3. 感知综合障碍　患者对客观事物能感知，但对某些个别属性如大小、形状、颜色、距离、空间位置等产生错误的感知。常见以下几类：①视物变形症。患者感到周围的人或物体在大小、形状、体积等发生了变化，如看到他的父亲变成了巨人，头顶着房顶。②空间知觉障碍。患者感到周围事物的距离发生改变，如候车时汽车已驶进站台，而患者仍感觉汽车离自己很远。③时间感知综合障碍。患者对时间的快慢出现不正确的知觉体验，如感到时间在飞逝，似乎身处于时空隧道之中，外界事物的变化异乎寻常的快。④非真实感。患者感到周围事物和环境发生了变化，变得不真实，视物如隔一层帷幔，像是一个舞台布景，周围的房屋、树木等像是纸板糊成的，毫无生气，周围人好似没有生命的木偶一样等。感知综合障碍多见于抑郁症、神经症和精神分裂症。

（二）思维障碍

思维是人脑对客观事物间接和概括的反映，是人类精神活动的重要特征，是认识过程的高级阶段。思维在感觉和知觉的基础上产生，并借助语言和文字来表达。思维包括分析、比较、综合、抽象、概括、判断、推理等过程。正常人的思维有以下几个特征：①目的性。指思维是围绕一定目的，有意识地进行。②连贯性。指思维过程中的概念是前后衔接、相互联系的。③逻辑性。指思维过程是有一定的道理、合乎逻辑的。④实践性。指正确的思维是能通过客观实践检验的。思维障碍临床表现多种多样，主要包括思维联想障碍、思维逻辑障碍以及思维内容障碍。

1. 思维联想障碍

（1）思维速度和量的异常

1）思维奔逸：又称观念飘忽，指思维的联想速度加快和联想数量的增加。表现为患者的思维和谈话都非常快，一个概念接着另一个概念，大量涌现，以至于有时患者来不及表达，或听者跟不上患者的速度。患者说话时话语量明显增多，语速变快，滔滔不绝，说个不停。其内容生动丰富，与周围现实相关而不荒谬，但内容往往不深刻，给人以信口开河的感觉。说话主体极易随环境而改变（随境转移），可有音韵联想（音连）或字意联想（意连）。常见于躁狂症，也可见于精神分裂症。

2）思维迟缓：即联想抑制，以思维活动量的显著缓慢，联想困难，思考问题吃力，反应迟钝为特征。患者表现语量减少，说话速度缓慢，应答迟钝，有脑子变笨的感觉。多见于抑郁症，也见于精神分裂症。

3）思维贫乏：指联想的数量减少，概念与词汇贫乏。患者常感到脑子一片空白，想不出问题，表现为患者回答问题时内容简单、空洞，缺乏主动语言，对问话应答多为“是”“不知道”。重要体征是患者对此往往默然处之，常伴有情感淡漠，意志缺乏。多见于精神分裂症，也见于抑郁症、脑器质性精神障碍及精神发育迟滞。

（2）思维连贯性异常

1）思维散漫：指思维的目的性、连贯性和逻辑性障碍。表现为患者认真讲了一段话，每句话、每段话的语法和逻辑性完整，但是整篇谈话内容散漫，缺乏主题，以至于别人不能理解其所要说明什么。主要见于精神分裂症，也见于严重的焦虑和智能降低者。

2）思维破裂：指概念之间联想的断裂，建立联想的各种概念内容之间缺乏内在联系。表现为患者的言语或书写有完整结构的句子，但各句含义不相关，变成语句的堆积，整段内容令人不能理解。严重时每句话也构不成句子，而是表现为词语的堆积，呈词语杂拌。多见于精神分裂症。

3）思维不连贯：如在意识障碍的背景下出现破裂性思维的表现，但言语上更为杂乱，语句片段，毫无主题。多见于感染中毒等躯体疾病所致精神障碍或器质性精神障碍。

（3）联想途径异常

1）病理性赘述：指患者的思维过程中以主题转换带有黏滞性、停留在某些枝节问题上面、抓不住主要环节为特征。患者在叙述一件事时加入许多不必要的细节，无法使所要讲的事或问题简明扼要。主要见于癫痫，也见于脑器质性及老年性精神障碍。

2）思维中断：又称思维阻隔。患者意识清晰无明显外界干扰时，思维过程在短时间内突然出现中断，或言语突然停顿。表现为患者说话时突然停顿，然后开始另一个话题内容。若患者有当时的思维被某种外力抽走的感觉，则称作思维被夺。两症状均为诊断精神分裂症的重要症状，也可见于正常人疲劳、注意分散时以及神经症患者。

（4）联想形式障碍

1）持续言语：思维活动在某一概念上停滞不前，表现为患者在回答一系列问题时，每次重复第一次问题的答案。主要见于器质性障碍如痴呆，也见于其他精神障碍。

2）重复言语：患者思维灵活性受损，表现为说话时多次重复句末几个字词。如问患者哪里不舒服，患者回答："我很难过、难过、难过……"主要见于脑器质性精神病和癫痫。

3）刻板言语：患者概念转换困难，思维在原地踏步，表现为机械地、刻板地重复一些无意义的词语或语句。见于精神分裂症和器质性精神障碍。

4）模仿言语：患者非常刻板地模仿周围其他人的讲话，如医生问患者"你叫什么名字"，患者会回答"你叫什么名字"。医生问患者"你头痛吗"，患者仍旧会回答"你头痛吗"。多见于紧张型分裂症和器质性精神障碍。

（5）思维自主性异常

1）思维插入：指患者认为自己大脑中的某些想法不属于自己，而是外界有人通过某种技术或力量放入自己的大脑，常伴有被害妄想。若患者体验到强制性地涌现大量无现实意义的联想，称为强制性思维或思维云集。两症状往往突然出现，迅速消失。对诊断精神分裂症有重要意义。

2）思维被窃：指患者认为自己的思维没有了，被人用某种技术抽取了、偷走了。思维被窃患者常有思维中断现象。见于精神分裂症。

3）思维播散：患者感到自己的思维被人用特殊的方法传播在外，好似已被众人所知。自己的想法即使不说出来，别人也会知道。思维播散的患者常表现紧张不安，不敢出门，伴有情绪低落。见于精神分裂症。

4）强迫观念：又称强迫性思维，指在患者脑中反复出现的某一概念或相同内容的思维，明知没有必要，但又无法摆脱。强迫性思维可表现为某些想法，反复回忆（强迫性回忆）、反复思索无意义的问题（强迫性穷思竭虑），脑中总是出现一些对立的思想（强迫性对立思维），总是怀疑自己的行动是否正确（强迫性怀疑）。强迫性思维常伴有强迫动作。见于强迫症。强迫性思维与强制性思维不同，前者明确是自己的思想，反复出现，内容重复；后者体验到思维是异己的。

2. 思维逻辑障碍

（1）病理性象征性思维：指患者用无关的、不被共同理解的具体概念来代表抽象概念，不经患者解释，旁人无法理解。例如患者只穿红色衣服，表示“红心永向党”。是精神分裂症特征性症状之一。

（2）语词新作：患者将概念融合、浓缩、拼凑，自创一些新的文字、符号、图形或语言，同时赋予特殊意义，如“%”代表离婚等。多见于精神分裂症。

（3）逻辑倒错性思维：主要特点为推理缺乏逻辑性，既无前提也无根据，或因果倒置，推理离奇古怪，不可理解。如患者说：“因为电脑感染了病毒，所以我要死了。”可见于精神分裂症和偏执狂等。

3. 思维内容障碍　表现为各种妄想。妄想是一种病理信念，是一种个人所独有的与自我有密切关系的坚信不疑的观念，不接受事实和理性的纠正。妄想具有以下特征：①信念的内容与事实不符，没有客观现实基础，但患者坚信不疑；②妄想内容均涉及患者本人，总是与个人利害有关；③妄想具有个人独有性；④妄想内容因文化背景和个人经历而有所差异，但常有浓厚的时代色彩。妄想属于精神病性症状，是精神病患者最常见的症状之一。

妄想按其起源与其他心理活动的关系可分为原发性妄想和继发性妄想。①原发性妄想。是一种无法以患者当前的环境和以往的心境解释，又不是其他异常精神活动的病理信念。原发性妄想是精神分裂症的特征性症状。②继发性妄想。是发生在其他病理心理基础上的妄想，或在某些妄想基础上产生另一种妄想等。如患者先有幻听，听人议论后产生被害妄想，其诊断意义低于原发性妄想。

按照妄想的结构可将其分为系统性妄想和非系统性妄想。系统性妄想是指妄想内容前后相互联系、结构严密、逻辑性较强的妄想，反之则称为非系统性妄想。

临床上通常按妄想的主要内容归类，常见有：

（1）被害妄想：最常见的一种妄想，指患者坚信自身安全受到威胁的妄想。患者感到有人对他（她）进行迫害，自己正被人跟踪、监视、诽谤、诬陷、毒害等。被害妄想往往从怀疑开始，然后出现牵连观念，最后发展为被害妄想。常常与幻觉关联，并与关系妄想等同时存在，多见于精神分裂症。

（2）关系妄想：指患者把周围环境中一些实际与自己无关的现象都认为有关联的妄想。患者感到周围的一事一物均与自己有关，如患者认为报刊、电视中的内容都与自己有关，有些是明的讲自己，有些是暗示自己。多见于精神分裂症。

（3）夸大妄想：患者自以为是非常了不起的人物，出身名门、有特殊才能、有巨大财富等夸大妄想多在情绪高涨的背景下发生，其夸大内容与患者的文化水平、所处的环境和经历有关。常见于躁狂症，也见于精神分裂症、器质性精神病如麻痹性痴呆。

（4）罪恶妄想：又称自罪妄想。患者毫无根据地将过去的缺点、错误都看成是很大的罪行，认为自己对不起家人、对不起国家，不可饶恕，应该受到惩罚，自己已不配正常地生活下去，以至于坐以待毙或拒食自杀。多见于抑郁症，也可见于精神分裂症。

(5) 疑病妄想：患者毫无根据地坚信自己患了某种严重躯体疾病或不治之症，因而到处求医，反复的医学检查和医生的解释都不能打消患者疑虑的妄想。常见于抑郁症，尤其是中老年抑郁症患者，也见于精神分裂症。

(6) 嫉妒妄想：患者无中生有或捕风捉影地坚信自己的配偶对自己不忠，另有外遇的妄想。常见于精神分裂症、偏执性精神病，慢性酒精中毒伴有的性功能减退患者等。

(7) 钟情妄想：患者坚信自己被异性看中所爱的妄想。患者采取相应的行为去追求对方，即使遭到对方严词拒绝，仍毫不置疑，而认为对方在考验自己对爱情的忠诚，仍反复纠缠不休。主要见于精神分裂症。

(9) 物理影响妄想：又称被控制感。指患者坚信自己的精神活动和（或）躯体受到外界某种力量控制或刺激的妄想。多见于精神分裂症。

(10) 被洞悉感：又称内心被揭露。患者认为其内心所想的事，未经语言文字表达就被别人知道了，但是通过什么方式被人知道的则不一定能描述清楚。多见于精神分裂症。

其他常见的妄想还有非血统妄想、被窃妄想、宗教妄想、着魔妄想等。

4. 超价观念　是在意识中占主导地位的错误观念，其发生一般均有事实为根据。此种观念片面而偏激，带有强烈的情感色彩，明显地影响患者的行为及其他心理活动，它的形成有一定的性格基础和现实基础，没有逻辑推理错误。超价观念与妄想的区别在于其形成有一定的性格基础与现实基础，内容比较符合客观实际，伴有强烈的情绪体验。多见于人格障碍和心因性障碍。

（三）注意障碍

注意是指人的思维活动对一定事物的指向性。注意不是一种独立的心理过程，而是一切心理活动的共有属性。注意一般可分为两类：一类是被动注意，它是人类对外界的刺激反应；另一类是主动注意，又称随意注意，是自觉的，有既定目标的，使注意指向一定对象。注意障碍主要有以下表现：

1. 注意增强　多为随意注意增强，如有妄想观念的患者，过分地将注意指向妄想的事物和人；有疑病妄想的患者，过分地将注意指向身体某一部位的生理状态。多见于神经症和偏执型精神分裂症。

2. 注意减退　主动和被动注意减弱，注意广度缩小，注意稳定性下降，多见于疲劳状态、神经衰弱及器质性精神障碍。

3. 注意转移　被动注意的兴奋性增强，注意稳定性降低，容易受外界环境影响而不断转换注意对象。多见于躁狂症。

4. 注意涣散　主要是主动注意的不集中，注意的稳定性分散，多见于神经衰弱、多动症和精神分裂症。

5. 注意狭窄　指患者的注意集中于某一事物时，就不能再注意其他事物，即主动注意范围缩小，被动注意减弱，患者表现十分迟钝。常见于意识障碍、智能障碍患者或正常人疲劳时。

（四）记忆障碍

既往认知过的材料、感知过的事物、体验过的情绪，在一定条件下可以在大脑中重新反映出来，这种既往经验在大脑中的反映，就是记忆。记忆障碍常见的表现有以下类型：

1. 记忆增强　指患者出现病态的记忆增强，患者对过去很久的、极为琐小的事情都能回忆起来，常包括许多细节。多见于躁狂症、强迫症、偏执性精神病。

2. 记忆减退　是指记忆的三个基本过程（记忆、保存、再现）普遍减退，临床上较多见。轻者表现为记忆的减弱，如记不住刚见过面的人、刚吃过的饭，严重时远记忆力也减退，如回忆不起个人经历等。多见于痴呆患者。

3. 遗忘症　遗忘是指部分或全部地不能回忆以往的经验。一段时间全部经历的记忆丧失称作完全性遗忘，仅仅是对部分经历或事件不能回忆称作部分性遗忘。常见的遗忘有以下几种：①顺行性遗忘。在时间界限上，是对意识障碍发生中和发生后一段时间内经历的事件的遗忘，但对意识障碍前的事件如童年的经历，仍保持较好的记忆。②逆行性遗忘。遗忘的时间界限扩展到意识障碍之前，通常为数分钟到数十分钟。如脑震荡和短暂昏迷患者，醒后忘了自己是如何离开家门到出事地点的。③进行性遗忘。随大脑器质性疾病的不断加重，记忆损害也进行性加重。

4. 错构症　对过去经历过的事件，在其发生的时间、地点、情节等方面产生记忆错误。多见于老年性、动脉硬化性、酒精中毒性精神病。

5. 虚构症　当严重记忆损害时，患者为摆脱记忆缺失造成的窘境，以随意想出的内容填补记忆空白，称为虚构症。其虚构情节随时变化，受暗示影响。在慢性酒精中毒、头部外伤、一氧化碳中毒等病理情况下，通常同时出现近事遗忘、定向障碍和虚构症三个症状，临床上称为科萨科夫综合征。

（五）智能障碍

智能是对既往获得知识、经验的运用，解决新问题，形成新知识的一种特殊的、复杂的心理功能与特性，反映个体在认识活动方面的差异。智能障碍有精神发育迟滞和痴呆两种类型。

1. 精神发育迟滞　胎儿期、围产期、生长发育期，因先天或后天各种感染、中毒、颅脑外伤、缺氧、内分泌失调等因素导致大脑结构或功能受损，智能发育停滞在一定阶段，表现为智能水平和智商明显低于正常同龄儿童。

2. 痴呆　后天获得的智能、记忆和人格的受损。大脑发育成熟后，因感染、中毒、外伤及神经退行性变性等原因导致的智能衰退称为痴呆，涉及记忆、思维、人格等多方面的不同程度受损。表现为记忆力下降，思维能力、计算能力、理解能力减退，不能从事学习等智力活动，严重者日常生活不能自理。根据大脑病理变化的性质和所涉及范围大小不同，可分为全面性痴呆和部分性痴呆。

（1）全面性痴呆：智能全面减退，常出现人格改变、定向力障碍、自知力缺乏，见于阿尔茨海默病和麻痹性痴呆。

（2）部分性痴呆：患者产生记忆力减退、理解力削弱、分析综合困难，但人格保持良好、定向力完整，有一定的自知力。可见于脑外伤及血管性痴呆早期。

3. 假性痴呆　脑组织结构无任何器质性损害，由于强烈的精神因素导致出现类似于痴呆的表现，是一种功能性的、可逆的、暂时性的痴呆状态。可见于分离、转换障碍及应激障碍等。有以下特殊类型：

（1）刚塞尔综合征：又称心因性假性痴呆，即对简单问题给予近似而错误的回答，对某些复杂问题反而能正确解决，日常生活也能自理。

（2）童样痴呆：以行为幼稚、模仿幼儿的言行为特征，表现为成人患者的言行类似一般儿童。

（六）定向力障碍

定向力是一个人对时间、地点、人物以及自身状态的认识能力。对前三者的认识能力称为对周围环境的定向力，对自身状态的认识能力称为自我定向力。时间定向包括对当时所处时间的认识；地点定向或空间定向是指对所处地点的认识；人物定向是指对周围环境中人物的身份及其与患者的关系的认识；自我定向包括对自己姓名、性别、年龄及职业等状况的认识。对环境或自身状况的认识能力丧失或认识错误即称为定向障碍。定向障碍是意识障碍的重要表现，但有定向力障碍不一定有意识障碍，如精神分裂症、严重痴呆者定向障碍不一定有意识问题。

（七）意识障碍

意识是指患者对周围环境及自身能正确认识和反应的能力。意识障碍指意识清晰度下降、意识范围改变及意识内容的变化。临床上常见的意识障碍表现为：

1. 嗜睡　指患者的意识水平下降，如不给予刺激，患者昏昏入睡，但呼叫或推醒后能够简单应答，停止刺激后患者又进入睡眠，此时，患者的吞咽、瞳孔、角膜反射存在。见于功能性及脑器质性疾病。

2. 意识浑浊　指患者的意识清晰度受损，表现似醒非醒，缺乏主动，强烈刺激能引起反应，但患者的反应迟钝，回答问题简单，语声低而慢，有时间、地点、人物的定向障碍，此时吞咽、角膜、对光反射尚存在，也可出现原始动作如舔唇、伸舌、强握、吸吮和病理反射等。多见于躯体疾病所致精神障碍。

3. 昏睡　指患者意识水平更低，对周围环境意识及自我意识均丧失，但强烈刺激下患者可有简单或轻度反应，此时角膜、睫毛等反射减弱，对光反射、吞咽反射仍存在，深反射亢进，病理反射阳性。可出现不自主运动及震颤。

4. 昏迷　指患者意识完全丧失，对外界刺激没有反应，随意运动消失，此时，吞咽、角膜、咳嗽、括约肌、腱反射甚至对光反射均消失，可引出病理反射。多见于严重的脑部疾病及躯体疾病的垂危期。

5. 谵妄　在意识清晰度降低的同时，出现大量的错觉、幻觉，以幻视多见，视幻觉及视错觉的内容多为生动而鲜明的形象性的情境，如见到昆虫、猛兽等。有的内容具有恐怖性，患者常产生紧张、恐惧情绪反应，出现不协调性精神运动性兴奋。患者思维不连贯，理解困难，有时出现片断妄想，定向力全部或部分丧失，多数患者表现出自我定向力保存而周围环境定向力丧失。谵妄状态往往昼轻夜重。持续数小时至数日，意识恢复后可有部分遗忘或全部遗忘。多见于躯体疾病所致精神障碍及中毒所致精神障碍。

6. 梦样状态　指在意识清晰程度降低的同时伴有梦样体验。患者完全沉湎于幻觉幻想中，与外界失去联系，但外表好像清醒。对其幻觉内容过后并不完全遗忘。持续数日或数月。

7. 蒙眬状态　指患者的意识范围缩窄，同时伴有意识清晰度的降低。患者在狭窄的意识范围内，可有相对正常的感知觉，以及协调连贯的复杂行为，但除此范围以外的事物都不能进行正确感知判断。表现为联想困难，表情呆板或迷惘，也可表现为焦虑或欣快的情绪，有定向障碍，片断的幻觉、错觉、妄想以及相应的行为。常忽然发生，突然中止，反复发作，持续数分钟至数小时，事后遗忘或部分遗忘。多见于癫痫性精神障碍、脑外伤、脑缺氧及癔症。

（八）自知力障碍

自知力又称领悟力或内省力，是指患者对自己疾病的判断和认识能力。患者能正确认识自己的精神症状称为有自知力，认为自己的精神症状不是病态称为无自知力，介于两者之间为有部分自知力。有自知力有 4 条标准：①患者意识到出现别人认为异常的现象；②患者认识到这些现象是异常的；③患者认识到这些异常是自己的精神障碍所致；④患者认识到治疗这些症状是必需的。多数精神病患者的自知力不完全，神经症患者的自知力多数存在。临床上将有无自知力及自知力恢复的程度作为判定病情轻重和疾病好转程度的重要指标。一般以精神症状消失，并认识自己的精神症状是病态的，认定为自知力恢复。自知力完整是精神病病情痊愈的重要指标之一。

二、情感障碍

情感和情绪都是指个体对现实环境和客观事物所产生的内心体验和采取的态度。在精神科，患者的情绪障碍和情感障碍常常同时出现，很难细分。因此，临床上情绪和情感经常相互兼用。

在精神障碍中，情感障碍通常表现 3 种形式，即情感性质障碍、情感稳定性改变及情感协调性改变。

（一）情感性质障碍

1. 情感高涨　情感活动明显增强，呈不同程度的病态喜悦。患者自我感觉特别好，有与现实不相符的过分的愉快与欢乐，情绪高昂，喜笑颜开，表情丰富生动，常常伴有明显的夸大色彩。情绪高涨时，患者的行为有感染力，经常引起周围人的共鸣。常见于躁狂症、分裂性情感障碍、脑器质性疾病。

2. 情感低落　是一种情感抑制状态，患者呈忧心忡忡、闷闷不乐、愁眉苦脸、表情沮丧等负性情感增强的表现，整日唉声叹气，愉快感丧失，自我评价低，对生活失去信心，严重者悲观绝望，可出现自杀观念与行为。常见于抑郁症，也可见于其他精神障碍或躯体疾病时的抑郁状态。

3. 焦虑　病态焦虑是指缺乏相应客观原因而产生的担心害怕与莫名其妙的紧张不安，表现为惶惶不安、坐立不定、精神紧张，多伴有自主神经功能紊乱的相应症状，如出汗、心悸、胸闷、面色潮红、四肢发抖等。多见于焦虑障碍，也可见于恐惧症及更年期精神障碍等。

4. 恐惧　是一种面临危险或不利处境时出现的情绪反应。轻者表现为提心吊胆，重者极度害怕、狂奔呼喊，精神极度紧张，同时伴有自主神经功能的紊乱，出现心悸、气促、出汗、四肢发抖，严重时还可出现大、小便失禁等。对某事物和人物的恐惧常可导致对该事物、人物的逃避和回避行为。常见于恐惧症，也可见于幻觉、错觉、妄想状态。

（二）情感稳定性改变

1. 情感不稳定　指患者的情感稳定性差，喜、怒、哀、愁等极易变化，常常从一个极端波动至另一极端，显得喜怒无常，且不一定有明确的外界因素。常见于脑器质性精神障碍、癫痫性精神病、酒精中毒、人格障碍。

2. 情感淡漠　患者对客观事物和自身情况漠不关心，面部表情呆板，缺乏应有的内心体验和情感反应，即使对与自身有密切利害关系的事物也如此。常见于精神分裂症及器质性精神障碍。

3. 病理性激情　患者骤然发生的、强烈而短暂的情感爆发状态。常伴有冲动和破坏行为，事后不能完全回忆。多见于脑器质性精神障碍、精神分裂症。

4. 易激惹性　患者常因为一些细小的事情而引起强烈的情绪反应，如生气、激动甚至大发雷霆，持续时间一般较短暂。常见于疲劳状态、人格障碍、神经症、躁狂症、偏执型精神病。

（三）情感协调性改变

1. 情感倒错　患者情感表现与内心体验不协调，遇到痛苦和挫折表现出愉快的表情，相反遇到值得高兴的事情却表现为忧愁痛苦。多见于精神分裂症。

2. 情感幼稚　患者情感反应退化到童年时代的水平，容易受直觉和本能活动的影响，其情感反应变得与小孩子一般，情感反应强烈、迅速，缺乏理性控制，没有遮掩，不受节制。常见于精神分裂症。

三、意志行为障碍

意志是指人们自觉地确定目的，并支配其行动以实现预定目标的心理过程。意志与情绪密切相关，互相渗透。在意志过程中，受意志支配和控制的行为称作意志行为。

（一）意志障碍

1. 意志增强　在病态的动机和目的（妄想或病态情感等）支配下出现意志活动增多或意志力量增强。如嫉妒妄想的患者坚信配偶有外遇，长期对配偶进行跟踪、监视；有疑病妄想的患者到处求医；偏执性精神障碍的患者长期反复诉讼等。

2. 意志减退　意志活动减少，意志力量减弱。患者表现为动机不足，工作和学习缺乏主动性与进取心，对周围一切事物无兴趣，意志消沉，不愿活动，严重者个人生活都懒于料理。对工作、学习感到非常吃力，即使开始做某事也不能坚持到底，甚至不能工作，整日呆坐或卧床不起，患者一般能意识到，但总感觉做不了。常见于抑郁症及精神分裂症。

3. 意志缺乏　对任何活动均缺乏动机和要求，对前途毫无打算，工作、生活处于被动状态，对外界环境失去兴趣，日常生活也懒于料理，处处需要他人督促和料理，严重时本能的要求也没有，行为孤僻退缩，常伴有情感淡漠与思维贫乏。对这种变化，患者并不自知。多见于精神分裂症及痴呆。

4. 矛盾意向　患者对同一事物同时出现两种完全相反的意向和情感，这种相互对立的意念或感受是正常人无法理解的并列存在，在正常体验中是不可能存在的，但患者不能意识到这种矛盾性。这种相互矛盾的体验或感受同时而等价地出现，如一个患者可以同时表现出哭笑，可同时有恐惧和幸运的体验。常见于精神分裂症。

（二）动作行为障碍

1. 精神运动性兴奋　指患者的动作和行为明显增加。可分为协调性和不协调性精神运动性兴奋两类

（1）协调性精神运动性兴奋：指患者动作和行为的增加与其思维、情感活动的内容一

致，与其思维和情感活动量的增加一致。患者的行为是有目的的、可理解的，身体各部分的动作与整个精神活动是协调的。多见于躁狂症。

（2）不协调性精神运动兴奋：指患者的动作和行为的增加与其思维、情感活动不一致，表现为动作单调杂乱、无动机、无目的，令人难以理解，或患者的动作行为与其整个精神活动不协调，与其所处的环境也不协调。多见于精神分裂症、谵妄。

2. 精神运动性抑制　指患者的整个精神活动受到抑制，表现为患者的动作、行为明显减少。常见的精神运动性抑制有以下几种：

（1）木僵：指动作行为和言语活动的完全抑制或减少，并经常保持一种固定姿势。严重的木僵称为僵住，患者不言、不动、不食，面部表情固定，大、小便潴留，对刺激缺乏反应，如不予治疗，可维持很长时间；轻度木僵称作亚木僵状态，表现为问之不答、唤之不动、表情呆滞，但在无人时能自动进食，能自动大、小便。严重的木僵见于精神分裂症；较轻的木僵可见于严重抑郁症、反应性精神障碍及脑器质性精神障碍。

（2）蜡样屈曲：在木僵的基础上出现。患者肌张力增高，表现为被动运动时阻力增加，被动运动停止时，躯体仍固定于当时的位置，即使是不舒服的姿势，也较长时间似蜡塑一样维持不动。如将患者头部抬高似枕着枕头的姿势，患者也不动，可维持很长时间，称之为“空气枕头”，此时患者意识清楚，病好后能回忆。见于紧张型精神分裂症。

（3）缄默症：患者缄默不语，也不回答问题，有时可以手示意。见于癔症及紧张型精神分裂症。

（4）违拗症：患者对于被要求做的动作，不但不执行，而且表现出抗拒及相反的行为。若患者的行为反应与医生的要求完全相反时称作主动违拗，例如要求患者张开口时他反而紧闭口；若患者对医生的要求都加以拒绝而不做出行为反应，称作被动违拗。多见于紧张型精神分裂症。

（5）刻板动作：指患者机械刻板地反复重复某一单调的动作，这种动作是毫无意义的，患者却毫不自觉地执行，不以为苦，也不想去控制，是机械而自动地进行，常与刻板言语同时出现。多见于紧张型精神分裂症。

（6）模仿动作：指患者无目的地模仿别人的动作，是一种机械式的自动动作，并非戏谑行为，常与模仿言语同时存在。多见于紧张型精神分裂症。

（7）作态：指患者表现出古怪、愚蠢、幼稚、做作的动作、姿势、步态与表情，如做怪相、扮鬼脸等。多见于青春型精神分裂症。

（8）强迫动作：指患者明知不必要，却难于克制而去重复做某个动作，如不重复患者就会产生严重的焦虑不安。强迫动作常由强迫观念引起，最常见于强迫症，也见于精神分裂症、抑郁症等精神障碍。

思考题

1. 不属于精神障碍生物学致病因素的是（　　）

A. 遗传　　B. 颅内感染　　C. 年龄

D. 性别　　E. 战争

2. 一女性患者对一般强度的声音感到难以忍受。该症状可能是（　　）
A. 内感性不适　　B. 感觉过敏　　C. 感觉迟钝
D. 感觉倒错　　E. 错觉

3. 命令性幻听最常见于（　　）
A. 抑郁症　　B. 焦虑症　　C. 老年痴呆
D. 精神分裂症　　E. 癔症

4. 林某，女，30 岁，近几天听到窗外有人议论她，说她不爱劳动，破坏团结，应给予批评，因此经常与窗外人辩论。该症状可能是（　　）
A. 幻听　　B. 躁狂　　C. 行为退缩
D. 幻视　　E. 被害妄想

5. 周某，女，17 岁，患者感觉周围的房屋、树木等像是纸板糊成的，像是一个舞台布景，毫无生气，周围人好似没有生命的木偶。该症状可能是（　　）
A. 体感异常　　B. 错视　　C. 感知综合障碍
D. 幻触　　E. 幻视

6. 王某，男，28 岁，医生问他姓什么，他答："姓王，大王的王，王者之气，气冲霄汉直捣黄龙，杨子荣打虎上山。"该症状可能是（　　）
A. 思维奔逸　　B. 思维贫乏　　C. 思维迟缓
D. 思维破裂　　E. 思维云集

7. 刘某，女，24 岁，认为自己的想法即使不说出来，别人也会知道，因而紧张不安，不敢出门。该症状可能是（　　）
A. 思维播散　　B. 思维云集　　C. 关系妄想
D. 逻辑倒错　　E. 象征性思维

8. 张某，23 岁，原先无任何精神异常，某次出差时坐车时，突然感觉车上的人都用很怪异眼神看自己，对自己不怀好意。该症状可能是（　　）
A. 原发性妄想　　B. 继发性妄想　　C. 超价观念
D. 幻觉　　E. 病理性象征性思维

9. 患者把自己过去的一些缺点看成是很大的罪恶，觉得对不起家人，对不起人民，不配活下去，因而绝食。该症状可能是（　　）
A. 情感低落　　B. 夸大妄想　　C. 罪恶妄想
D. 嫉妒妄想　　E. 影响妄想

10. 李某，男，32 岁，认为自己是亿万富翁，因而无节制地买东西并送给陌生人。该症状可能是（　　）
A. 关系妄想　　B. 夸大妄想　　C. 罪恶妄想
D. 钟情妄想　　E. 物理影响妄想

11. 邓某，男，30 岁，最近 3 个月感到公司同事想迫害他，在他的茶水中下毒，因而经常清洗茶杯。该症状可能是（　　）
A. 被害妄想　　B. 夸大妄想　　C. 罪恶妄想
D. 疑病妄想　　E. 嫉妒妄想

12. 李大爷，70 岁，对过去经历过的事件，在其发生的时间、地点、情节等方面产生记忆错误。这是（　　）
A. 强迫性思维　B. 思维奔逸　C. 联想散漫
D. 错构　E. 虚构

13. 张某，女，24 岁，近两周毫无原因地出现忧心忡忡、闷闷不乐的状态，整日唉声叹气，认为生活毫无意义，还不如死了算了。该症状可能是（　　）
A. 情感低落　B. 情感淡漠　C. 情感倒错
D. 意志缺乏　E. 人格障碍

14. 赵某，女，40 岁，近一年来老担心有不好的事发生，但又说不出具体是什么事，因而惶惶不安，坐立不定。该症状可能是（　　）
A. 恐惧　B. 情感不稳　C. 情感脆弱
D. 焦虑　E. 情感倒错

15. 患者表现为不言、不动、不进食，面部表情固定，大、小便潴留，对外界刺激缺乏反应，肢体随意摆动成特殊姿势。该症状可能是（　　）
A. 情感低落　B. 情感淡漠　C. 木僵
D. 昏迷　E. 模仿动作

16. 医生要求一患者张嘴，患者反而咬紧牙关。该症状可能是（　　）
A. 被动违拗　B. 主动违拗　C. 强迫动作
D. 刻板动作　E. 被动服从

答案：1. E　2. B　3. D　4. A　5. C　6. A　7. A　8. A　9. C　10. B
11. A　12. D　13. A　14. D　15. C　16. B

（王　平）

扫码看 PPT　　扫码做练习

第三章 精神障碍患者护理的基本技能

学习目标

1. 掌握与精神障碍患者沟通的基本技能，精神障碍护理观察与记录的方法。
2. 熟悉精神科整体护理的内容、方法和精神科的分级护理。
3. 了解精神障碍患者的组织与管理工作。
4. 能对精神障碍患者实施基本护理。
5. 具有慎独精神，尊重患者的人格，保护患者的隐私。

情景导入

官某，女，34岁。半年前，患者无明显诱因出现情绪高涨，自觉心情很好；早上醒得早，但白天睡眠多；乱发脾气，掐自己丈夫；花钱大手大脚，吃早饭要花100多元；觉得自己能力很强，可以当个部门经理指挥别人做事；觉得自己反应快，很能干；性欲较之前旺盛；但同时生活较懒散，家里弄得乱七八糟；进食增多；患者经常向家人提无理要求，家人不满足其要求则哭闹或打人，如到商场里要买几桶酸奶，被家人拒绝后就在超市砸东西，买东西要赊账，被拒绝后就骂人等。

家族史、个人史无特殊。否认吸烟、饮酒及药物滥用史。

精神评估：被动入院，衣着整洁适时，表情显紧张，生活不能自理，接触被动，对医护人员及家属抵触，情绪激动，易激惹，不安心住院，延迟满足困难，回答问题不配合，意识清楚，自知力不存在。

身体评估无异常。

诊断：双相情感障碍躁狂发作。

问题：

1. 请写出3个主要的护理诊断。
2. 按照整体护理顺序对此患者进行护理。

精神科患者具有知、情、意、行为方面的障碍，不同于一般躯体疾病的患者。精神科护理工作者应针对精神病患者的特殊需求开展护理工作，掌握精神科的基本护理技能，应用于临床护理工作中。

第一节　治疗性护患关系的建立

治疗性护患关系是指护理人员以治疗为目的、有计划地与患者沟通交流，形成一种专业性、工作性、帮助性的人际关系。在精神科领域，精神病患者受精神症状的干扰，无疑给护患交流带来了很大的困扰。通过加强学习人文社会科学知识，掌握护患沟通的方式和技巧，可以达到有效沟通的目的。这种有效交流应该贯穿到患者整个的治疗阶段，使患者的情况被有效地得知，帮助患者制订有效的治疗方案，早日恢复正常生活。

一、建立治疗性护患关系的要求

（一）接触前尽量了解、熟悉患者的基本情况

大部分精神障碍患者因精神症状的影响，不能正确认识和陈述自己的病情。护理人员在接触患者之前，应多方面收集信息，以做到心中有数。内容包括：

1. 一般情况　患者的姓名、年龄、性别、相貌、民族、籍贯、宗教信仰、文化程度、职业、兴趣爱好、个性特征、生活习惯、婚姻家庭情况、经济状况等。

2. 疾病情况　患者的精神症状、发病经过、诊治情况、发病后社会功能情况，有无重大躯体疾病史及其他特殊注意事项。

（二）树立以患者为中心的服务理念

以患者为中心的护患关系可以使患者认识到自身的重要性及价值，进而提高患者的自尊，促进良好护患关系的形成与发展。对精神障碍的护理更应树立以患者为中心的整体护理服务理念，充分尊重、接纳、容忍患者，注重患者心理、社会方面的问题，尽量帮助患者改变负性的认知和建立正常的行为模式。

（三）品德高尚

精神病患者存在知、情、意等方面的异常，往往不承认自己有病，拒绝治疗，甚至有冲动、伤人、自杀、毁物、逃跑等异常行为而令人望而生畏；情感淡漠，很难沟通交流；胡言乱语、随地大小便、捡食脏物等常使人不快；社会功能受损，使患者丧失工作能力，经济拮据。因此精神卫生护理工作具有复杂性和危险性，精神科护理人员更需具有崇高的思想境界，要热爱精神卫生护理工作，具有慎独精神。在工作中严格执行各项规章制度，以高度的责任感和同情心去照顾、护理患者。不论患者的社会地位高低、经济状况好坏，均应一视同仁。不能愚弄、嘲笑、歧视甚至侮辱患者。应及时满足患者的合理要求。

（四）精湛的专业技术

精神科患者症状复杂多样，有的是由原发躯体疾病引起，有的是社会、心理原因所导致。所以精神科护理人员应具有精湛的专业技术，不仅要掌握医学、护理学方面的知识，还应学习了解社会学、心理学等知识。

（五）持续性和一致性的态度

持续性是指患者在住院期间有相对固定的护士与其经常性地接触沟通。一致性既指同

一护士对不同患者态度一致，对同一患者前后态度一致，也指同一患者所接触的不同医、护人员都以一致的态度对待患者。

（六）良好的自身素质

在患者住院期间，护理人员与其接触的机会最多。具有良好素质的护理人员能从仪表、言行、知识、技能等方面给患者以良好的感受，有利于在患者心中树立威信，更有利于护患关系的发展。护理人员必须努力完善自我，提高自身的素质。

（七）保护患者隐私，维护患者的权利和人格

由于精神障碍的发病与个人经历、家庭和社会环境等多种因素有关，其病史可能涉及患者的隐私。如果患者的隐私被泄露，患者可能会感到自卑、羞耻，从而加重病情，不利于精神状况的康复。因此，护士应保护患者隐私，不允许任何无关人员翻阅患者的病历。

二、建立治疗性护患关系的过程

（一）准备阶段

在与患者交谈之前的主要工作内容：给患者提供安全安静的交谈环境，以保护其隐私，避免其分散注意力；了解患者一般情况；初步明确此次交谈的目的；注意患者的姿势、体位是否舒适；选择合适的时间，以避免干扰患者；患者是否有当时就要予以满足的需要等。

（二）开始交谈阶段

护士应注意：有礼貌地称呼对方，做自我介绍；向患者说明本次交谈的目的和所需时间；表情自然、态度和蔼、姿态大方、语言诚恳、眼神专注；告知患者有不清楚的地方，可以随时提问。

（三）交谈阶段

护理人员和患者讨论他（她）对疾病的看法、潜在的需求和功能性失调的原因；根据患者健康问题，鼓励患者参与制定治疗目标，制定达标协议，如护患双方的责任、义务，达到了目标怎样奖赏等；鼓励患者发挥自己的能力和潜力，学习新的行为方式，进行自我护理。

（四）小结阶段

交谈结束时，应将交谈的内容做简明小结，以核实其准确性，相约下次交谈的内容和时间。

三、建立治疗性护患关系的技巧

建立治疗性护患关系的技巧在于治疗性沟通。治疗性沟通是一般性沟通在护理实践中的具体应用，信息发出者与接受者是护理人员和患者，而要沟通的事物是属于护理范畴以内的专业性事物。这是一种双向的沟通。由于这些具有服务精神的、和谐的、有目的的沟通行为可以起到治疗的作用，因而称之为治疗性沟通。沟通有言语性和非言语性沟通两种方式。精神障碍患者存在较多的心理问题和人际关系冲突，护理人员可以采用以下沟通技巧：

（一）善于启发、提示或引导患者

与患者沟通时按交谈的方式分类，可分有目的的询问式交谈和无目的的开放式交谈。

有目的的询问式交谈的答案比较固定，通常的回答为“是”或“不是”。被问者处于被动角色，容易使对方感到紧张和有威胁感。这种交谈方法常用在交谈的开始，以了解患者一般性资料。无目的的开放式交谈多使用开放式问题，如“你有什么兴趣爱好”“做哪些事情会让你感到愉快”。被问者居主动角色，可以敞开地自由回答问题，使患者觉得护理人员很关心自己而感到放松、愿意接受。通过这类问题可使护理人员收集到丰富的资料，营造轻松愉快的沟通氛围。

在交谈过程中，患者由于思维异常，常使谈话偏离主题。护理人员在交谈过程中应注意适时引导，避免被患者牵着鼻子走。而抑郁症患者思维迟缓，痴呆患者的病理性赘述，常使谈话停滞不前，护理人员应适时插话，引导话题延续。但对一些患者不愿暴露的敏感问题则不要追问，以免引起患者反感，使谈话陷入僵局。为了使患者便于理解和回答，提问时应注意：①一次只问一个问题；②把问题说得简单清楚，用患者能理解的语言提问；③尽量少问“为什么”，以免患者回答不出而使谈话受阻；④尽量避免封闭式的问题。

（二）善于倾听患者诉述

最理想的倾听态度是共情，设身处地为患者着想。精神科患者由于思维异常，所以护理人员应准备充分的时间倾听；在倾听过程中，应注意参与，如保持眼神的交流、身体前倾、适时点头等，让患者感受到护理人员对他（她）的尊重，从而更喜欢与护理人员交流；对于患者的言行举止、价值观念、幻觉妄想等不要急于评判，以免患者产生敌意；在患者谈话过程中，不要随意打断其谈话，以免影响沟通的深入。

（三）核实自己的感觉

核实的目的主要是了解护理人员的理解与患者的描述是否一致。当患者陈述中有一些模棱两可、含糊不清、护理人员没有完全理解的部分时要及时澄清，常用“您刚才说的是……”“您说……对吗”等等；还可以不加判断地把对方的话复述一遍，或用不同的词句复述对方的话；当交谈告一段落或一个主题结束时，将患者所述内容进行归纳，有利于帮助患者整理混乱的思绪。

（四）适当运用沉默

护患交往中，适当的沉默可给患者思考的时间，有足够的空间来调节沟通气氛。当遇到患者不愿描述的一些问题时，护理人员可以适当地运用沉默，让患者感到轻松，觉得护理人员理解自己的心情，从而有利于沟通的深入。

（五）适时运用触摸

触摸属于非言语性的沟通，可以起到加强沟通的作用。当患者谈到伤心痛苦的事情时，护理人员可以适当地运用触摸，如拍拍他（她）的肩膀，紧紧地握住他（她）的手等，可以让患者感到护理人员的关心和温暖，起到支持性治疗的作用。但与有钟情妄想的患者沟通时，应避免触摸，以免患者产生误会。

（六）鼓励患者描述感受

患者描述自己的异常感受，可以协助医护人员了解其病情。通过患者的描述了解幻觉、妄想的种类及与其相关的人和事，从而找到问题的症结。可以了解患者有无自杀观念和暴力行为，及早采取防范措施。

（七）与特殊患者的沟通

1. 对有幻觉、妄想的患者　对患者所述之事既不肯定也不否定，更不与其争辩，以免被患者置于敌对的一方，影响治疗性护患关系的建立。待患者病情好转后，再帮助其认识。

2. 对消极抑郁的患者　护理人员应多鼓励患者诉说内心痛苦的感受，耐心倾听，启发患者回顾以往成功和快乐的经历，引导患者从积极的方面思考问题。

3. 对有攻击行为、易激惹的患者　护理人员尽量避免单独与患者共处一室，态度沉着冷静，言语温和亲切，避免激惹性语言，不与患者争论。

4. 对木僵患者　这类患者意识是清楚的，护理人员应避免在其面前谈论其病情，以免对其造成刺激。做任何护理操作前均应事先向患者解释清楚，尊重患者。

5. 对沉默不语的患者　尽管患者不说话，护理人员也要关切地静坐其旁，陪伴患者一会儿，让患者体会到护理人员对他（她）的关心。

6. 对异性患者　护理人员态度要稳重、自然、谨慎。

四、影响建立治疗性护患关系的相关因素

（一）护理人员自身因素

护理人员专业知识或相关知识缺乏，无法对信息做出正确的判断；护理人员缺乏有效沟通交流的方法和技巧，导致沟通很难深入；护理人员自身情绪调节能力不佳，容易把生活中的情绪带入工作中，使患者产生不信任感。

（二）患者因素

患者身体的因素，如疲倦、思维障碍、耳聋等；心理因素，对疾病无自知力，认为自己不需要住院，从而产生抵触情绪。

（三）双方存在差异

护患双方在思想、语言、技巧、经验、价值观、经历等方面存在较大的差异，无法达成共识，影响沟通的进行与效果。

（四）交流缺少事前计划

交谈前没有对患者情况做必要的了解，没有对交流做出计划，对会谈中可能出现的问题认识不足，往往导致交谈零散，没有重点，不仅达不到预期目的，甚至可能损害已经建立的护患关系。

第二节　精神障碍的护理观察与记录

一、精神障碍的护理观察

（一）观察的内容

1. 一般情况　包括患者面貌、步态、衣着、举止、饮食、睡眠、排泄、女性患者月经情况、接触是主动还是被动、对疾病的自知力情况、愿意参加集体活动与否、对治疗护理的态度等。

2. 精神症状　包括患者认知、情感、意志、行为等方面的临床表现。如有无幻觉、妄想、自杀、自伤、思维异常等病态行为。

3. 躯体情况　患者心、肺、脑、肝、肾等重要脏器的功能，生命体征、营养状况是否正常，有无压疮，有无骨折等外伤标志。

4. 心理状况　包括患者个性特征、心理问题、与心理问题相关的因素、心理需要、心理冲突等。

5. 社会功能　包括患者的工作、学习、人际交往与沟通的能力、生活自理情况。

6. 治疗情况　包括治疗依从性、治疗效果与不良反应的观察。

7. 家庭支持情况　包括患者与家庭成员的关系、家属对患者疾病的看法、家庭经济情况等。

（二）观察的方法

1. 直接观察　此法较适合于意识清晰的合作患者。护理人员直接与患者接触，观察患者的言语、动作、表情、行为，从而了解其精神症状、身心状况等各个方面的情况。

2. 间接观察　此法较适用于不合作的患者。护理人员通过患者的家属、朋友、同事及患者的书信、日记、手工作品等了解其病情（日记、书信，一般属于个人隐私，应该先征得患者的同意方可阅读）。

（三）观察的要求

1. 观察要有客观性　要客观地观察病情，不要随意加入自己的主观臆测或评论，以免误导他人对患者病情的了解。

2. 观察要有针对性　对病区内的患者，要做到心中有数，重点患者重点观察。新入院的患者，自杀、自伤、冲动、毁物、出走等病态行为患者，有药物不良反应、伴有躯体疾病及未确诊的患者应列为重点观察对象。

3. 观察要有整体性　在观察患者时，要从一般情况、躯体情况、心理情况、精神症状等进行全面的观察。

4. 观察要在患者不知不觉中进行　患者感到轻松、自然才会有真情流露，反之则会觉得被监视、不被信任而反感，拒绝交流，因此观察要在患者不知不觉中进行。如检查患者是否藏有危险物品，可以说："我帮你整理一下床铺。"让患者觉得你是在关心而不是在监视他（她）。

二、精神障碍的护理记录

护理记录能及时反映患者的病情及护理过程，是医疗文件的一部分，还可作为法律依据，必须认真负责地书写。

（一）记录的内容和方式

1. 记录的内容

（1）患者新入院记录：包括入院时间、陪同人员、住院次数、意识、仪表、接触是主动还是被动、对答是否切题、本次住院原因、精神症状、门诊诊断、生活自理能力、饮食及睡眠情况、护理要点，有无"五防"（防自杀、防冲动、防出走、防跌倒、防两性关系）。患者入院3天内需每班记录。

（2）分级护理记录单：包括：①特级护理记录单。严密观察患者的病情，有特殊情况随时记录。②一级护理记录单。记录精神症状、饮食及睡眠情况、药物的疗效和不良反应、有无躯体不适、患者对住院所持的态度等，原则上每天记录，有特殊情况及时记录。

③二级护理记录单。记录患者幻觉妄想是否存在、参加工娱活动的情况、药物的疗效和不良反应等，原则上每周记录一次，有特殊情况随时记录。④三级护理记录单。记录患者病情巩固情况、对出院的态度和打算、撤药后有无反应，原则上每周记录一次。

（3）假出院和假出院返院记录：包括患者目前精神症状缓解程度、何人来将患者接回、家庭护理指导；假出院返回时间、陪同者、假出院期间的情况、病情是否稳定、社会适应能力如何、返院后的情况、需要注意的问题等。

2. 记录的方式　一般采用直接记录法，将患者的症状及医护人员的处理按时间顺序记录下来。

（二）记录的注意事项

（1）记录中尽量用患者主诉的方式记录，避免护理人员的主观叙述及加入医学术语。如“患者有被害妄想”，应记录为“患者述：有人要害我，我特别害怕”。记录前，要与患者交谈，认真观察，在掌握其精神症状、了解其心理活动的前提下书写，并注明书写时间。

（2）记录要客观地反映事实，应避免使用模糊不清、无法衡量的语言。如“患者食欲可”不如记录为“患者每日进食六两”。

第三节　精神科患者的组织与管理

一、精神科的开放式管理

（一）精神科开放式管理的必要性

精神科的治疗不但注重于生物学治疗，更注重生物、社会、心理相结合的治疗原则。随着社会的进步和医学模式的转变，精神科病房全封闭式护理管理模式已不能满足精神疾病患者的需求。精神科病区开放式管理，已经成为精神病院发展的趋势。精神科病区的开放式管理模式，使病区设置逐渐倾向家庭化、社会化，锻炼患者社会能力、人际沟通能力以及生活自理能力，为患者提供更人性化、更科学的治疗、康复、护理环境和措施，是提高治疗和康复效果的有效方式，可减少社会功能残疾。

（二）精神科开放式管理的对象

自知力良好、病情较轻、无暴力行为、无高度抗拒治疗行为的患者才能作为入住的对象。每位患者有一位家属陪护，使患者在亲情的关怀下安心接受治疗。

（三）精神科开放式管理的内容

1. 病房设置　病房环境温馨、安静、安全、美观、舒适。宽敞的活动场所，内部设施齐全，内设空调、淋浴、杂志栏、棋牌室等，能消除患者对陌生环境的顾虑，促进其与社会的接触和情感交流，对患者的康复能起到很大的帮助。

2. 建立和完善安全管理制度　病区制定各种规范化的管理制度，如精神病患者入院风险评估、住院患者知情同意书、开放病区入院须知、定期安全检查制度、精神病患者意外事件防范措施及应急处理流程、住院护理告知书、开放病区住院患者陪护责任书等，规范安全护理管理的每个环节。

3. 管理及护理方法

（1）患者在家属陪伴下可随意出入病区，在院内外自由活动，增加了与社会接触的机会，使患者感受到与其他普通病房一样被接纳，消除了被监禁的心理负担，有利于患者的精神康复。

（2）告知患者入院须知和住院制度，使患者养成有规律的生活习惯，并辅以各种训练。

（3）加强社会功能训练：①在护理人员的指导督促下，患者按时起床、更换衣服、整理床铺、洗漱、接受治疗等，以充分发挥其主观能动作用，提高生活的信心，避免患者沉溺于病态的体验中，从而消除精神上的苦恼。鼓励患者参加各项工娱治疗活动、体育锻炼等，有助于患者的康复。②鼓励患者主动交往，消除其攻击性和敌意。③针对不同个体开展心理护理、康复治疗、健康教育，增进患者对疾病知识的了解，提高其依从性。④注重对患者家属的健康教育，为患者提供有效的家庭支持系统，促进其病情康复。⑤让患者在护理人员或家属的带领下外出，进行社会角色行为的适应，组织患者自己采购、郊游等，使其接触社会人群，参和群体活动，扩大接触交际面，以提高对生活的情趣。⑥帮助住院患者学会处理应对各种实际问题和进行对生活事件的行为技能训练，以减少其负性心理，保持其正常的心理承受能力。

（4）针对不同的患者，给予个体化的心理护理。进行放松疗法的训练、认知训练，转移其注意力，缓解其心理障碍。积极宣传精神障碍的预防、治疗及护理等卫生知识，使患者及家属能正确认识精神障碍，主动接受系统的治疗，提高服药依从性，防止复发。

二、精神科的封闭式管理

（一）精神科封闭式管理的对象

精神科封闭式管理的对象包括：精神症状严重，危机自身和周围安全，如冲动、外跑、自杀意念者；合并严重躯体疾病需要卧床休息密切观察者；生活完全不能自理，如重度木僵、抑郁、严重拒食者；伴意识障碍，如癫痫持续状态、重度痴呆；特殊治疗的患者、住院司法鉴定者；严重药物反应者。

（二）精神科封闭式管理的内容

1. 病房设置和物品管理　病房环境温馨，各种设施安全、摆放合理，门窗有损坏及时修理。病区、办公室、治疗室、配餐室等场所应随时上锁，并保管好钥匙。病区内设置门禁系统，患者不能自由出入病区。危险物品应定位加锁。护理人员防止损坏和丢失治疗用的器械和物品，用后清点数目，放回原处，交接班时要清点危险物品，一旦缺少应及时追查。

2. 建立和完善安全管理制度　封闭式管理病区都是急危重精神障碍患者，危险性大，病区应制定各种规范化的管理制度。如患者入院风险评估、定期安全检查制度、巡视制度等，规范安全护理管理的每个环节。

3. 管理及护理方法

（1）安全护理：①加强安全管理。患者在室内活动，外出检查治疗时需有 1~2 名工作人员陪同。必要时约束。患者入院时及外出归来时做常规安全检查，自杀、冲动患者班班交接。②掌握病情，有针对性地进行防范。护理人员必须熟记“五防”患者，并将患者置于医护人员的视线范围内活动，及早发现意外征兆，及时采取防范措施，必要时将患者安置在危重病室内，24 小时专人监护。③加强巡查，严防意外。护理人员应加强巡查，重点患者不离视线。应特别注意厕所、走廊尽头等地方的巡视。④严格执行护理常规与工作制度。

（2）日常生活护理：协助和督促患者进行皮肤和口腔的清洁；穿着适宜，鼓励患者打扮自己，建立自尊和自信。观察大、小便情况，患者出现便秘，应告知多吃蔬菜和水果；患者 3 天未解大便，应给予缓泻剂；对排尿困难或尿潴留者，先诱导排尿，无效时，可按医嘱导尿。

（3）饮食护理：进餐前，督促患者洗手，定位入座。就餐时，加强巡视。发现暴饮暴食者，应控制其饮食，提醒其细嚼慢咽；年老或吞咽动作迟缓者，应由专人照顾，严防意外发生；对拒食者，应查找原因，疑心饭菜有毒者，集体进餐或让别人先吃一口，消除其疑虑；有罪恶妄想者，可将饭菜杂拌，使其误认为是别人吃剩的，即使吃了也没罪；对兴奋躁动者，可将饭菜留下，待其安静后再进食；对木僵患者，可将饭菜放在床旁，待无人时自行进食。

（4）睡眠护理：创造良好的睡眠环境，工作人员操作要做到“四轻”（说话轻、走路轻、操作轻、开关门窗轻）；合理安排患者的作息制度，使其白天睡眠 1~2 小时；避免患者睡前兴奋、喝浓茶咖啡，可使其用温水泡脚、喝热牛奶、听轻音乐等方式促进睡眠；加强巡视、严防意外，避免患者蒙头睡觉，学会听呼吸音，判断患者是否入睡。

（5）用药护理：密切观察患者的药物反应，严格检查其服药情况，做到“发药到手，看服到口”。

（6）探视护理：患者家属探视时，应合理安排其探视时间，一般选择在患者治疗护理操作完成后探视；由专人负责；探视要在规定的场所进行，向患者家属介绍患者情况，告知家属不要给患者精神刺激和感情创伤；探视结束后，患者须经安全检查后方可回病房；家属送来的物品应写上患者的姓名、床号后交病区护理人员保管，每天安排时间向患者发放。

三、精神科的分级护理

根据患者病情轻重及治疗需要，对患者进行分级护理管理。将其分为特级护理及一、二、三级护理。

（一）特级护理

1. 护理对象　包括：①精神症状严重，危及自身及周围安全者，如自杀、自伤、伤人、外跑、毁物等行为者；②生活完全不能自理，如重度木僵、抑郁、拒食者；③伴意识障碍，如重度痴呆、癫痫持续状态；④合并有严重躯体疾病需密切观察者；⑤住院司法鉴定、特殊治疗及严重药物反应者。

2. 管理与护理内容　①安置于重症监护室，实施封闭式管理；②在室内活动，外出检查治疗时需要有 1~2 名工作人员陪同；③患者入院及外出回来时做安全检查；④自杀、冲动等患者班班交接检查，24 小时专人护理，必要时约束；⑥每班记录，病情变化随时记录；⑦严格做好基础护理、症状护理、药物护理、心理护理及探视护理。

（二）一级护理

1. 护理对象　包括：①新入院患者；②自杀、自伤、伤人、外跑、毁物等行为者；

③木僵、抑郁、拒食、痴呆等生活不能自理者；④合并严重躯体疾病者。

2. 管理与护理内容　①安置于重症监护室，实施封闭式管理为主；②在室内活动为主，可由工作人员带领在规定区域内活动，外出必须由工作人员陪护；③对于严重自杀、自伤倾向者，可给予保护性约束，由家属 24 小时陪护；④每周 2 次或不定时安全检查；⑤ 24 小时严密观察；⑥每班 1 次护理记录；⑦做好基础护理、心理护理等，保证患者营养、水分的摄入。

（三）二级护理

1. 护理对象　包括：①急性症状消失，病情趋于稳定，无冲动暴力行为的患者；②自知力部分恢复者；③生活基本能自理者。

2. 管理与护理内容　①安置于一般病室内，以半开放式管理为主；②鼓励患者参加各种工娱治疗活动，在工作人员带领下参加户外活动；③经医生同意在监护人员陪同下于规定时间内假出院；④常规安全检查，每 30~60 分钟巡视一次；⑤每周记录一次，有特殊情况随时记录；⑥督促和协助患者完成生活自理，锻炼其社会功能。

（四）三级护理

1. 护理对象　包括：①症状缓解，病情稳定者；②神经症患者；③康复待出院者。

2. 管理与护理内容　①安置于一般病室，实施开放式管理；②在规定时间内，患者在家属陪伴下可在院内外自由活动；③每周记录 1 次；④加强社会功能的训练；⑤生活自理；⑥加强心理护理及健康教育。

四、精神科封闭式病房的相关制度与护理常规

（一）精神科封闭式病房的相关制度

1. 精神科病房管理制度

（1）由病员代表组成休养员组织，协助工作人员做好病员学习和生活管理工作，每月定期召开工休座谈会，听取意见，做好记录，不断改进工作。

（2）严格执行病房安全管理制度，防止意外。病房大门及各室应随手锁门，钥匙要妥善保管。

（3）患者进入病房，除携带日常用品外，危险品及贵重物品禁止带入。患者衣物、零用钱等交保管员保管，双方签名。

（4）患者活动应按活动日程和作息时间进行，除特殊治疗或有躯体疾病需要卧床外，应鼓励患者参加工娱治疗活动。

（5）做好饮食护理，密切观察患者饮食情况。

（6）患者家属按探视制度探视患者。有特殊情况须经医生同意后在指定地点会客。

2. 病房安全制度

（1）认真巡查，严密观察患者病情，“五防”患者重点巡视。

（2）患者出入病室要有工作人员陪同，加强安全管理。

（3）严格执行交接班制度，“五防”患者及保护性约束患者应作重点交接班。

（4）加强患者修剪指甲、洗澡等安全管理。

（5）定期做好病室环境的安全检查，若有损坏及时修理。

（6）患者吸烟要在指定地点，防止火灾。

（7）进出治疗室、配膳室、储藏室、值班室等应随时锁门。钥匙、剪刀、药品、注射器、体温计、约束带等均应有固定数目，定位放置，并详细交接班。一旦发现数目不符，应立即追查。

（8）每周一次安全大检查，并做好记录。检查床铺、褥垫、床头柜和患者活动场所等。

（9）对探视者做好解释宣传工作，不能把危险品、限制物等直接交给患者。

3. 保护约束制度

（1）凡属下列情况的患者可考虑保护性约束：极度兴奋躁动者、谵妄状态者、癫痫伴有意识障碍者、治疗不合作者、其他特殊情况需暂时约束者。

（2）按医嘱实施保护约束，约束前做好解释工作，消除患者的恐惧。

（3）对被保护约束的患者，应定时供给营养和水分，及时处理大、小便，保持床褥清洁干燥。

（4）保护约束时应加强巡视，防止其他患者袭击、伤害或解脱现象，避免意外发生。

（5）保护带松紧适度，经常检查有无肢体发绀、红肿，有无自行解脱现象。

（6）注意体位，肢体处于功能位，加强观察。

（7）保护性约束的患者应行床旁交接班，内容包括肢体循环状态、约束带数目，床褥、衣裤是否干燥、清洁等。

4. 患者物品保管制度

（1）保管员负责保管好患者住院期间的私人物品，避免损坏或遗失。

（2）新患者入院时，建立"患者存物登记本"，收存与取物双方签名，以备查证。严防违禁物品带入病房。

（3）贵重物品请护送人员清点签字带回，特殊情况双签名留存。

（4）患者家属送来的食品放于食品柜内，每日由保管员按时发放，及时清理。

（5）根据季节存放患者衣物。

5. 服药制度

（1）熟记患者床号、姓名、面貌特征，按次序发药，如有疑问，及时核对无误后再发药。

（2）严格执行查对制度。

（3）发药前准备好温开水。

（4）发药时认真检查患者口腔、舌下和颊部，避免藏药、吐药行为，药已服下方可离开。

（5）把药盘放于适当位置，严防患者抢药或弄翻药盘。

（6）对拒药者，进行解释说服工作。对躁动不合作者，必要时按医嘱给予鼻饲服药。

（7）服药后注意观察疗效和不良反应。

（8）服药完毕清点用物，防止遗漏在病室。药杯实行一人一杯制，用后消毒。

6. 假出院制度

（1）按医嘱办理假出院手续后，由患者家属或所在单位负责接送并签字。

（2）要求患者家属或所在单位妥善保管药物，按医嘱定时给患者服用，密切观察病情变化，若有异常，随时送回医院。

（3）患者返院时，办理回院手续，并做好书面交班，值班人员做好安全检查，保管员清点所带衣物，并登记。

（4）凡假出院患者，务必请家属遵守医嘱，按时护送返院。如有特殊情况要续假者，须经医生同意后办理续假手续。

（5）患者请假外出期间，保留床位，只停餐。

（6）家属注意观察患者的病情、生活适应状况及情绪言行表现，注意安全。

（7）护送患者返院时，家属应详细介绍患者在家一切表现，必要时进行书面说明。

（8）严禁患者携带钱、贵重物品及刀剪、火柴、绳索等危险物件进入病房。

（9）假出院期间不合作或有发病征兆，应提前护送回院。

7. 探视制度

（1）探视时应有专人负责，亲切热情，耐心解答探视者的询问，有关医疗及愈后等问题可通知医生给予介绍。

（2）检查探视者所带的物品是否符合安全要求，并交保管员予以登记保管。

（3）随时了解探视动态，遇特殊情况及时处理，必要时暂停会客。

（4）督促家属执行病房安全制度，不得擅自将物品交给患者。

（5）探视应在规定地点，不得任意进入病房（卧床者除外），如需带患者离开病房，须经医生同意，但不得离开医院。

（6）禁止探视人员带危险品（各种凶器、锐利品、酒类以及易燃物）进入病房。

8. 陪护制度

（1）按医嘱给患者陪护。

（2）工作人员应向陪护人员介绍病室有关制度及注意事项，并督促执行。

（3）陪护人员不得擅自离开病室，不得携带贵重物品或危险品进入病房，不得高声谈笑或议论患者病情，不得随意睡在患者床上，不得逗弄患者取乐，不得为其他患者代发书信或买东西等。

（4）未经医生许可，不得自请外院医生为患者诊治和服用其他药物。

（5）陪护人带患者外出时，须经医生同意，患者的安全由陪护人员负责。

（6）遵守医院及病房制度，听从医务人员的指导，爱护公共财物，维持病室整洁。

（7）陪护人员应经常注意患者情况，如有病情变化应及时向医务人员反映。

（8）陪护人员须暂时离开时，应与值班人员取得联系。

9. 夜班工作制度

（1）值班人员应自觉遵守劳动纪律，坚守工作岗位，完成本职工作，按时交接班。

（2）交接班时，认真清点患者人数、药品等，并做好登记。

（3）经常巡视病房，详细观察患者睡眠情况、病情变化等。

（4）执行各种治疗，必须严格执行护理查对制度。

（5）做好晨晚间护理，督促患者洗脚、脱衣、盖被，要求患者不蒙头睡觉，以便观察病情。

（6）晨时采集化验标本，并登记签名。

（7）协助开餐，督促并观察患者进食情况。

（8）书写病情报告及护理记录，参加晨会并做好床头交接班工作。

（9）负责紫外线消毒工作。

（二）精神科护理常规

（1）保持病室安全、舒适、清洁、整齐、安静。

（2）对新入院患者应热情接待、妥善安置床位，做卫生护理、入院指导、入院评估，制订护理计划。

（3）按医嘱实行等级护理。

（4）安排饮食，鼓励督促患者进食。

（5）住院患者不准外宿、私自出院；封闭式病房的患者外出、接受检查或探视，均要有医务人员的陪同。危险品不准带进病房。

（6）每周测体重 1 次，完成基础护理。

（7）及时、准确做好各项护理记录。

思考题

1. 精神卫生护理人员的入门基本功是（　　）
   A. 具有扎实的理论基础，能正确识别患者各项症状
   B. 谨记各项安全制度，防止意外
   C. 掌握沟通技巧，与患者建立良好的护患关系
   D. 学会尊重、接纳患者
   E. 具有慎独精神
2. 护理记录的书写要求下列哪项不合规范（　　）
   A. 及时准确，简明扼要
   B. 为便于交流，护理记录应尽量使用医学术语
   C. 保持客观性
   D. 书写项目齐全，字体端正、字迹清晰
   E. 使用不可涂改的笔做记录
3. 关于饮食护理，下列哪项不正确（　　）
   A. 一般情况良好的患者采用集体进餐（分食制）形式
   B. 对年老或药物反应严重、吞咽动作迟缓的患者予以每口小量喂食，并由专人照顾
   C. 有被害妄想的患者应专人守护，独自进餐
   D. 对兴奋躁动者，可不受常规进餐时间的限制
   E. 对吞咽困难者，可给予鼻饲
4. 关于睡眠护理，不正确的是（　　）
   A. 患者睡眠的好坏预示着病情的好转、波动或加剧
   B. 创造良好的睡眠环境利于睡眠
   C. 安排合理作息，白天尽量少睡，以利于夜间睡眠
   D. 对失眠患者，首选药物辅助入睡
   E. 巡视时对蒙头盖面者更要警惕

5. 重点饮食护理对象不包括（　　）

A. 兴奋躁动者　　B. 拒食者　　C. 藏食者

D. 抢食者　　E. 外逃出走者

答案：1. C　2. B　3. C　4. D　5. E

（邬君芳）

扫码看 PPT　　扫码做练习

第四章 精神科常见危机的防范与护理

学习目标

1. 掌握暴力行为、自杀、出走、噎食、木僵的预防措施、护理评估以及护理措施。
2. 熟悉暴力行为、自杀、出走、噎食、木僵的护理诊断和护理目标。
3. 了解暴力行为、自杀、出走、噎食、木僵的护理评价。
4. 能对暴力行为、自杀、出走、噎食、木僵的患者实施正确护理。
5. 具有良好的心理素质、严谨的工作态度。

情景导入

李某，女，25岁。因感被害4年，情绪低落、凭空闻声1年，3个月前自杀未遂入院。患者4年前，自诉同事要害自己。1年前，患者自诉每天可以凭空听到声音，心情不好，高兴不起来。3个月前，患者割腕，致右手腕受伤，问其原因，诉“自己什么都做不好，不想活了，活不下去”。被家属带到外院诊治，住院1周后出院，一次性服下3天的药量。后患者反复诉“什么都做不好，老板不要自己，徐家不要我了，父母不管我了，自己会被饿死”。来院后不吃饭，问其原因，诉“找不到工作，想去死，想在医院里面死，不用被狗咬”。以“重度抑郁发作、自杀未遂”收入院。

病前性格敏感多疑，孤僻胆小，无知心朋友。

无特殊家族史，无药物过敏史。

精神评估：意识清晰，自动入院，衣着整洁适时，表情淡漠，自知力不存在。生活自理，接触被动，声音低沉，对医生问话不能有效回答，不能深入交流。定向力好，计算力好，理解力好。引出幻听、被害妄想等精神病性症状。有自杀想法及行为。引出情绪低落、高兴不起来、活动减少等抑郁综合征；未引出紧张、担心、心慌、胸闷、坐立不安等焦虑综合征。社会功能受到极大影响。

身体评估无异常。

诊断：重度抑郁发作伴精神病性症状。

问题：

1. 请制定3个主要的护理诊断。

2. 写出预防自杀的措施。

精神科危机状态指精神障碍患者突然发生的、个体无法自控的、危及自身或他人生命或财物的一种状态（包括暴力行为、自杀自伤、出走、噎食、木僵等）。精神科危机状态常突然发生，后果非常严重。因此，精神科护理人员必须时刻警惕，以高度的责任心预防危机事件的发生，做好防范工作，在危机事件发生时立即做出有效的处理。

第一节　精神科的安全护理

一、安全护理的重要性

精神科患者由于受精神症状的支配，可出现伤人、毁物、自杀等破坏性行为；患者无自知力，否认有病而拒绝住院治疗，出现出逃行为；或因药物副反应，引起噎食、体位性低血压等。因此，做好安全护理是精神科护理人员的一项重要任务。

二、安全护理的措施

1. 加强安全管理

（1）患者在室内活动，外出检查治疗时需有1~2名工作人员陪同。必要时约束。患者入院时及外出归来时做常规安全检查，自杀、冲动患者班班交接。

（2）治疗室、配膳室、储藏室、值班室等应随时锁门。钥匙、剪刀、药品、注射器、体温计、约束带等均应有固定数目，定位放置，并详细交接班。一旦发现数目不符，应立即追查。

2. 掌握病情，有针对性地防范　必须熟记“五防”患者，做到安全“五防”标志：防自杀—S，防出走—E，防冲动—V，防跌倒—F，防两性关系—X。并将患者置于医护人员的视线范围内活动，及早发现意外征兆，及时采取防范措施，必要时将患者安置在危重病室内，24小时专人监护。

3. 加强巡查，严防意外　应加强巡查，重点患者不离视线。特别注意厕所、走廊尽头等地方的巡视。

4. 严格执行护理常规与工作制度　要严格执行护理常规与工作制度。稍有疏忽，将会给患者和医院带来不良后果，甚至危及患者生命。

5. 安全常识教育　重视和加强对患者及家属进行安全常识的教育和宣传，引导他们理解和配合安全管理。

6. 隔离保护　注意观察患者的病情，一旦发现有暴力先兆、自杀企图等，要暂时将患者隔离开来，给予保护性约束，要针对其思想、动机做出控制。

第二节　精神科常见危机的防范与护理

一、暴力行为的防范与护理

暴力行为通常是指直接伤害某物体或某人的严重破坏性的伤人毁物行为，是精神科最常见的危机事件。精神科的暴力行为多见于精神分裂症、情感障碍、酒滥用、药物依赖、人格障碍等患者。在精神科护理工作中除对已实施的暴力行为立即处理外，还应重视及时发现潜在的暴力行为先兆，有效防范暴力行为发生。

（一）护理评估

1. 暴力危险因素的评估

（1）疾病诊断：精神科的暴力行为多见于精神分裂症、情感障碍、酒滥用、药物依赖、癫痫性精神障碍、人格障碍、病理性激情等患者，是精神科最常见的危机状态。其中以精神分裂症最为多见。

（2）精神症状：与暴力有关的精神症状包括幻觉、妄想、意识障碍、情绪障碍等。患者最容易在幻觉、妄想的支配下发生暴力行为。

（3）个性特征：研究显示，发生暴力行为者，性格中往往具有这些特征：①敏感、多疑；②情绪不稳定，易紧张，易产生挫败感；③缺乏自信，人际交往能力差。

（4）诱发因素：常见的诱发因素为：①患者的合理需求未得到满足；②患者难以耐受药物的不良反应；③因暴力对象态度粗暴而激惹患者等。

2. 暴力行为的征兆评估

当精神障碍患者出现下列情况时，护理人员应高度警惕：

（1）突然激动、情绪不安、高声大叫、言谈具有威胁性、固执强求等。

（2）睑部及手臂的肌肉紧张度增加，动作增多，捶打物体。

（3）拒绝接受治疗、拒绝合作、拒绝执行院规。

（4）精神症状突然加重或波动。

（5）对周围人或特定人员持敌对态度，并以杀（伤）人相威胁。

评估时需注意不要单独检查患者，不要将患者带到关闭的空间如办公室、治疗室，不要用言语行为激惹患者。及时采取措施预防暴力行为的发生。

（二）护理诊断

有暴力行为的危险：与幻觉、妄想、情绪不稳等有关。

（三）护理目标

（1）患者在住院期间无暴力行为的发生，能够立即寻求帮助，控制自己的行为。

（2）患者能以恰当的方式表达和宣泄情绪，以正确的方式处理问题。

（四）护理措施

1. 紧急处理　发生暴力行为时紧急处理方法有多种，一般多采用寻求帮助、言语安抚、疏散围观患者、解除武装、身体约束和应用药物等方法。

（1）寻求帮助：当患者有破坏物品或攻击他人等暴力行为发生时，首先应呼叫其他工作人员，寻求支援，集体行动。

（2）言语安抚：由患者信任的亲属、主治医护人员出面对话劝诱患者停止暴力行为。用贴心的语言安抚患者，用简单、清楚的语言提醒患者暴力行为的后果。尽量满足患者提出的合理要求，尽可能稳住患者，以赢得充足时间，寻求专业人员的帮助。

（3）疏散围观患者：当其他工作人员到达后，应及时疏散围观的患者，以保证其他患者的安全。

（4）解除武装：如言语劝诱无效，可采用适当的形式制服患者。若患者手中有武器，应由专业人员出面制服为宜。若患者手中没有武器，则由 4 人同时行动，每人负责固定患者的一个肢体，行动要果断迅速，协调准确，在不使患者受到伤害的基础上，制服患者。

（5）身体约束：控制患者后，用约束带将患者约束起来。约束的目的，是保护患者和其他人的安全。在约束保护患者的同时，应以温和的语气持续与患者对话，告知身体约束的目的、时间。去除患者身上的危险物品，加强监护，以防止其他患者攻击被约束的患者。约束保护过程中应经常检查约束是否适当，避免因约束对患者造成伤害。应注意饮食护理，保证患者摄入足够的营养和水分。

（6）应用药物：约束患者后，应用适当的镇静药物让患者安静下来。常用药物有氯丙嗪、氟哌啶醇、地西泮（安定）。一般采用肌内注射给药，以氟哌啶醇最为常用。用药后应注意观察疗效和不良反应。

2. 预防措施　对具有某些暴力先兆或既往有暴力行为史的患者，应采取积极预防措施，减少暴力行为的发生。

（1）清除患者周围可能存在的危险物品，保证环境的安全。

（2）减少或消除暴力行为的诱发因素。恰当满足患者的合理需求，及时处理药物的不良反应，鼓励患者参加工娱治疗活动。

（3）重建心理行为方式，通过心理治疗等对患者进行长期的行为干预。如训练患者如何建立人际关系，如何控制自己的情绪，当有暴力冲动时如何寻求社会支持系统来预防和控制暴力行为的发生。

（五）护理评价

（1）患者是否发生了暴力行为。

（2）患者是否以建设性的方式处理自己的愤怒情绪。

（3）患者是否能预知失去自知力前的征兆，并以有效的方法处理压力或立即寻求帮助。

二、自杀行为的防范与护理

自行采取结束自己生命的行为称为自杀。自杀行为按程度的不同可分为：①自杀意念，指有自杀的想法，但未采取行动；②自杀企图，指已准备采取行动；③自杀未遂，指有自杀举动，但未导致死亡结局；④自杀死亡，指有意采取结束自身生命的行动，并导致了死亡结局。

知识拓展

世界预防自杀日

每年9月10日是“世界预防自杀日”。为了引起公众对自杀问题的关注，世界卫生组织和国际自杀预防协会呼吁各国政府、预防自杀协会和机构、当地社区、医务工作者以及志愿者们，加入到当天的各项地方性行动中，共同增强公众对自杀问题重要性以及降低自杀率的意识。

“抑郁症是自杀的头号杀手”，在自杀人群中，有近八成的人患有抑郁症。抑郁症是一种常见的心境障碍，可由各种原因引起。远离抑郁，从现在开始！

（一）护理评估

1. 自杀原因的评估

（1）疾病诊断与精神症状：自杀率较高的精神障碍包括：精神分裂症、抑郁症、酒精和药物依赖、人格障碍。其中抑郁是自杀的一个最常见原因，抑郁症患者一般具有无助、无用、无望感或自罪妄想而选择自杀。精神分裂症患者可在命令性幻听的指使下自杀；也有的患者在疾病好转后，知道自己患了精神分裂症，觉得前途尽失而结束自己的生命；还有一部分患者是冲动性自杀。酒精或药物依赖者大多伴发抑郁症，易于出现自杀；有的患者因产生戒断综合征而引起自杀。人格障碍者往往因为冲动或不良情绪而自杀。

（2）个性特征：一般来说，具有下列个性心理特征者容易自杀：①敏感、多疑、易产生挫败感，缺乏自信，人际交往能力差；②情绪不稳定，行为具有一定的冲动性；③看问题总是以偏概全，走极端；④遇事犹豫不决，没有主见；⑤心态比较消极，对社会及周围人群抱有敌意。

（3）社会文化因素：①不会应对痛苦的情感；②感情受到他人伤害；③为了逃避或解脱某种困境；④希望对上级或某人表达自己愤怒或受伤的感情；⑤为了引起他人的注意；⑥生活事件对患者造成的痛苦；⑦其他家庭成员有自杀行为者发生自杀的可能性比较大，这可能与行为模仿或家庭压力有关。

2. 自杀行为的征兆评估　以下征兆可能预示着患者将要自杀，应引起医护人员的重视：①情绪突然好转；②谈论死亡和自杀，有想死的意念；③具有负罪感，觉得自己不配生活在这个世界；④收集自杀的物品；⑤自己的事情处理得有条不紊，开始分发自己的财产；⑥失眠、情绪低落，将自己反锁在室内；⑦突然拒绝治疗；⑧有企图自杀史。

（二）护理诊断

1. 有暴力行为的危险　与幻觉、妄想、情绪不稳有关。

2. 个人应对无效　与社会支持不足、处事技巧缺乏有关。

（三）护理目标

（1）患者在住院期间不发生自杀行为。

（2）患者建立正性想法，人际关系有所改善，能够以正确的方式表达自己的情绪。

（四）护理措施

1. 紧急处理　精神障碍患者多采用自缢、割腕、服毒、坠楼等方式进行自杀，当自杀行为发生时，医护人员应采取紧急处理措施。

（1）对服毒自杀的患者：首先评估患者的意识、瞳孔、生命体征等，初步判断药物的性质、种类。对意识清醒的患者，应尽量使患者说出所服药物的种类、量及服药过程，先催吐，然后洗胃。对意识不清或休克的患者，应配合医生进行急救处理。

（2）对自缢的患者：应立即解脱自缢的绳带，将患者平卧，松解其衣领和腰带，快速判断呼吸、心跳。如患者还有心跳，应畅通气道，给予氧气吸入。如果呼吸、心跳已停止，应立即进行心肺复苏术。

（3）对坠楼、撞击、自伤的患者：应及时检查有无开放性伤口，肢体有无骨折，意识是否清醒。若患者休克，应就地抢救，对患者进行初步处理后，送入相应科室治疗。如果发现骨折，应使用平整的硬板搬运，并检查有无内脏损伤。

2. 预防措施

（1）提供安全的环境，严密监控，将患者置于医护人员的视线范围内，每 10~15 分钟巡视一次并做记录，高度自杀危险者应专人护理。可用贝克抑郁量表、自杀意向量表等评估自杀危险，必要时 24 小时监测。

（2）对严重自杀倾向者，可采取电疗。服药后，检查患者口腔、药杯，避免患者藏药行为，将药物一次性服下而发生中毒。

（3）与患者建立良好的护患关系，及时提供支持性心理护理。注意与患者讨论解决问题的方法，给其提供希望。鼓励患者表达其不良心境，训练患者学习新的应付方式，教会患者在无能应付时如何求助，而不是采取自杀行动。让患者参加工娱治疗活动，帮助其缓解紧张、愤怒的情绪。对患者亲属进行与自杀干预有关知识的教育辅导，让家属参与干预治疗。充分发挥社会支持系统作用，帮助患者战胜病痛，增强对抗自杀的内外在资源。

（五）护理评价

（1）患者的抑郁情绪是否好转。

（2）患者是否学会表达情感的有效方法。

（3）患者是否学会运用适当、有益的应付方式。

三、出走行为的防范与护理

出走行为是指患者在住院期间，未经医生批准，擅自离开医院的行为。是精神科较重要的危机事件。精神病患者出走，可能造成自己受伤或伤害他人，还可能因走失而导致各种意外，引起民事或法律纠纷。

（一）护理评估

1. 出走原因的评估

（1）精神症状：患者无自知力，认为自己没病，而拒绝住院治疗；患者有幻觉妄想，认为住院是被迫害，为了躲避迫害而突然离开医院；抑郁症患者常因医院防范严密，无法实施自杀而出走；有意识障碍和智能障碍的患者，常因定向力障碍而走失。

（2）心理社会因素：患者感到住院生活单调、乏味、受限制而出走；患者对治疗手段感到恐惧；患者因思念家人或急于完成某项工作而出走。

（3）医护因素：医护人员的态度不友好，缺乏耐心，使患者产生不满情绪；医院管理松懈，工作人员疏忽大意时，患者趁外出做检查而意外出走。

2. 患者出走时的表现　意识清楚的患者常采用隐蔽的方法，寻找出走的机会，在出走前，常伴有坐卧不安、失眠、烦躁、在门口徘徊等现象。意识不清的患者，出走无计划、无目的，会不知避讳、旁若无人地出走。

（二）护理诊断

1. 有受伤的危险　与自我防御能力低下等有关。

2. 有走失的危险　与定向力障碍、智力障碍等有关。

3. 有暴力行为的危险　与幻觉、妄想等有关。

（三）护理目标

（1）患者没有发生意外。

（2）患者在住院期间不发生出走行为。

（四）护理措施

1. 紧急处理　患者一旦发生出走行为，值班护士应立即电话告知门卫关闭大门，组织人员进行院内寻找。如果院内寻找未找回，应与患者家属及时联系，组织人员进行院外寻找。找到后，要了解患者出走的原因，做好其安抚工作。如果 24 小时未找到，应报警。

2. 预防措施

（1）加强护患沟通，取得患者的信任，避免激惹患者。丰富患者的住院生活，开展工娱治疗活动，充实患者的住院生活。

（2）及时修补破损的门窗，进出记得锁门。患者外出做检查要有专人陪护。

（3）对有出走企图的患者，应置于医护人员的视线范围内活动，加强巡视，并做好安慰与解释，力求消除其出走的想法。

（4）加强与患者家属、亲友的联系，鼓励他们多探视患者，减少患者的孤独、空虚感，建立治疗的信心。

（五）护理评价

（1）患者是否能适应医院的环境。

（2）患者有无出走的想法。

四、噎食的防范与护理

噎食是指食物堵塞咽喉部或卡住食管第一狭窄部，甚至误入气管，引起窒息。精神病患者发生噎食窒息者较多，护理人员必须掌握噎食的防范和处理措施。

（一）护理评估

1. 噎食原因的评估

（1）精神病患者常因服用抗精神病药物导致吞咽肌肉运动不协调，而使食物误入气管。

（2）电抽搐治疗后患者意识尚未完全恢复而进食也可引起噎食。

（3）痴呆患者因抢食而发生噎食。

（4）癫痫患者进食时如抽搐发作也可能造成噎食。

（5）脑器质性疾病患者吞咽反射迟钝而发生噎食。

2. 噎食发生时的表现　患者噎食时突然出现呛咳、呼吸困难、面色发紫、两眼发直、双手乱抓、四肢抽搐，严重者则意识丧失、四肢发凉、大小便失禁、呼吸和心跳停止。

（二）护理诊断

1. 有噎食的危险　与抗精神病药物的不良反应或脑器质性疾病等有关。

2. 窒息　与噎食有关。

（三）护理目标

患者在住院期间不发生噎食。

（四）护理措施

1. 紧急处理

（1）就地抢救，分秒必争，立即清除口咽部异物，保持呼吸道通畅。

（2）如果清除口咽部异物后仍无缓解，应立即将患者腹部贴于凳子上，使其上半身悬空，猛压其腰腹部迫使膈肌猛然上移，使气流将进入气管的食团冲出。或将患者拦腰抱住，右手握住左拳，用拇指的突起部位快速挤压患者的上腹部，使气流将食团冲出。

（3）如果上述操作重复5~6次都无效时，立即用大号针头在环甲软骨上沿正中部位插入气管或行气管切开，使呼吸道暂时通畅。

（4）如呼吸心跳停止，应立即行心肺复苏术。

2. 预防措施

（1）对有明显锥体外系症状者，应给予东莨菪碱拮抗，并给予流质或半流质饮食，必要时专人喂食或给予鼻饲。

（2）患者进食时，护理人员应严密观察，对暴饮暴食和抢食的患者应专人护理，控制其进食速度。

（五）护理评价

患者有无噎食的发生。

五、吞食异物行为的防范与护理

吞食异物，是指患者吞下了食物以外的其他物品。在精神科，患者吞食的异物种类常有体温表、玻璃球、戒指、塑料橡皮、棉絮等。

（一）护理评估

1. 吞食异物的原因　精神分裂症患者吞食异物可能是以此作为自杀手段或是一种冲动行为，还可能由思维障碍引起。抑郁症和人格障碍患者可能将吞食异物作为一种自杀手段。

2. 吞食异物的症状、体征　吞食异物的危险性视吞食异物的性质不同：吞食塑料布可引起中毒；吞下较多的纤维组织物可引起肠梗阻；吞食锋利的金属可损伤重要器官或血管，引起胃肠穿孔及大出血。

（二）护理诊断

1. 有中毒危险及便秘　与吞食金属、塑料等物品有关。

2. 有受伤的危险　与吞食锋利物品有关。

（三）护理目标

（1）患者能认识到吞食异物的后果，从而改变不良行为。

（2）患者住院期间无吞食异物的发生。

（四）护理措施

1. 紧急处理

（1）当患者出现肠梗阻、内出血等相关症状时，医护人员应追问病史，想到有吞食异物的可能，进行 X 线或 B 超检查，积极给予处理。

（2）一旦确定了吞食异物的种类，应根据异物的性质和大小，给予对症处理：①异物较小，多可自行从肠道排出；②锐利的刀口或锋利的小异物，可让患者进食含较多纤维的食物，卧床休息，注意观察生命体征和腹部情况；③若异物属于重金属，应确定异物位置，异物能否自行排出，胃肠道是否受损，必要时手术；④若是较大的异物，应采取手术治疗；⑤若吞食了体温计，应给予吞食蛋清或牛奶，保护胃黏膜。

2. 预防措施

（1）加强各类危险品的管理，患者应在护理人员的陪伴下使用剪刀、针线、指甲刀等。

（2）做好心理护理，宣传吞食异物的危险和后果，加强健康教育。

（五）护理评价

（1）患者是否意识到吞食异物的严重后果，是否改变了行为。

（2）患者是否吞食了异物，是否发生了危险。

六、木僵患者的护理

木僵是一种较严重的精神运动性抑制综合征。患者经常保持一种固定姿态，很少活动或完全不动。轻者言语动作行为明显减少，称为亚木僵状态；重者随意运动完全抑制。

（一）护理评估

1. 木僵的原因

（1）精神分裂症引起的紧张性木僵。

（2）严重抑郁导致的抑郁性木僵。

（3）药物引起的药源性木僵。

（4）脑器质性疾病引起的器质性木僵。

（5）严重应激障碍导致的反应性木僵。

2. 木僵的表现　木僵的典型表现为言语动作行为的明显减少。轻者表现为问话不答、唤之不动、表情呆滞，在无人时可主动进食和大、小便。严重者不言、不语、不食、不动、不解二便、面无表情、双眼凝视，随意运动完全被抑制，全身肌张力增高，并可出现“蜡样屈曲”或“空气枕头”等表现。对外界刺激不起反应。呼吸、脉搏变慢，血压偏低，瞳孔缩小，对光反射迟钝，嘴唇和肢端发绀。木僵持续时间长短不一，可持续几小时、几天、几个月，长的可数年，既可逐渐消失，也可突然结束；部分患者可突然进入兴奋状态，躁动不安、伤人毁物等，应注意防范、加强护理。

（二）护理诊断

1. 有暴力行为危险　与突然转入兴奋状态有关。

2. 有受伤的危险　与丧失自我防护能力有关。

3. 营养失调，低于机体需要量　与不能自行进食有关。

4. 生活自理缺陷（如进食、排便困难等）　与精神运动性抑制有关。

5. 有感染的可能（皮肤完整性破坏、肺部感染等）　与长期卧床导致抵抗力下降有关。

（三）护理目标

（1）患者无暴力行为发生。

（2）患者无受伤。

（3）患者营养失调改善。

（4）患者自理能力恢复。

（5）患者无感染的发生。

（四）护理措施

1. 生活护理

（1）定时翻身拍背，保持床单位清洁、干燥，预防压疮。定时按摩肢体、活动关节，防止肌肉萎缩。

（2）做好口腔护理，防止感染。

（3）定时给予便盆，对不主动排尿排便者，必要时给予导尿或灌肠。

（4）饮食护理。木僵患者进食多有困难，需耐心喂食，必要时给予鼻饲流质饮食及时补充体液和营养，维持水、电解质和能量代谢的平衡。

2. 安全护理　将患者安排在单间，防止其他患者的干扰和伤害，也可避免患者突然转入兴奋状态而伤害其他患者。环境应安静，光线柔和，温度适宜。

3. 严密观察病情变化，做好保护性医疗　木僵患者意识清楚，护理人员在执行任何治疗或操作前要给予解释，态度和蔼，动作轻柔。切忌在患者面前谈论病情或取笑患者，以免对患者造成恶性刺激，使病情复杂化。

（五）护理评价

（1）患者有无发生暴力行为。

（2）患者有无营养失调。

（3）患者有无受伤、感染的发生。

思考题

1. 精神障碍中自杀率最高的是（　　）

A. 精神分裂症　　B. 抑郁症　　C. 躁狂症

D. 物质依赖　　E. 癫痫

2. 住院精神病患者出走最常见的原因是（　　）

A. 幻觉、妄想支配　　B. 自知力缺乏，不愿住院治疗

C. 环境不适应　　D. 想念家人　　E. 对治疗手段的恐惧

3. 木僵患者最典型的症状是（　　）

A. 意识模糊　　B. 言语、动作明显减少　　C. 对光反应迟钝

D. 痛觉迟钝　　E. 大、小便失禁

4. 木僵的种类不包括（　　）

A. 紧张性木僵　　B. 药源性木僵　　C. 器质性木僵

D. 反应性木僵　　E. 焦虑性木僵

答案：1. B　2. B　3. B　4. E

（邬君芳）

扫码看 PPT

扫码做练习

第五章

精神科治疗的方法与护理

学习目标

1. 掌握精神药物的主要不良反应；常见精神障碍药物治疗过程中的护理措施。

2. 熟悉常见的精神药物；精神康复措施及内容；工娱治疗的方法；电抽搐治疗的概念与护理要点。

3. 了解重复经颅磁刺激治疗与护理；心理治疗的原则与方法。

4. 正确实施治疗措施。

情景导入

王某，男，22岁，大学生。主诉：凭空闻声3个月，敏感多疑1个月余。患者3个月前无明显诱因出现独处时听到有声音，刚开始没有注意，后来声音越来越多，患者因此心烦，睡不着觉。1个多月前患者出现敏感多疑，觉得周围的同学看自己的眼神不对，似乎知道了自己很多秘密，不敢一个人上街，担心有人谋害。既往史、个人史无特殊。入院诊断为：精神分裂症，给予利培酮1mg一日2次治疗，入院第3天患者突然出现眼上翻、斜颈、张口困难，患者和家属情绪焦虑、恐惧，担心出现了严重的问题。

问题：

1. 患者可能发生了什么？

2. 针对患者出现的情况，应如何处理及采取哪些护理措施？

3. 如何做好患者和家属的健康教育？

精神障碍的发生和发展与生物因素、心理因素和社会因素有着密切的联系。目前，精神障碍的治疗主要采用药物治疗结合各种物理治疗、心理治疗和康复治疗等综合治疗手段，使患者从生理、心理和社会功能等不同方面得到全面康复。

第一节 精神药物治疗与护理

精神障碍的药物治疗是指通过应用精神药物来改变病态行为、思维或心境的一种治疗手段。精神药物是指作用于中枢神经系统而影响精神活动的药物。传统上按临床作用特点分为：①抗精神病药物；②抗抑郁药物；③心境稳定剂或抗躁狂药物；④抗焦虑药物等。

知识拓展

精神障碍的治疗在20世纪才真正开始出现。自1917年开始的高热疗法，到随后的睡眠疗法、胰岛素休克疗、电痉挛治疗及精神外科治疗等，除电痉挛治疗经过研究改良应用于临床，其他疗法现已罕用。20世纪50年代氯丙嗪的问世，使精神障碍的治疗迈入了现代科学发展道路，奠定了精神障碍治疗的基础，并且产生了一门新兴学科——精神药理学，是当今医药学发展最快、最活跃的领域，尤其是在80年代后，新的非典型抗精神病药物、抗抑郁药物的开发和推广，使精神障碍治疗又迈上了新台阶。

一、治疗应用

（一）抗精神病药物

抗精神病药物是一类作用于中枢神经系统、调节神经递质传递功能而主要用于治疗精神分裂症和其他具有精神病性症状的精神药物。

1. 分类

（1）第一代抗精神病药：又称神经阻滞剂、传统抗精神病药、典型抗精神病药，或称多巴胺受体阻滞剂。其主要药理作用为阻断中枢多巴胺 D_2 受体，包括四大类：①吩噻嗪类，有氯丙嗪、奋乃静等；②硫杂蒽类，有氟哌噻吨等；③丁酰苯类，有氟哌啶醇等；④苯甲酰胺类，有舒必利等。

（2）第二代抗精神病药：又称非传统抗精神病药、非典型抗精神病药、新型抗精神病药物等。按药理作用分为四类：①5-羟色胺和多巴胺受体拮抗剂，如利培酮、齐拉西酮等；②多受体作用药物，如氯氮平、奥氮平、喹硫平等；③选择性多巴胺 D_2/D_3 受体拮抗剂，如氨磺必利；④多巴胺受体部分激动剂，如阿立哌唑。

2. 临床应用

（1）适应证：适用于精神分裂症、预防精神分裂症复发、控制躁狂发作，还可以用于其他具有精神病性的非器质性或器质性精神障碍。

（2）禁忌证：严重的心血管疾病、肝脏疾病、肾脏疾病、严重的全身感染、甲状腺功能减退和肾上腺皮质功能减退、重症肌无力、闭角型青光眼、抗精神病药物过敏者禁用；白细胞过低者、老年人、孕妇、哺乳期妇女等慎用。

（3）一般应用原则

1）早诊断早治疗：精神分裂症一旦明确诊断，立即开始应用抗精神病药物规范治疗。

2）单一用药和联合用药：首发精神分裂症患者，尽可能单一用药，足剂量、足疗程治疗后疗效不佳者可考虑换用作用机制不同的另一种抗精神病药物或联合用药；难治性精神分裂症则主张联合用药，但注意选择两种作用机制不同的药物联用，且两种药物的剂量都要减少。

（4）用法和剂量

1）口服：以片剂最常用。对于不合作或不宜用片剂者，可选用速溶片或口服液。药物剂量一般从小剂量开始，逐渐至有效治疗剂量。

2）注射给药：对兴奋躁动、不合作或拒服药的患者采用注射法，包括肌内注射和静脉注射。

3）长效制剂：主要用于精神分裂症的维持治疗及服药依从性差或拒服药的急性患者，有片剂和针剂。

3. 不良反应及处理

（1）锥体外系反应：包括急性肌张力障碍、静坐不能、类帕金森症、迟发性运动障碍。

1）急性肌张力障碍：呈现不由自主的、奇特的表现，包括眼上翻、斜颈、颈后倾、面部怪相和扭曲、吐舌、张口困难、角弓反张和脊柱侧弯等。处理：肌内注射东莨菪碱 0. 3 mg 或异丙嗪 25 mg 可即时缓解。有时需减少药物剂量，加服抗胆碱能药如盐酸苯海索，或换服锥体外系反应低的药物。

2）静坐不能：表现为无法控制的激越不安、不能静坐、反复走动或原地踏步。处理：苯二氮䓬类和 β 受体阻滞剂如普萘洛尔等有效。

3）类帕金森症：老年患者常见，容易误诊。处理：抗胆碱能药盐酸苯海索有效。

4）迟发性运动障碍：多见于持续用药几年后，用药时间越长，发生率越高。处理：关键在于预防，使用最低有效剂量或换用锥体外系反应低的药物。

（2）恶性综合征：是一种少见的、严重的不良反应。主要表现为意识障碍、持续高热、严重锥体外系反应和自主神经功能不稳定（多汗、流涎、心动过速、血压不稳）。处理：停用抗精神病药物，给予支持性治疗，可使用肌肉松弛剂丹曲林和促进中枢多巴胺功能的溴隐亭治疗。

（3）抗胆碱能方面的不良反应：表现为口干、出汗减少、视力模糊、青光眼加剧、排尿困难和便秘等。严重时出现尿潴留、麻痹性肠梗阻等。处理：症状轻者一般无须处理，几天后会慢慢消失，重者出现抗胆碱能危象，应减药或停药，必要时肌内注射或静脉注射毒扁豆碱。

（4）心血管方面的不良反应：常见的有直立性低血压、心动过速与心电图的改变。直立性低血压表现为突然站立或起身后面色苍白、出冷汗、脉速过快，血压可低于 80/50mmHg（即 10. 66/6. 67kPa，1mmHg＝0. 133kPa）。处理：告知患者在变换体位起身或站立时动作要缓慢，一旦发生让患者立即平卧，严重者可输液并给予去甲肾上腺素、间羟胺等升压，禁用肾上腺素。心电图改变以Q-T间期延长、T 波改变等多见。处理：定期监测心电图，一经发现异常，进行减药或换药。

（5）代谢与内分泌的不良反应：体重增加多见，与食欲增加和活动减少有关。指导患者合理饮食，适当锻炼，停药后可恢复。还可见催乳素、雌激素和睾酮水平的变化。少数可见血糖升高和尿糖阳性。

(6) 消化方面的不良反应：以胃肠道反应常见，如恶心、呕吐、厌食、腹泻、便秘等。多在服药初期。告知患者餐后服药，随着时间延长症状会逐渐消失。对肝脏的影响常见为谷丙转氨酶升高，多为一过性，可自行恢复，一般无自觉症状，轻者不必停药，合并护肝治疗；重者或出现黄疸者立即停药，加强护肝治疗。

(7) 血液方面的不良反应：较多见的是氯氮平引起的粒细胞减少或粒细胞缺乏症。处理：定期检测血常规，一旦出现粒细胞缺乏症应立即停药。

(8) 其他：过度镇静，表现为疲乏、嗜睡、动作缓慢，严重的可出现意识障碍、射精的延迟或抑制、癫痫发作、罕见的变态反应如药疹、伴发热的哮喘、水肿等。

(二) 抗抑郁药物

抗抑郁药物主要用于治疗各种抑郁状态和预防抑郁障碍反复发作。部分抗抑郁药物对强迫、惊恐、焦虑、恐惧、疑病和慢性疼痛等都有一定疗效。

1. 分类

(1) 传统抗抑郁药：包括：①三环类抗抑郁药，包括在此基础上开发出来的杂环类和四环类抗抑郁药，如丙米嗪、氯米帕明、马普替林等；②单胺氧化酶抑制剂，如吗氯贝胺。

(2) 新型抗抑郁药：包括：①选择性5-羟色胺再摄取抑制剂，如氟西汀、帕罗西汀、舍曲林、氟伏沙明、西酞普兰等；②5-羟色胺与去甲肾上腺素再摄取抑制剂，如文拉法辛、度洛西汀；③去甲肾上腺素和多巴胺再摄取抑制剂，如安非他酮；④选择性去甲肾上腺素再摄取抑制剂，如瑞波西汀；⑤5-羟色胺阻滞和再摄取抑制剂，如曲唑酮；⑥α_2肾上腺素受体阻滞剂或去甲肾上腺素及特异性5-羟色胺抗抑郁药，如米安色林、米氮平。

2. 临床应用

(1) 适应证　各种抑郁性障碍，尤其是伴有自主神经系统症状和体征者，也用于治疗惊恐障碍、强迫症、创伤性应激障碍、躯体形式障碍、厌食症、广泛性焦虑障碍和社交焦虑障碍等。

(2) 禁忌证　有严重过敏者禁用；有严重的心血管疾病、肝脏疾病、肾脏疾病者慎用。

(3) 用法和剂量　从小剂量开始，根据不良反应和临床疗效，1~2周内逐渐加到治疗量。老年、儿童及躯体状况差者药物剂量相对降低，加药速度要稍慢。

3. 不良反应及处理

(1) 抗胆碱能方面的不良反应：常见于三环类抗抑郁药，不良反应及处理同抗精神病药物。

(2) 神经精神方面的不良反应：可诱发躁狂发作、幻觉与妄想等精神症状与癫痫发作。处理：一旦临床症状出现缓解，常在数周内减药，然后停药，并给予相应的对症处理。

(3) 高血压危象：单胺氧化酶抑制剂可导致患者出现高血压危象，主要表现为突然血压升高，头痛、皮肤潮红、出汗、抽搐、昏迷，严重时脑出血。处理：立即停药，可用短效的α肾上腺素能阻滞剂如酚妥拉明50mg静脉注射，并避免食用富含酪胺的食物，如奶酪、啤酒、鸡肝等。

(4) 5-羟色胺综合征：表现为神经系统症状，如肌痉挛、眼球震颤、头痛、震颤、抽搐发作；精神症状，如易激惹、激动、幻觉；其他症状，如发热、心律不齐，甚至死亡。处理：一旦出现立即停用正在使用的所有精神药物，采用β受体拮抗剂如普萘洛尔治疗。

（5）其他：消化系统反应较常见，肝脏损害是单胺氧化酶抑制剂最严重的不良反应。还有过度镇静、皮疹、性功能障碍等。

（三）心境稳定剂

心境稳定剂又称抗躁狂药物，是治疗躁狂症以及预防双相障碍的躁狂或抑郁发作，且不会诱发躁狂或抑郁发作的一类药物。主要包括锂盐（碳酸锂）和某些抗癫痫药如卡马西平、丙戊酸盐等。传统抗精神病药物如氯丙嗪、氟哌啶醇等可用于躁狂发作急性期治疗，新一代抗精神病药如奥氮平、利培酮、喹硫平、齐拉西酮和阿立哌唑等，可以用于躁狂或双相障碍的急性期治疗和维持治疗。

1. 分类与临床应用

（1）碳酸锂：是锂盐的一种口服缓释剂型，为最常用的心境稳定剂。

1）适应证：是目前治疗躁狂症的首选药物，对躁狂症以及双相障碍的躁狂发作或抑郁发作均有治疗和预防复发作用。

2）禁忌证：肾功能不全、心血管疾病、急性感染、重症肌无力、低盐饮食者及孕妇等禁用，老年人慎用。

3）用法和剂量：从小剂量开始，根据不良反应和临床疗效，逐渐加到治疗量。

（2）抗癫痫药物

1）卡马西平：对治疗急性躁狂和预防躁狂复发均有效，尤其对锂盐治疗无效的、不能耐受锂盐副作用以及快速循环发作的躁狂患者，效果较好。孕妇及白细胞减少、血小板减少、肝功能异常者禁用；青光眼、前列腺肥大、糖尿病、酒精依赖者慎用。应从小剂量开始，根据情况逐渐加到治疗量。

2）丙戊酸盐：对躁狂症的疗效与锂盐相当，对混合型躁狂、快速循环型双相障碍以及锂盐治疗无效者可能疗效更好。肝脏和胰腺疾病者慎用，孕妇禁用。应从小剂量开始，根据情况逐渐加到治疗量。

2. 不良反应及处理

（1）碳酸锂不良反应及处理

1）不良反应：与血锂浓度相关。早期表现为无力、疲乏、嗜睡、手指震颤、厌食、上腹不适、恶心、呕吐、稀便、腹泻、多尿、口干等，后期可出现持续口渴、多饮多尿、体重增加、甲状腺肿大、黏液性水肿、手指细震颤等。处理：常饮淡盐水，必要时进行肾功能检测。

2）锂中毒及处理：中毒症状表现为粗大震颤、共济失调、肢体运动协调障碍、肌肉抽动、言语不清和意识模糊，重者昏迷、死亡。处理：一旦出现毒性反应立即停用锂盐，大量给予生理盐水或高渗钠盐加速锂的排泄，或必要时进行人工血液透析，并注意水、电解质平衡。

（2）卡马西平和丙戊酸盐不良反应：最常见的有胃肠道反应、复视、视物模糊、嗜睡、头昏、共济失调、反射亢进、肌阵挛等，严重时可出现意识障碍，少数患者会产生过敏，甚至出现剥脱性皮炎。

（四）抗焦虑药物

抗焦虑药物的应用范围广泛，种类较多，具有中枢或外周神经系统抑制作用的药物都曾列入此类，并用于临床。目前，应用最广的为苯二氮䓬类，其他还有丁螺环酮、坦度螺酮、β 肾上腺素受体阻断剂如普萘洛尔。

1. 分类与临床应用

（1）苯二氮䓬类：又称弱安定剂，是最常用的抗焦虑药物。如地西泮、阿普唑仑、三唑仑、氟西泮等。主要具有抗焦虑、镇静催眠、抗惊厥及肌肉松弛作用。

1）适应证：主要适用于焦虑，可治疗各类型神经症、各种失眠以及各种躯体疾病伴随出现的焦虑、紧张、失眠、自主神经系统紊乱等症状，也可用于各类伴焦虑、紧张、恐惧、失眠的精神病以及激越型抑郁、轻型抑郁的辅助治疗，还可以用于癫痫、酒精依赖急性戒断的替代治疗，以及痉挛抽搐、肌紧张、麻醉前诱导等。

2）禁忌证：严重心血管疾病、肾脏疾病、药物过敏、药物依赖、妊娠前 3 个月、青光眼、重症肌无力、使用酒精及中枢神经抑制剂时应禁用，老年人、儿童、分娩前及分娩中妇女慎用。

3）用法和剂量：多数苯二氮䓬类的半衰期较长，每日 1 次给药即可。或因病情需要，开始每日 2~3 次，病情改善后，可改为每日 1 次。苯二氮䓬类治疗开始可用小剂量，3~4 天加到治疗量。急性期患者开始剂量可稍大些，或静脉给药，以控制症状。

（2）丁螺环酮和坦度螺酮：是非苯二氮䓬类抗焦虑药物。主要适用于广泛性焦虑症，还可用于伴有焦虑症状的强迫症、酒精依赖、冲动攻击行为以及抑郁症的增效治疗。孕妇、儿童和有严重心、肝、肾功能障碍者应慎用。

2. 不良反应及处理

（1）苯二氮䓬类：不良反应较少。

1）神经精神方面的不良反应：通常剂量一般不影响活动，不需特殊处理，或将药物放在晚上睡前服用，告知患者服药期间避免从事如驾驶、高空作业等特殊职业。

2）戒断症状：因长期服用将产生一定的耐受性和依赖性，突然停药时会出现反跳和戒断症状，表现为失眠、焦虑、激动、易激惹、震颤、头痛、烦躁不安等。处理：在临床上使用中要避免长期使用，停药时逐渐减量，出现症状时将剂量递减与支持心理治疗，辅以普洛萘尔、丁螺环酮等药物。

（2）丁螺环酮：不良反应少，常见有口干、头晕、头痛、恶心、不安、烦躁，偶有视物不清、注意力涣散等。

二、护理

精神科药物治疗过程中护理是临床治疗中的一个关键问题。在患者接受治疗前，护理人员应搜集患者的相关资料，参与患者治疗方式的选择与协调，并进行药物知识的宣教、治疗效果和不良反应的观察与监测、药物治疗护理措施的调整、用药前后症状改善的评价、继续治疗的跟踪服务、临床药物研究的参与等。

（一）护理评估

1. 生理状况的评估　①既往史及诊治情况；②目前的身体状况；③饮食及营养状况；④睡眠状况；⑤生活自理能力；⑥性欲、性能力及生理状况（月经周期、怀孕、停经）；

⑦基础代谢状况；⑧血常规、生化检查、脑电图、心电图等各种辅助检查情况等。

2. 症状方面的评估　①既往患病的症状表现、严重程度和持续的时间；②病程长短；③患者的现病史等。

3. 用药情况　①是否接受过系统治疗；②是否能按照医生指导用药以及服药时间、用药剂量（最高剂量）；③是否存在既往用药不良反应及是否能接受不良反应带来的影响；④本次用药是否会发生不良反应；⑤有无药物过敏史。

4. 心理社会状况　①患者对自己疾病及使用药物是否了解；②是否认识到维持服药的重要性；③对治疗是合作还是抗拒，有无拒绝服药行为发生；④是否存在隐藏药物的想法及行为；⑤对治疗效果有无担心、恐惧；⑥患者的人际关系、角色功能、文化程度，与同事、家人能否正常相处等；⑦患者亲属了解药物知识的情况；⑧家庭支持系统的情况；⑨家庭成员是否有时间和精力照顾患者的治疗和用药；⑩有无经济能力完成服药过程。

（二）护理诊断

1. 不依从行为　与缺乏自知力、拒绝服药或不能耐受不良反应等有关。

2. 卫生、进食或如厕自理缺陷　与药物不良反应、运动障碍、活动迟缓等因素有关。

3. 排泄形态改变——便秘、腹泻、尿潴留　与药物不良反应，日常活动减少等因素有关。

4. 睡眠形态改变——失眠或嗜睡　与药物不良反应、过度镇静等因素有关。

5. 有受外伤的危险　与药物不良反应所致步态不稳、共济失调、直立性低血压等因素有关。

6. 有感染的危险　与药物不良反应所致的粒细胞减少、过敏性皮炎等因素有关。

7. 焦虑　与知识缺乏、药物不良反应等因素有关。

8. 知识缺乏　与缺乏对疾病、药物和预防保健相关知识的了解有关。

（三）护理目标

（1）患者的精神症状得到控制或缓解，配合治疗，按时正确服药。

（2）患者的生活自理能力及日常活动恢复，正确认识药物不良反应。

（3）患者药物不良反应得到改善，排泄形态正常。

（4）睡眠—觉醒的周期正常。

（5）预防和减少药物不良反应及意外事件的发生。

（6）患者的生命体征保持正常，预防和减少机体感染的发生。

（7）精神症状改善，情绪稳定，识别药物不良反应，积极配合治疗。

（8）患者正确认识自身健康问题，在医院及出院后根据医嘱继续巩固治疗，恢复社会适应能力，最终回归社会。

（四）护理措施

1. 服药的护理　精神障碍患者由于受精神症状支配，无自知力，常常不能很好地配合治疗，因此建立良好的护患关系，取得患者的信任，可促进患者的合作和提高治疗的依从性。

（1）遵医嘱给药：护理人员在给患者服药时，必须具有高度的责任心，遵医嘱给药，正确掌握用药剂量与疗程，不能随意增减或不规则用药及擅自停药。

（2）严格执行查对制度：给药前要对患者的精神症状和躯体症状进行正确评估，做到心中有数。发药时，严格执行查对制度。合作者先，不合作者后。亲自将药交给患者，看服到口。服后检查口腔，保证按量服药，防止患者藏药。

（3）严防服药时意外发生：若服药时患者睡意蒙眬，必须将患者唤醒后再服药，以免发生呛咳。对年老患者和吞咽困难的患者，切勿数片一次吞服，以防咽喉噎塞等意外发生。对拒服药者、极度兴奋躁动者或意识障碍者宜鼻饲给药，或遵医嘱改用注射法给药，以免意外发生。

2. 密切观察患者用药后反应　多数精神药物引起的不良反应在服药后1~4周出现，不良反应的严重程度与药量的多少、增减药物的速度、个体对药物的敏感性等因素密切相关。因此护理人员要密切观察患者用药后的反应。发现不良反应，及时报告医生并采取相应的护理措施。

（1）锥体外系反应的护理：护理人员要了解锥体外系反应的表现及处理方法，发现不良反应，及时报告医生。对震颤、呆滞、动作缓慢、强直、生活不能自理者，需加强生活护理，防止跌倒、坠床等意外发生。流涎者建议患者睡觉时采取侧卧位，以便口水流出，以防吸入气管。吞咽困难者，轻者给予软而易消化的饮食，嘱患者细嚼慢咽，防止噎食；严重者可采取鼻饲、静脉输液等方法，保持营养。

（2）抗胆碱能不良反应的护理：精神障碍患者多缺乏主诉，护理人员要注意仔细观察，每日询问排便、排尿情况，确认是否有便秘和尿潴留现象。对便秘者应指导其多饮水，多活动，多吃蔬菜、水果。若三日无大便者，应遵医嘱给予药物治疗或灌肠。对大剂量服药且前列腺肥大者，应注意观察排尿情况，有排尿困难者，应仔细进行护理体检，做好解释工作，缓解患者紧张不安的情绪。有尿潴留者，可采用热敷、按摩下腹部等方法诱导排尿，必要时遵医嘱注射药物，无效时遵医嘱采取导尿术。

（3）粒细胞缺乏的护理：应遵医嘱停用精神药物，应用肾上腺皮质激素、抗生素、升白细胞药物及对症处理，必要时输血。注意患者周围环境卫生，严格执行无菌技术操作原则，防止继发感染与交叉感染。嘱患者注意营养、冷暖及休息，预防感冒，发热时禁用引起粒细胞减少的退热药物。

（4）恶性综合征的护理：密切观察生命体征变化，给予吸氧，记录出入量。维持好静脉输液通路，保持呼吸道通畅，并准备呼吸机备用，如果发生呼吸抑制及时汇报医生处理。高热时可给予物理降温。同时做好基础护理。

（5）锂盐的副作用及毒性反应的护理：轻者无须停药，对有消化道症状者应设法鼓励其进食，如呕吐较重，食欲不佳，应注意补充水分和食盐。一旦发现锂盐中毒，应立即停药，派专人护理，严密观察病情变化。保持呼吸道通畅，吸氧。预防感染，维持水、电解质平衡。

（五）健康教育

（1）指导患者及家属按医嘱用药，减药或加药必须在医生指导下进行，坚持随访，按时门诊。指导患者家属帮助患者保管、分发药物。

（2）教会患者或家属仔细观察可能出现的药物中毒的症状与体征，处理服药中出现的不良反应。

（3）做好药物治疗的卫生宣教，帮助患者认识治疗的重要性，使其了解药物治疗对于巩固疗效、防止复发的重要性，有长期服药的思想准备，减轻患者对药物不良反应的焦虑和担心，提高患者药物治疗的依从性。

（六）护理评价

（1）患者的精神症状得到控制或缓解，能否配合治疗、按时正确服药。

（2）患者的生活自理能力及日常活动是否恢复，能否配合治疗、按时服药。

（3）患者的抗胆碱能药物不良反应得到改善，排泄形态是否正常。

（4）睡眠—觉醒的周期是否正常。

（5）患者生命体征是否保持正常，防止直立性低血压、跌倒摔伤及可能发生的意外。

（6）检测患者的血常规及观察患者的生命体征是否保持正常，有无机体感染的情况。

（7）精神症状是否改善，情绪是否稳定，有无焦虑、抑郁等。

（8）患者对自身健康问题的认识，正确认识疾病，识别药物不良反应，能否在医院及出院后根据医嘱继续巩固治疗，恢复社会适应能力，最终回归社会。

第二节　无抽搐电痉挛治疗与护理

知识拓展

1934 年匈牙利的神经精神科医生 Meduna 发现，精神分裂症急性期的患者癫痫发作后精神症状有所减轻，慢性精神分裂症患者自发抽搐后精神症状得以改善。也据此猜测，抽搐可能减轻精神病患者的精神症状，经各种试验选用了樟脑。因樟脑诱发抽搐的不良反应较多，也难于控制抽搐的有无或发作时间，后改用较易控制抽搐发作的静脉注射戊四氮的方法后，抽搐疗法由此很快传遍了世界。1938 年意大利的 Cerletti 和 Bini 经过多次神经病理性试验，将电痉挛治疗（Electroconvulsive Therapy，ECT）运用于临床。1955 年 Saltzman 将静脉诱导麻醉药硫喷妥钠引入 ECT，以消除使用肌肉松弛剂后患者的窒息感及对 ECT 的恐惧感。至此 ECT 技术趋于安全、文明和完善，成为现在 ECT 应用的标准技术，称为改良 ECT 或无抽搐 ECT。

无抽搐电痉挛治疗（Modified Electroconvulsive Therapy，MECT）是在电痉挛治疗的基础上进行的改良，即在 ECT 治疗前给予麻醉剂和肌肉松弛剂，对骨骼肌的神经-肌肉接头进行选择性地阻断，使电痉挛治疗过程中的痉挛明显减轻或消失。

一、治疗应用适应证与禁忌证

1. 适应证

（1）严重抑郁，有强烈自伤、自杀企图及行为者，以及明显自责自罪者。

（2）极度兴奋躁动、冲动、伤人者。

（3）药物治疗难以控制或对药物治疗不能耐受者。

（4）拒食、违拗和紧张性木僵者。

2. 禁忌证　无抽搐电痉挛治疗无绝对禁忌证，下列疾病可增加治疗的危险性（即相对禁忌证)，必须高度注意。

(1) 中枢神经系统疾病：如脑炎、癫痫、脑血管病、脑动脉瘤等。

(2) 心血管系统疾病：如冠心病、高血压病、心肌炎、主动脉瘤等。

(3) 严重肝、肾疾病。

(4) 严重呼吸系统疾病。

(5) 青光眼、视网膜脱落。

(6) 嗜铬细胞瘤。

(7) 年老体弱者、孕妇和儿童应慎用。

二、护理

(一) 护理评估

1. 生理状况的评估　①评估患者现病史、既往躯体状况及用药史；②详细进行体格检查与精神检查，必要的实验室检查，辅助检查。

2. MECT 治疗的评估　评估患者是否符合 MECT 治疗的适应证，有无禁忌证。

3. 麻醉科评估　确定麻醉的性质及风险程度。

4. 其他方面　评估患者及家属对 MECT 的认知情况，取得知情同意。

(二) 护理诊断

1. 有窒息的危险　与 MECT 及肌肉松弛剂对呼吸的抑制有关。

2. 不依从行为　与治疗恐惧有关。

3. 有受伤的危险　与 MECT 治疗通电有关。

4. 思维过程改变　与治疗导致暂时性记忆丧失有关。

(三) 护理目标

(1) 保持患者生命体征平稳，防止各种并发症的发生。

(2) 患者精神症状得到控制，情绪稳定，正确认识 MECT，配合治疗。

(3) 预防和减少患者肢体骨折等并发症的发生。

(4) 改善患者精神症状，恢复患者生活、工作、学习与社会交往能力。

(四) 护理措施

1. 治疗前的护理

(1) 环境准备：治疗室环境安静、整洁、温湿度合适；治疗室与等待室、恢复室尽量分开，以免患者紧张。

(2) 物品准备：MECT 机、人工呼吸机、抢救车、吸痰器、氧气设备、治疗床、牙垫等。

(3) 药物准备：必要的急救药物，如洛贝林、尼可刹米、肾上腺素、毛花苷丙等。还应准备生理盐水、硫酸阿托品、硫喷妥钠、氯化琥珀胆碱、皮肤消毒剂等。

(4) 患者准备

1) 详细的体格检查，包括神经系统检查。必要时进行实验室检查和其他辅助检查，如血常规、血生化、心电图、脑电图、胸部和脊柱 X 射线摄片。

2) 做好心理护理，向患者说明治疗意义、方法、效果和疗程，消除其恐惧情绪，减轻其压力，取得合作。同时治疗前应通知监护人签写 MECT 知情同意书，向家属说明

MECT 的效果及危险性。

3）治疗前一天，协助患者洗头，清除头发油垢，以免影响通电效果。

4）治疗前 8 小时停服抗癫痫药和抗焦虑药，或治疗期间避免应用这类药物，禁食 6~8 小时，禁水 4 小时以上。治疗期间应用的抗精神病药物、抗抑郁药或锂盐应采用低剂量。

5）治疗前测体温、脉搏、血压。如果体温在 37.5℃以上，脉搏在 120 次/分以上或低于 50 次/分，血压超过 150/100mmHg 或低于 90/50mmHg，应禁用。

6）MECT 前遵医嘱安全、顺序给药。

7）排空大、小便，取出活动义齿，解开衣带、领扣，取下发卡、眼镜等一切含金属物品等。

2. 治疗中的护理

（1）协助患者仰卧在床上，四肢呈自然伸直状态，两肩胛骨间相当于胸椎中段处垫枕头，使头部过伸，脊柱前突。同时，告知患者此卧位的目的。

（2）在口角侧臼齿间放置以厚纱布包裹的压舌板或咬合器，令其咬紧，以防抽搐发作时咬破唇舌和损伤牙齿。

（3）以棉球擦头部两侧，去除油脂，在皮肤与电极之间涂上生理盐水及导电胶，以防电灼伤。

（4）协助固定患者主要关节，如下颌、肩、髋、膝等关节，防止骨折、脱臼和肌肉损伤等并发症。

（5）建立静脉通道，并开始进行脉搏、呼吸、血压、心电与脑电图的监护。

（6）观察口角、眼周、手指、足趾的轻微抽动，持续 30~40 秒为一次有效的治疗。

（7）治疗后，保持呼吸道通畅，除去口腔分泌物，必要时给予吸痰，并监测患者血压、呼吸和脉搏。持续给氧至患者自主呼吸恢复。

3. 治疗后的护理　安置患者，观察意识状态给予相应的处理。

（1）将患者安置在安静的病室内，应卧床休息 30 分钟~1 小时，及时取出牙垫，保暖侧卧，防止分泌物吸入呼吸道。

（2）治疗后 15 分钟、30 分钟、1 小时、2 小时监测患者血压、呼吸、脉搏情况，注意观察生命体征是否平稳。

（3）部分患者在意识恢复前有躁动情况，应防止其坠床，必要时遵医嘱给予约束患者或用药物对症处理，待患者完全清醒后方可离开。

（4）当患者完全清醒、安静以后方可进食与服药。保证患者足够的摄入量、营养和水分。

（5）对暂时性记忆丧失的患者应给予生活方面的照顾，让其了解此为暂时的障碍，可以逐渐恢复，消除患者的不安和焦虑。并指导患者重新建立对环境、时间、人物的识别能力。

（6）若患者有头痛、恶心、呕吐等不适，应依据医嘱采取相应措施。

4. 并发症及处理　MECT 并发症的发生率较传统 ECT 低，且程度较轻。

（1）常见症状：部分患者在治疗后出现头痛、眩晕、下颌关节酸痛、焦虑、恶心、呕吐等症状。无须处理，适当休息后不影响继续治疗。

（2）认知功能损害：近记忆损害较为明显，主要有治疗后短暂的意识模糊与记忆障碍。多数患者不需特殊处理，可在治疗结束后6个月以内恢复。重者可给予脑神经营养药物治疗。

（3）呼吸系统并发症：由于治疗中使用麻醉剂和肌肉松弛剂，患者会出现呼吸暂停延迟，在5秒内呼吸自行恢复。如未及时恢复，应立即进行有效的人工呼吸、氧气吸入。

（4）抽搐发作和骨折隐患：极少数患者在治疗中出现持续抽搐或在治疗后的抽搐发作，可按照癫痫的情况进行处理；如有骨折发生应立即处理。

（5）心跳、呼吸骤停：心跳、呼吸骤停罕见发生，认为与通电时引起迷走神经过度兴奋有关。一旦出现应立即进行心肺复苏抢救。

（五）护理评价

（1）患者精神症状是否得到控制，生命体征是否平稳。

（2）患者对治疗的态度如何，是否愿意继续进行治疗，对MECT相关知识是否进一步了解。

（3）患者有无并发症出现。

（4）患者认知功能是否受影响，是否能够恢复生活、工作、学习与社会交往能力。

第三节　重复经颅磁刺激治疗与护理

经颅磁刺激（Transcranial Magnetic Stimulation，TMS），是1985年A. T. Barker和他的同事在英国谢菲尔德研发成功的一种在脑的特定部位给予磁刺激的新技术。根据TMS刺激脉冲不同，TMS共有3种主要的刺激模式：单脉冲TMS（sTMS）、双脉冲TMS（pTMS）、重复性TMS（rTMS）。

重复经颅磁刺激（rTMS）是利用时变磁场重复作用于大脑皮质特定区域，产生感应电流，改变皮质神经细胞的动作电位，从而影响脑内代谢和神经电活动的生物刺激技术，是在经颅磁刺激基础上发展起来的具有治疗潜力的神经电生理技术。它主要通过不同的频率来达到治疗目的，高频率（一般为5~20Hz）主要是兴奋的作用，低频率（<1Hz）则是抑制作用。

rTMS治疗的优点在于：①无创性。治疗师通过操作戴在患者头上的金属线圈进行治疗。②定位准确。③无痛性。当治疗师在受试者头皮附近操作TMS线圈时，强力且快速变化的磁场会安全地穿过皮肤及头骨，但不会产生任何疼痛。常用于治疗抑郁症、精神分裂症、焦虑症、躁狂症、强迫症、创伤后应激障碍、抽动秽语综合征、肌张力不全症、长期疼痛、帕金森病等，慎用于治疗癫痫。

rTMS治疗精神障碍研究多使用80%~100%的运动阈值，最大不超过120%。刺激的频率范围为0.3~20Hz。一般每分钟的刺激40次，其间休息的时间最短是20秒，每天治疗20分钟，每周5天，持续2周，共10个工作日。

知识链接

运动阈值，是刺激运动皮质在相应靶机记录肌肉运动复合电位时，能记录到大于20μV MEP（运动诱发电位）输出时最小头部刺激强度。主要用于评价皮质束的兴奋性，脊髓损伤或脑卒中导致皮质脊髓束受损后运动阈值将明显升高，低阈值表示皮质脊髓束的高兴奋性。在TMS中，运动阈值是指将线圈置于运动皮质处，逐渐增加刺激强度，直至对侧手指出现运动的刺激强度。

一、治疗应用

1. 应用种类

（1）抑郁症：对抑郁症的治疗研究包括大脑皮质多个部位的刺激，如左背侧前额叶、右背侧前额叶、左前额叶等。目前一般使用80%~110%的运动阈值进行，刺激的频率范围为0.3~20Hz。

（2）躁狂发作：Michael 和 Erfurth（2004）发现高频率 rTMS 刺激右侧前额叶背外侧皮质对躁狂发作有一定的控制作用，但是有效性及治疗参数还需要进一步研究。

（3）焦虑症：研究发现使用1Hz 频率的 rTMS 作用于患者右侧前额叶背外侧皮质两周后，焦虑症状得到显著缓解。

（4）创伤后应激障碍：Cohen 等（2004）应用 rTM 刺激创伤后应激障碍患者的右侧额叶皮质，结果患者的创伤后应激障碍症状明显缓解。

（5）精神分裂症：rTMS 目前已被应用于精神分裂症的幻觉和阴性症状。

2. 不良反应与禁忌证　目前，有关 rTMS 不良反应的报道常见的有头痛、头部不适、纯音听力障碍、耳鸣等。高频 rTMS（>10Hz）能诱发癫痫发作，特别对有癫痫家族史者要慎用。安装有心脏起搏器、心导管、耳蜗植入器或听力辅助设备的患者禁用。

二、护理

1. 做好患者治疗指导　提高患者对 rTMS 的认知，以科学、易懂的语言向患者及家属讲解 rTMS 的治疗目的、效果、必要性、治疗方法、注意事项、不良反应等相关知识。

2. 掌握正确的 rTMS 操作程序　①连接线圈和高频磁刺激器，打开激发器，在测试选择项目下选择其中运动诱发的磁刺激项目；②打开开关，确定刺激强度；③rTMS 接收者取坐姿或半卧位，背对仪器，将线圈放在特定的颅骨部位；④选定刺激频率、刺激次数，按下“激发”按钮；⑤调整刺激强度，直至在激发器的屏幕上看到合适的反应；⑥治疗结束后关机，取下线圈。

3. 治疗过程中的护理　①要确保线圈和高频磁刺激器相连接之后才能打开治疗仪；②接受 rTMS 时不能携带以下物品：心脏起搏器、金属物品、金属植入物、耳蜗植入器、听力辅助设备、手表、计算器、信用卡、计算机软盘或磁带等电磁设备，有义齿者需取下；③高频刺激 rTMS（>10Hz）可能诱发癫痫发作，特别对有癫痫家族史者要慎用，治疗前确认回执脑电图是否正常，治疗中必须配备所有抢救设施；④温度高时可致皮肤烧伤；⑤受试者和操作者应戴耳罩以保护听力；⑥可采用按摩的方法缓解头痛症状，或遵医嘱治疗前应用镇痛剂进行预防。

第四节 心理治疗与护理

心理治疗是以助人、治病为目的，由专业人员有计划实施的人际互动过程。在治疗者与患者建立良好关系的基础上，由治疗者运用心理学知识与技巧，通过言语和非言语方式积极影响患者，达到改变行为、减轻痛苦、健全人格、适应社会、治疗疾病、促进康复的目的。

一、心理治疗的原则

1. 接纳性原则　对接受心理治疗的精神障碍患者应一视同仁，理解尊重患者，积极主动地与患者建立良好的相互信赖的人际关系。与患者沟通的过程中耐心倾听患者的诉说，与患者目光保持接触，对患者诉说的内心痛苦给予理解，避免使用指责或命令式语言。

2. 针对性原则　虽然心理治疗不像临床某些药物、手术治疗有严格的适应证，但各种心理治疗都有一定的适应范围。因此，进行心理治疗必须从患者的具体情况出发，确实与心理因素有关的疾病方可采用心理治疗。根据患者的具体情况，了解其个性特征以及医护人员的技能熟练程度、设备条件等决定治疗的环境和治疗的形式。

3. 以患者为中心　心理治疗是以患者自己积极的心理因素来治疗疾病。因此要善于调动患者的积极性，使患者成为治疗过程的主人，取得治疗效果时及时肯定和鼓励，归功于患者积极配合和正确努力的结果，激发其主观能动性，使之达到预期效果。

4. 保密原则　心理治疗会涉及患者的隐私，医护人员在心理治疗工作中应坚持保密原则，不得在任何场合以任何方式泄露患者的情况，如不得不介绍患者的有关资料时应删除患者的真实姓名。

5. 灵活原则　心理疾病病情复杂，不同患者心理活动存在很大差异，同一患者在不同阶段的心理变化也多种多样，因此在治疗上不能千篇一律，应随时根据患者的情况变更治疗程序，以取得较好的治疗效果。

6. 综合治疗原则　人类疾病是生物、心理和社会因素相互作用的结果。心理治疗并不排斥躯体治疗，必要时可适当使用药物减轻某些症状，提高患者对心理治疗的信心。

二、常用的心理治疗方法和护理

心理治疗的方法很多，不同的方法有其各自的理论体系作为指导，应针对不同病症使用不同的心理治疗方法。目前，国内常用的方法有以下几种：

1. 支持性心理治疗　又称一般心理治疗，是利用心理学最基本、最常用的治疗方法，治疗师采用劝导、启发、鼓励、支持、说服等，帮助患者发挥其潜在能力，增强克服困难的能力，从而促进心身健康。常用的方法有：倾听、解释与建议、鼓励与保证、情感释放、控制与训练等。

2. 精神分析疗法　又称分析性心理治疗。以弗洛伊德首创的精神分析理论为指导，运用独特的精神分析技术，如自由联想、移情与反移情、梦的解析、分析阻抗等，探讨患者的深层心理，识别潜意识的欲望和动机，解释病理与症状的心理意义，协助患者对本我的剖析，解除自我的过分防御，调节超我的适当管制，善用患者与治疗者的移情关系，来改善患者的人际关系，调整心理结构，消除内心症结，促进人格的成熟，提高适应能力。

3. 行为疗法　又称行为矫正，是基于实验心理学成果，遵循科学的研究准则，运用经典条件反射、操作性条件反射、学习理论、强化作用等基本原理，采用程序化的操作流程，帮助患者消除或建立某种新的适应行为，从而达到治疗目的。主要治疗技术包括：系统脱敏疗法、冲击疗法、预防法、厌恶疗法、阳性强化法、自我控制法、模仿法与认识行为疗法等。

4. 认知疗法　认知理论认为人的情绪来自人对所遭遇的事情的信念、评价、解释或哲学观点，而非来自事情本身。情绪和行为受制于认知，认知是人心理活动的决定因素，认知疗法就是通过改变人的认知过程和由这一过程中所产生的观念来纠正本人的适应不良的情绪或行为。治疗的目标不仅仅是针对行为、情绪这些外在表现，而且分析患者的思维活动和应付现实的策略，找出错误的认知加以纠正。基本技术有：贝克认知疗法、埃利斯合理情绪疗法、中国道家认知疗法等。

5. 生物反馈疗法　是将人体内常不能被感知的生理信息，如脑电波、肌肉紧张度、皮肤电阻、体温、脉搏、心率、血压等，通过现代的电子仪器转换成能被感知的信号，再反馈给患者，同时让患者用放松等技术有意识地调节自身的生理功能，经过反复实践、强化，逐渐形成没有反馈仪时，亦能对原来不能随意控制的生理活动或情绪反应进行自我控制或调节，以达到治疗与预防的目的。

6. 家庭治疗　是以家庭为对象而施行的心理治疗，不能单从治疗个人成员着手，而应以整个家庭系统为对象。如婚姻治疗，假如问题的核心是夫妻关系，则治疗应针对双方。

7. 森田疗法　是由日本的森田正马创立。是让患者接受事实而“顺其自然”，使机体本身的功能得以恢复。包括静卧期、轻工作期、重工作期和复杂生活实践期。在治疗过程中，尽量让患者把治疗过程中的感受和体验记下来，通过辅导与交流，逐渐恢复其正常功能。

第五节　工娱治疗与护理

工娱治疗是通过工作和娱乐活动来改变精神症状，丰富患者的文化生活，调动其的主观能动性，促使疾病恢复，防止精神衰退，提高适应外界环境能力的一种较有效的辅助治疗方法。所谓工疗是指劳动疗法、工作疗法、职业和作业疗法。娱疗是指文娱疗法、体育疗法。

工娱治疗的作用有：①工娱活动可促进新陈代谢、增进健康，提高患者对外界环境的适应能力，为其回归社会、重返工作岗位打下良好的基础。②通过开展丰富的工娱活动，可丰富患者的生活，调节患者心理，减轻病态体验，使病态行为得到纠正。③患者根据兴趣爱好参与各种活动，改善认知功能，增强集体概念和竞争意识，锻炼意志和毅力，提高与周围环境的接触及人际交往能力，促进社会功能的恢复。

工娱治疗的规模视医院规模、床位、性质而定。规模较小的治疗性医院可开展较小规模的工娱治疗，规模较大、床位较多的医院可广泛开展较大规模的工娱治疗。人员的配备视情况而定。从事工娱治疗的医护人员应具备精神病知识，并具备一定的组织能力，有广泛的兴趣爱好，能熟练掌握各种工娱治疗操作技术。

一、治疗内容

1. 音乐治疗　根据病情选择乐曲，利用音乐不同的节奏、旋律、音调等达到兴奋或抑制作用。

2. 舞蹈治疗　适用于情绪消沉、紧张不安、孤立的患者，可活跃情绪、增加活动，增进生活乐趣。

扫码看工娱治疗

3. 阅读书报画刊、欣赏电影、看电视　可丰富知识，活跃情绪，使患者能跟紧时代形势，不脱离社会。

4. 体育健身活动　如晨跑、工间操、健美操、球类活动、棋牌类活动、跳绳等活动。

5. 劳作　可适当组织手工劳动。

6. 其他　如集体劳动、竞技性娱乐、参观游览、服装表演等。

二、护理

（1）工娱治疗室应建立健全工作人员职责、各项医疗护理常规、器械及用品的保管，安全保障及其他有关制度。

（2）在工娱治疗中应根据不同的病情，因人而异，选择不同的项目，发挥患者各自的特长爱好，充分调动其主观能动性，以达到有效的治疗目的。对情绪兴奋的患者，可选用节奏较快或强度较大的劳动；对情感淡漠的患者，工娱项目应有刺激性，色彩鲜明，操作简单；对技艺生疏的患者要耐心教给他（她）操作方法；对慢性衰退和痴呆的患者，工娱治疗应简单易行，耐心指导、示范，逐步提高患者的劳动能力；对懒散、不愿参加工娱治疗的患者，可交给定额任务，限期完成，以培养其责任感。

（3）工娱治疗过程中，应时刻观察患者的精神状态变化，认真清点管理好各种物品，防止患者自伤或伤人。集体娱疗活动时随时注意患者的动向，如患者要中途离开应予以陪伴，随时注意清点患者人数，防止患者走失。

（4）组织郊外活动时，须经主治医师开医嘱。有自杀、出走倾向的患者不宜参加，并将患者编组组织，严格按外出活动护理常规实施。

第六节　康复训练与护理

精神康复是利用现有的设施和手段，尽可能地改善精神障碍患者的精神症状，设法减轻其残疾程度，最大限度地恢复其社会功能。

知识拓展

什么是康复、康复医学、精神康复医学?

康复是指综合性与协调性地应用医学的、社会的、职业的和其他一切可能的措施，对残疾者进行反复的训练，减轻致残因素造成的后果，使伤者、病者和残疾人尽快和最大限度地恢复与改善其已经丧失或削弱的各方面功能，以尽量提高其活动能力，改善生活自理能力，促使其重新参加社会活动并提高生活质量。在现代医学概念中，康复包括躯体功能、心理功能和职业能力的恢复。对患者实施康复训练时，应以患者为中心，以家庭为单位，运用医学的、社会的、教育的和职业的等各种手段，让家庭的所用成员都参与到康复服务计划的制订与实施中。

康复医学是以康复为目的，应用一定的措施减轻残疾的影响和使残疾人重返社会，促进病、伤、残疾患者康复的医学学科。根据患者精神病变的不同，以整体的人为对象，以提高患者功能水平和生活质量为主线，使患者能够最大可能地恢复和重建身、心、社会功能，以达到最佳状态。让患者能够最终回归家庭和社会，担负起他们能够承担的社会职能，是康复医学的最终目标和方向。

精神康复医学是康复医学的一个分支学科，与躯体疾病康复相一致，即运用一切可采取的手段，尽量纠正精神障碍的病态表现，最大限度地恢复患者适应社会生活的精神功能。精神康复医学的服务对象包括各类精神障碍患者和精神残疾者，其中大部分是重症精神障碍患者，且主要是慢性精神障碍患者。

一、各治疗期的康复措施

各类精神障碍的急性和慢性期都存在不同程度和形式的功能障碍，从急性期演变到慢性期又是一个功能障碍的发展过程，因此改善功能障碍的措施应从疾病的急性期开始，精神康复应贯穿于精神障碍的全过程。

1. 急性治疗期　确诊患者有精神障碍后，根据其具体病情对患者进行技能训练，如鼓励患者参加集体活动，指导患者放松训练，教会患者应对症状的技巧，学习求助的技能，提高和恢复其人际交往的能力等。

2. 巩固治疗期　患者急性期症状缓解后，进入巩固治疗期前，根据情况给予独立的技能训练，如药物治疗的自我管理能力训练、文体娱乐活动训练、学习文化知识训练、解决问题技能训练等。

3. 维持治疗期　维持治疗期患者的疾病已处于缓解状态，治疗的重点是预防复发，帮助患者恢复和提高社会功能。康复措施有：生活、学习、就业行为的康复技能训练，重返社会角色适应训练，社会交往及生活安排训练，应付应激技能训练等。

二、康复步骤

精神康复是通过对患者进行生活、职业、学习等技能的反复训练，来恢复或减轻患者心理、社会功能的损害，以提高生活技能、适应社会的能力，减轻精神残疾，使其重新回归社会的一种治疗方法。

（一）精神康复的评估

评估需要了解患者既往经历，目前社会功能水平，所处社会环境，患者躯体和精神状况，以及患者对疾病和未来的态度与希望。

1. 患者精神障碍的诊断及目前的主要症状和对患者行为影响的评估　根据患者行为出现的时间、地点、频度、不同文化背景等判断患者行为是否正常。临床常用的症状评定量表有简明精神病评定量表（BPRS）、阴性症状评定量表（SANS）、阳性症状评定量表（SAPS）等。

2. 社会功能的评估

（1）Hall 和 Baker 的康复评估量表：主要用于住院患者的评估。

（2）独立生活技能调查表：主要用于评定患者的社会适应能力。

（3）康复状态量表：主要用于评定患者的总体功能水平。

（4）社会功能量表：主要用于评定家庭干预患者功能水平的效果。

3. 躯体障碍评估　许多的精神障碍患者同时合并躯体疾病，患者的精神状态、社会功能和生活质量会受到躯体疾病的负面影响，因此，在康复过程中一定要注意评估精神障碍患者是否存在躯体疾病。

4. 人际关系的评估　在患者康复的过程中还需要对患者的人际关系进行评估，包括家庭关系的评估和其他社会关系的评估。

（二）制订康复计划

康复计划的制订要与患者达成共识。包括康复目标及具体实施步骤。康复目标要根据家庭、社会对患者的要求以及患者实际存在的能力来确定。康复计划要因人而异，针对性强，注意个体化、形式多样化，防止流于形式。如对慢性衰退患者，由于他们行为衰退、情感淡漠、活动减少、生活懒散、仪表不整，有的完全不能自理生活，此康复的目标是训练其个人卫生、饮食、衣着行为。

（三）确定康复进程

1. 制定康复干预措施　针对患者的功能损害，制定出最适宜的干预措施，要符合实际情况和具有可行性。康复内容主要包括：生理康复、心理康复、职业康复、社交康复。

2. 定出具体康复计划　定出实现短期康复目标和长期康复目标的时间表。

3. 康复疗效评估　康复疗效的观察是一个动态、连续的过程。通过临床观察、量表复评和阶段性的小结，确定康复目标、计划是否合理，是否需再次修订或进行完善等，从而保证整个康复过程的客观、真实、有效。

4. 确定新的康复目标，制定新的康复进程。

三、康复内容

精神康复包括医院康复和社区康复，两者相互联系。以医院为基础的康复不可能满足大多数患者的需求，而以社区为基础的康复才能使大多数患者得到基本的康复服务，所以精神康复的工作重点正逐步从医院康复向社区康复转移。精神康复的主要内容包括：

（一）生活技能训练

这类训练的主要目的是训练住院患者逐步掌握其生活环境的行为技能。

1. 日常生活活动训练　主要是针对病程较长的慢性衰退患者。这些患者往往情感淡漠、活动减少、生活懒散、仪表不整或生活不能自理。具体措施为：注重个人卫生及饮食、衣着、排便等生活作息习惯的培养，加强督促教导和训练，实施奖惩措施相结合。

2. 文体娱乐活动训练　通常在精神患者急性症状减轻后就逐步安排其参加此类康复训练，重点在于培养患者积极参与团体活动，加强沟通能力，提高生活情趣，促进身心健康，如歌舞、健身操、琴棋竞技类游戏等。

知识链接

Davis 于 1976 年对文娱疗法所起的康复作用归纳为：患者在文娱活动时通常能自然地表达其本性，一般不受精神症状的制约，对减轻病症有利；可抵消患者的敌意或攻击性，解脱其被压抑的合理愿望和驱动力，能促进康复，有助于减轻病情程度；可推动和发展患者之间的合作积极性以及加强其整体观念，从而提高社会交往能力；能唤起患者心理的愉快感和满足感。轻松活泼的气氛可以起到稳定患者情绪的作用。

（二）人际交往技能训练

如教会患者交谈技巧，包括交谈时的目光对视、体态、姿势动作、面部表情、语调变化、声音大小、语速快慢等。

（三）学习求助医生的技能

在需要时能找到和得到医生的及时帮助，能正确地向医生提出问题和要求，能有效地描述自己所存在的问题和症状。

（四）药物治疗的自我管理技能训练

（1）使患者了解药物治疗对预防病情复发恶化的重要意义，自觉接受药物治疗。

（2）学习精神药物的有关知识，对药物的作用、不良反应等有所了解，学会识别常见的药物不良反应，能做简单的自我处置，以便进一步得到医生的帮助。

（3）学会药物治疗自我管理方式，如通过训练，患者能学会安全用药的技巧，每次用药时应查对标签；治疗过程中如出现不良反应，应立即报告医生，服从医生的处理意见；自我感觉良好者，如医生认为有必要继续服药，仍应坚持用药。

（五）社会技能训练

1. 社会交往技能训练　主要是用于慢性精神病的康复手段，也是心理社会干预的主要内容。共有 5 种技能训练模式：用药自我管理、症状处置、休闲娱乐活动、基本会话、整洁与自理生活。每一种模式都有不同的定式训练操作程序。

2. 回归社会技能训练　对长期住院的患者，为避免其过多脱离社会现实，可以进行时事形势教育、卫生常识教育及历史和科技知识教育。学习内容宜选择趣味性较强、通俗易懂的。对趋于衰退的患者，可传授简单的文化知识、简单的绘画或劳动等。教学目标定得不宜过高，进程不宜过快，以免患者产生学习厌倦。训练以每天 1 小时左右为宜。

（六）职业技能训练

各种功能障碍的康复期都应开展作业疗法，对促进住院精神病患者精神康复、恢复社会工作能力有很大的帮助作用。训练内容大致分为 3 种形式：简单作业训练、工艺制作训练和就业技能训练。

1. 简单作业训练　是国内绝大多数精神病院中所实行的劳动作业安排。其工序简单、技术要求低，品种适应大多数患者，例如折纸盒、糊信封等。

2. 工艺制作训练　又称为“工艺疗法”，这种疗法较为盛行，种类繁多，是多数患者乐于接受训练的项目。

（1）编织类：编筐或编织各种小工艺品、织网袋等。

（2）美术创作类书法、绘画、陶艺、雕刻、泥塑、刻印、剪纸等。

（3）服装裁剪类缝制、各种刺绣品制作等。

（4）布制和木制玩具，制作美术品或饰品，塑料玩具的装配、书籍装订、园艺种植、生活用品塑封或修理等。

工艺制作训练可激发患者的创造力，增强才能，提高兴趣，稳定情绪，提高其参与的自觉性。同时对患者加强肌肉力量及控制能力，改善关节活动度，增进手部技巧和操作的正确性具有很好的帮助作用。

3. 就业技能训练　又称“替代性工作”，是使患者能够适应某一种职业、工种所必须具备的特殊技能训练。此项技能训练需要患者的家属、单位领导及社会支持。

第七节　中医药治疗的护理

一、治疗应用

近年来，临床上多用中西医结合治疗精神障碍。中医治疗是以中草药制成丸、散、膏、丹、汤剂等治疗精神障碍。常用的方法有清热泻火法、调气破瘀法、涤痰开窍法、滋阴降火法及补虚扶正法。

某些中成药能缓解抗精神病药物的不良反应：如烦躁、坐立不安、便秘，可服牛黄宁宫片、牛黄解毒片、牛黄清心丸、龙胆泻肝丸等。也可用少许番泻叶泡服，当茶饮，通便效果好。乌鸡白凤丸、加味逍遥丸、益母草冲剂对闭经、月经不调有效。阳痿可服金匮肾气丸、济生肾气丸。性欲减退可服肾宝、刺五加片。

二、护理

1. 服药　汤剂药物有一定气味，患者一般不愿意服用，应耐心讲解，做好患者的解释工作，必要时用白糖与药物合服。

2. 温度、剂量和时间　汤剂药的温度以适口为宜，不得过冷或过热。冲服剂应按要求进行冲服。药物剂量和时间应严格遵照医嘱执行。

3. 了解药性，观察反应　护理人员要了解患者的病情及所用药物的成分、性质、作用及不良反应，以便在临床中进行观察。尤其要注意药物的不良反应，发现问题及时报告医生，以免发生意外。

4. 药物的保存　丸药应置于干燥、阴凉处存放。汤药以每日煎服为宜。煎好的中药应放入冰箱保存，以防变质，最好现煎现用。

思考题

一、单选题

1. 抗精神病药应用原则为（　　）
   A. 一次大剂量　　B. 一次小剂量
   C. 从小剂量开始，逐渐加至治疗量
   D. 持续大剂量　　E. 持续小剂量
2. 导致白细胞减少的较为严重的抗精神病药物是（　　）
   A. 氯丙嗪　　B. 氯氮平　　C. 奋乃静
   D. 氟哌啶醇　　E. 三氟拉嗪
3. 抗精神病药物可产生锥体外系不良反应，最严重的是（　　）
   A. 急性肌张力升高　　B. 静坐不能　　C. 类帕金森症
   D. 迟发性运动障碍　　E. 两眼上翻
4. 碳酸锂中毒的早期症状为（　　）
   A. 厌食、恶心、呕吐等胃肠道反应　　B. 震颤、共济失调
   C. 发热、定向障碍　　D. 癫痫大发作　　E. 下肢水肿、多尿
5. 抗精神病药物最早应用的是（　　）
   A. 奋乃静　　B. 氯丙嗪　　C. 舒必利　　D. 氯氮平　　E. 三氟拉嗪

二、多选题

6. 某精神分裂症患者经常有藏药或拒服药行为，护理人员应该（　　）
   A. 发药前做好解释工作　　B. 服药时仔细检查患者口腔、舌下等
   C. 服药后注意观察患者是否吐药　　D. 把患者保护性约束起来
   E. 发现患者持续拒服药物要报告医生，建议改变给药途径或治疗方法
7. 关于电抽搐治疗的适应证，下列说法正确的是（　　）
   A. 严重抑郁，有强烈自伤、自杀企图及行为和明显自责自罪者
   B. 极度兴奋躁动及冲动、伤人者　　C. 拒食、违拗和紧张性木僵者
   D. 精神药物治疗无效者　　E. 对药物治疗不能耐受者

答案：1. C　2. B　3. D　4. A　5. B
6. ABCE　7. ABCDE

（张　华）

扫码看 PPT　　扫码做练习

第六章

器质性精神障碍患者的护理

学习目标

1. 掌握器质性精神障碍的概念、护理措施，躯体疾病所致精神障碍临床表现的共同点。

2. 熟悉各种类型脑器质性精神障碍和躯体疾病所致精神障碍的临床表现、常见护理诊断。

3. 了解脑器质性精神障碍的病因和发病机制、诊断和治疗要点。

情景导入

王某，女，83岁，文盲，丧偶。约2年前，无明显原因渐渐精神失常，脾气越来越急躁，常因琐事与家人吵架，多疑，爱唠叨。同时出现记忆力减退，好忘事，丢三落四。常把发生过的事记混淆、记错。经常张冠李戴，甚至说些无中生有的事，有时分不清梦境和现实。近1年多来，症状明显加重，自己放的东西找不到，便认为被别人偷走了。患者变得固执、自私，越来越难以与家人和周围人和睦相处。患者生活能力日益减退，买东西不识钱币数值，炒菜做饭不知先做什么。近来病情加重，说邻居家的东西是她的，认为街坊偷她家东西。患者远、近记忆均明显减退，不能准确回忆自己的身世和重大经历，记不住当日的饮食、起居情况，一般生活常识差，计算力差，不能进行简单运算，理解力、抽象思维能力、分析综合能力等均减退。患者生活无规律，睡眠尚可，进食不定时，饥饱无度，大、小便尚可自理。既往无高血压、脑卒中病史，否认脑外伤、脑肿瘤、脑炎病史。无精神病及痴呆家族史。头颅CT检查见：弥漫性脑萎缩，脑沟增宽，脑室扩大。

诊断：阿尔茨海默病。

问题：

1. 制定主要的护理诊断。

2. 制定该患者的护理措施。

器质性精神障碍是指原发于脑部疾病或继发于躯体疾病所致的精神障碍。其特点是有明确的器质性疾病（生物学病因）存在，且精神症状的发生是该器质性疾病的必然结果。

常见的器质性病变为脑部的病变，包括脑变性或退化性病、脑血管病变、脑部感染、脑外伤等，还见于脑部以外的躯体疾病，如内脏疾病、内分泌疾病、营养代谢性疾病、结缔组织病、躯体感染性疾病等。

脑器质性精神障碍在临床上是以综合征的形式出现的，包括谵妄综合征、痴呆综合征和遗忘综合征。

脑器质性精神障碍的病因大多不清。通常认为，脑变性、脑血管病、颅脑创伤、颅内感染或颅内肿瘤、癫痫等器质性因素直接造成了大脑实质病理性改变，进而导致大脑功能失调，这是发病的关键因素。再者，有精神病家族史，不良的精神刺激及人格缺陷等，对发病有一定的影响。

第一节　器质性精神障碍的常见表现

一、谵妄综合征

谵妄综合征又叫急性脑病综合征，在综合医院，特别是老年病房、急诊室和重症监护病房中，是最常见的精神障碍。它是由脑部弥漫性、暂时的病变所引起，以意识障碍为主要特征，可伴随感知觉障碍和兴奋躁动。谵妄综合征的发生多有明确的生物学病因，如急性中毒、感染、代谢障碍、脑外伤、水电解质紊乱、营养缺乏和躯体疾病。常见急性起病，病程短暂，病变发展迅速，但一般是可逆的，预后较好。

谵妄的最初症状，可以从患者的一些非特异性症状表现出来，如焦虑、抑郁、易激动、注意力集中困难、健忘、多梦或言语散漫。有时首先出现自言自语，像是在与人对话，并伴有不安宁或完全失眠，是即将发生谵妄的先兆。

谵妄发生时，症状常呈昼轻夜重的波动，也有学者称为“落日效应”，即黄昏来临时症状加重。患者意识清晰度下降，对外界的感觉和注意减退，表现为神志恍惚，反应迟钝，谈话时心不在焉，话题不能说完，不能持续做一件事或不能回答简单的计算。记忆障碍主要为即刻记忆不良，近事遗忘但远期记忆通常良好。即刻记忆障碍常导致定向障碍，其严重程度从轻到重依次为时间、地点、人物、自我定向障碍。开始时不知身处何年何月何时，紧接着不知身处何地，不认识熟悉的人物，最后甚至不认识自己。情绪障碍早期多呈抑郁、焦虑、易激惹，病情严重时可变得淡漠。当伴有感知和思维障碍，出现恐怖性的、生动的错视或幻视、被害妄想，情绪表现为恐惧、抑郁、易怒或欣快。行为紊乱，重复某个动作或吵闹不安，甚至出现攻击性行为、当众脱衣、玩弄大小便等，言语不连贯，常喃喃自语，自知力和判断力不良，生活不能自理。与此相反，当一个谵妄患者自发变得安静时，可能预示原发病病情加重，患者接着可能陷入昏迷，所以要提高警惕，注意观察和辨别是症状得到了控制，还是病情进一步加重。

二、痴呆综合征

痴呆综合征常见于起病缓慢、病程较长的脑部病变，所以又称慢性脑病综合征。临床表现为缓慢出现全面智能障碍，包括记忆、思维、理解、判断、计算等能力减退和人格改变，但无意识障碍。造成痴呆的原因主要是脑组织退化性疾病，尤以阿尔茨海默病最常见，其次是脑血管性疾病，其他如颅内肿瘤、感染、脑外伤等也可引起痴呆。由于症状发展缓慢，很难确定确切的发病时间。

患者早期表现为近期记忆力下降，而远期记忆受损不明显，注意力不易持久集中，思维迟钝，社交和工作能力减退，兴趣减少，情绪显得不如以前热情，性格也逐渐发生改变，情绪不稳，易发脾气或多疑。患者对自己的改变有自知力，所以感到苦恼、焦虑。中期由于推理、判断、自知力以及高级情感活动如羞耻感、道德感等的受损，有的患者可出现性犯罪、偷窃等行为改变。后期患者的人格、记忆力、语音及行为能力严重衰退，可出现瘫痪、大小便失禁，生活完全无法自理，最终常死于感染、内脏疾病和衰竭。

三、遗忘综合征

遗忘综合征是多种脑器质性病变都可导致的一种选择性或局灶性认知功能障碍。以近期记忆障碍为主要特征，注意力正常。患者意识清楚，智力相对良好，能进行正常的沟通。但因近期记忆障碍，为了弥补和掩盖这一缺陷，在言谈中易产生错构和虚构来填补记忆的空白，常伴有时间定向障碍。患者具有暗示性，如给新的提示，可引出新的虚构内容，这一综合征最初由 Korsakoff 提出，曾称为科萨科夫综合征，当时认为这是慢性酒精中毒导致维生素 B_1 缺乏而出现的特征性症状，现发现还可见于脑外伤、一氧化碳中毒、脑血管性病变、脑瘤等。

知识拓展

谵妄综合征、痴呆综合征、遗忘综合征的区别

	谵妄综合征	痴呆综合征	遗忘综合征
主要特征	以意识障碍为主	以智能减退为主	近事记忆障碍、虚构
其他症状	注意涣散，记忆减退，时间、地点、人物定向障碍，错觉、幻觉、妄想	全面认知障碍，人格改变，无意识障碍，不可逆	选择性、局灶性认知功能障碍，意识清晰，智能相对良好
预后	可治愈，也可致痴呆	可改善	可改善

第二节　脑器质性精神障碍

一、脑器质性精神障碍的种类

（一）阿尔茨海默病所致精神障碍

阿尔茨海默病是以中枢神经系统原发性退行性变性为主要特点的一组疾病。其典型病理改变是大脑皮质弥漫性萎缩、神经元纤维缠结、特征性的老年斑等。起病缓慢，病程通常呈持续性、进行性加重，多见于老年前期和老年期（多为 65 岁以上），女性多于男性。

1. 临床表现　阿尔茨海默病大多起病隐匿，缓慢发展，首发症状是记忆障碍，如遗忘东西、丢三落四、讲话啰唆；逐渐发展为全面性痴呆症状，如在熟悉的地方走失，不能辨认亲人，不知自己是谁等。人格改变和自知力丧失也较早发生。病程中患者可出现错构、虚构、嫉妒妄想或意识障碍、谵妄等。

2. 诊断与鉴别诊断

（1）诊断要点：①符合脑器质性精神障碍的诊断标准；②符合痴呆的诊断标准；③起病隐匿、缓慢。

（2）鉴别诊断：主要排除脑血管病等其他脑器质性疾病及躯体疾病所致的痴呆。应与抑郁症的假性痴呆及老年人良性健忘相鉴别。

3. 治疗　阿尔茨海默病目前尚无特效治疗方法。国内外大多采用乙酰胆碱酯酶抑制剂。主要的口服药有：他克林 20~40mg/次，每日 4 次；多奈哌齐 5~10 mg/d，每日 1 次；石杉碱甲 0.1~0.2mg/次，每日 3~4 次。

（二）脑血管疾病所致精神障碍

脑血管疾病所致精神障碍是指由脑血管疾病影响脑部血液供应所导致的精神障碍。本章重点介绍常见的高血压病和脑动脉硬化伴发的精神障碍与血管性痴呆。

1. 临床表现

（1）高血压病伴发的精神障碍：部分患者血压增高时表现为头部不适，情绪易激惹及脑衰弱综合征。而高血压危象和高血压脑病时主要表现为意识障碍和假性脑肿瘤样综合征。意识障碍表现为蒙眬状态、谵妄状态或精神错乱状态，程度深浅不一。假性脑肿瘤样综合征突出的精神症状主要为萎靡不振、思维贫乏、反应迟钝、表情呆板等。

（2）脑动脉硬化伴发的精神障碍：是指脑动脉粥样硬化导致脑组织供血不足而产生的精神障碍。早期表现与神经衰弱类似。典型症状是情感障碍，以情感脆弱最为突出。有些患者在病程中出现妄想，如夸大妄想、嫉妒妄想、被害妄想、疑病妄想。

（3）血管性痴呆：是指由于脑血管障碍引起，以痴呆为主要表现的疾病。一般在 50~60 岁发病，男性多于女性。早期以记忆障碍为主，人格保持良好，对疾病有自知力。一般进展缓慢，如脑卒中发作，则病情加剧，病程波动；代偿良好时，症状可缓解，最终发展为痴呆。

2. 诊断与鉴别诊断

（1）诊断要点：①有脑血管疾病的证据；②有典型临床表现；③参照辅助检查。

（2）鉴别诊断：高血压病伴发的精神障碍、脑动脉硬化伴发的精神障碍及血管性痴呆应相互鉴别。另外，应与神经衰弱、颅内占位性病变、抑郁症、阿尔茨海默病等相鉴别。

3. 治疗　应积极治疗原发疾病，伴发精神障碍时适当选用抗精神病药。如对于幻觉、妄想状态和兴奋状态，可选用奋乃静、氯丙嗪、氟哌啶醇等，用量宜慎重；神经衰弱时选用地西泮类抗焦虑药；改善脑代谢药物可选用吡拉西坦、γ-氨酪酸、细胞色素 C、维生素 C 等。另外要注意心理治疗、饮食治疗。

（三）颅内感染所致精神障碍

是由细菌、病毒、真菌、原虫或其他微生物直接侵犯脑组织引起的精神障碍。如散发性脑炎、麻痹性痴呆、脑脓肿或脑囊虫病等。以下重点介绍由病毒引起的散发性脑炎及由梅毒引起的麻痹性痴呆。

1. 临床表现

（1）散发性脑炎所致的精神障碍：急性或亚急性起病，有呼吸道或胃肠道感染史，意识障碍最多见，有的为首发症状，可出现嗜睡、蒙眬、浑浊、谵妄，随病情进展，可出现昏迷。精神分裂样症状有精神运动性兴奋或精神运动性抑制，出现幻觉妄想。部分病例记忆障碍尤其突出，严重者导致痴呆。

（2）麻痹性痴呆：主要由梅毒螺旋体引起。隐性起病，发展缓慢，早期出现类似神经衰弱的症状，发展阶段以人格改变和智能障碍较明显。人格改变表现为缺乏责任感、轻浮、放荡、举止粗鲁、不知羞耻，与过去相比判若两人。记忆力显著减退，从近记忆力逐渐到远记忆力，不能进行简单的计算。此时可出现各种妄想，以夸大妄想最多见。还可出现情绪不稳、哭笑无常、易激惹。晚期痴呆日趋严重，情感淡漠，不能辨认家人，言语片断，含糊不清，而本能活动相对亢进，甚至出现意向倒错。

2. 诊断与鉴别诊断

（1）诊断要点：①符合脑器质性精神障碍的诊断标准；②有颅内感染的证据；③临床表现与病程和颅内感染相关。

（2）鉴别诊断：应排除有意识障碍或智能障碍、人格改变的其他脑器质性疾病或躯体疾病。应与精神分裂症相鉴别。

3. 治疗　主要治疗原则：①给予相应的抗感染治疗；②降低颅内压；③对症治疗；④支持营养治疗。

（四）癫痫性精神障碍

癫痫俗称“羊痫风”，是一种慢性发作性神经系统疾病，具有突然性、短暂性和反复性的特点。在发作前、发作中、发作后均有不同程度的精神症状。

1. 临床表现　癫痫病发作前，患者大多有思维紊乱、极度抑郁、易激惹、激越等先兆或前驱症状。发作时，患者常处于蒙眬状态，出现错觉或幻觉，有似曾相识感或旧事如新感，有恐怖、愤怒等情感障碍。思维障碍则出现思维中断、强制性思维等。发作后出现意识模糊、定向障碍、反应迟钝等症状。一般持续数分钟至数小时不等。

2. 诊断与鉴别诊断

（1）诊断要点：①符合器质性精神障碍的诊断标准；②有原发性癫痫的证据；③精神障碍的发生及其病程与癫痫相关。脑电图对本病的诊断有重要参考价值。

（2）鉴别诊断：本病应与癔症、精神分裂症、情感性精神障碍相鉴别。

3. 治疗　根据癫痫发作的特点，调整抗癫痫药的种类和剂量，有效地控制癫痫发作。颞叶癫痫者可考虑手术治疗。对于精神症状可选用奋乃静、氟哌啶醇及其他抗精神病药或抗焦虑药；对于人格障碍和智能减退者，则应加强教育和管理，进行相应的心理治疗；伴发躯体疾病时，则应对症处理和治疗。

二、脑器质性精神障碍的护理

（一）护理评估

1. 客观资料

（1）一般情况：了解姓名、性别、年龄、住址、单位、职业、文化程度、婚姻状况等。

（2）现病史：评估患者有无脑器质性疾病，与精神障碍之间的关系，患者的主诉及主观感受，促使患者就医的临床症状是什么，治疗经过。

（3）既往史：评估患者有无发热、抽搐、昏迷及药物过敏史，是否患过精神障碍，其诊断、治疗、用药史及疗效如何。

（4）与器质性精神障碍相关的个人资料：患者生活经历、性格特点、生活方式及兴趣爱好，是否存在疾病的促发因素，能否与家人、朋友和睦相处，经济状况、社会功能有无缺损。

2. 主观资料

（1）意识方面

1）意识水平：判断患者意识降低的程度。轻度降低指嗜睡，中度降低是指意识浑浊或昏睡状态，重度降低指昏迷状态。

2）意识内容：观察患者有无谵妄状态。

3）意识范围：观察患者有无意识范围缩小，出现蒙胧状态与梦幻状态。

4）意识障碍发作的频率、持续的时间。

（2）智能方面：主要是判断患者痴呆的程度。

1）轻度痴呆：无临床可见的症状，仅通过智能测试发现比平时差一些，工作效率有减退，性格稍有变化。

2）中度痴呆：出现明显的病理征象，但尚能与人交流。

3）重度痴呆：语言交流能力丧失，生活完全无法自理，大、小便失禁。

（3）记忆方面：了解记忆障碍的形式，有无记忆减退、遗忘症、科萨科夫综合征、错构、虚构、似曾相识症、视旧如新症等。

（4）认知方面：患者是否有幻觉、妄想，其内容是什么，是否有潜在危险，患者对疾病的自知力是否存在。

（5）情绪方面：了解患者是否情绪不稳，是否经常出现躁动不安、生气及愤怒等情绪。

（6）其他精神症状：如有无思维障碍和意志行为障碍等。

（7）生理方面：评估患者原发脑部疾病的治疗情况，现病情如何，患者目前的营养状况如何，排泄情况以及睡眠型态有无异常。

（8）社会方面：评估是否有家族史，家人对患者的态度如何及能否提供所需的照顾，有哪些方面的自我照顾障碍（进食、清洁、修饰、如厕等），经济状况、社会及个人的支持资源如何。患者的个人兴趣、社交能力是否还保留。

（二）护理诊断

由于脑器质性精神障碍的原发疾病种类较多，患者可出现谵妄综合征、痴呆综合征等不同的精神症状。具有不同精神症状的患者会产生不同的护理问题。

1. 谵妄综合征患者常见护理诊断

（1）急性意识障碍：与各种原因所致脑组织损害有关。

（2）有受伤的危险：与意识障碍、智能障碍、躯体移动障碍以及精神症状有关。

（3）睡眠型态紊乱：与原发病及躯体不适（如疼痛、排便异常等）、精神症状（恐惧、焦虑、兴奋、抑郁等）、治疗性药物影响睡眠规律，以及患者缺乏运动，白天睡眠过多，生活方式或环境改变，过多的或不适当的刺激有关。

2. 痴呆综合征患者常见护理诊断

（1）自理缺陷：与意识障碍、认知功能障碍，以及神经、肌肉骨骼功能障碍、生活技能障碍、运动能力下降有关。

（2）社交障碍：与认知改变、记忆力减退、智能缺陷、判断力与定向力障碍及思维过程改变有关。

（3）感知觉障碍：与脑组织损害和记忆力下降有关。

（三）护理目标

（1）恶劣心境、饮食、睡眠等症状有所改善。

（2）生活能基本自理或经协助完成。

（3）不发生自伤或他伤的事件。

（4）能最大限度地参与肢体锻炼及康复训练。

（四）护理措施

1. 谵妄综合征患者的护理

（1）一般护理：对于患者出现的紧急状况，应优先处理。监测患者的生命体征、颅内压等变化情况，协助患者尽快度过急性期，避免后遗症的发生。协助满足患者的生理需求。提供充足的营养、水分及电解质，可给予高热量、无刺激的流质或半流质食物，有助于消化。

（2）睡眠的护理：若患者失眠，可建议其睡前喝一杯温牛奶，或与其轻声交谈，助其入眠。避免睡前做运动，患者的治疗和护理措施尽量集中在白天进行，允许患者白天消耗较多的精力，以利于夜间的睡眠。一般不主张给患者使用镇静安眠药，因为服用后对症状有所掩盖，会使医生对病因的辨认产生混淆。

（3）安全护理：若患者过度躁动不安，可适当给予约束，但要定时观察患者的脉搏、血压，避免因患者不断挣扎、反抗而透支体力，导致虚弱的患者更加危险。因此可先采取其他方法来安抚患者，必要时才用约束带。为患者安排固定的照顾者，放置患者熟悉的东西于病房内，可减少患者的不安，有助于稳定情绪。

（4）心理护理：对于伴有幻觉、妄想等精神症状的患者，可适时给予陪伴，耐心倾听患者表达内心感受，并以亲切、坚定的口吻做保证，使患者安心或适时呈现事实，借此增强患者的现实感。

（5）定向障碍的护理：患者常有对时间、空间、人物的定向障碍。护理人员应时刻给予清楚的信息和耐心的引导。在病房里挂上日历及时钟，以增强患者对时间的定向感。重复告诉患者他（她）目前所处的地方以及自己是谁，鼓励患者家属和朋友来访，向患者介绍每个进入房间的人的姓名、进入房间的目的等，以便增强患者对空间和人物的定向感。

2. 痴呆综合征患者的护理

（1）减少能量消耗的护理：为减轻患者不安、焦虑的心理，可安排固定人员照顾患者，病房环境不要变动，允许患者在病房内放置他（她）所熟悉的物品，患者的病床可用大的鲜艳的记号来标识，从而减少因不安造成的能量消耗。同时要满足患者的营养需求，增加能量的摄入。

（2）感知障碍的护理：患者感知觉缺失，对环境有不协调的反应，应防止跌倒和其他意外发生。可以把床放低防止坠床，在地面上铺防滑垫子，墙壁上装扶手防摔伤。一些可能用以自伤的器具应妥善保管。服药吃东西时要给予监督，避免误入气管。

（3）保护自尊的护理：护理人员在护理患者时要保护其隐私，不要在患者面前讨论病情或嘲笑患者，应耐心倾听患者的诉说，对患者的需求要给予回应，鼓励患者自己做决定及自我照顾。

（4）增强应对能力的护理：当患者被要求做不熟悉的事时会感到不安，护理人员应帮助患者正确应对。护理人员可以清晰地向患者解释或示范如何去做这件事，若患者拒绝，不宜坚持要求患者参加，以免加重患者不安情绪甚至引起行为失控。最好是先给患者充分的时间考虑，再提出要求，这样比较恰当，成功率也会高一些。另外，可根据患者的习惯和喜好来帮助患者计划一天的作息规律，使患者有所期待及提高做决定的能力。

（5）定向障碍的护理：定向力的训练方法可参考前面谵妄综合征患者的护理措施。

（6）记忆障碍的护理：患者存在近期记忆障碍，所以谈话中避免谈及患者近期遗忘的事，不然会引起患者的挫折感而使话题难以继续。可由患者先选择话题，回忆过去美好的事，会使患者产生愉悦的情绪，若患者为记不住近期的事而感到沮丧，可教会患者如何使用备忘录帮助记忆，来增加他的成就感。

（7）增强互动的护理：与患者进行沟通时，要选择合适的场所，如环境安静、气氛和谐，避开其他人，鼓励患者大胆表达自己的愿望，对患者的努力和进步要及时给予鼓励。

（8）增强家庭应对能力的护理：协助家属接受患者，并提供给他们疾病的相关知识，提高家属照顾患者的意愿。同时护理人员应向家属介绍社区资源，鼓励家属合理利用这些资源。

（9）社交障碍的护理：评估患者进行社交障碍的原因，鼓励患者参加群体的工娱活动，并督促患者进行锻炼。

（10）生活护理：评估患者自理能力的程度，在进食、如厕、沐浴卫生等方面给予协助。但要注意宜在积极鼓励患者自理的情况下再给予协助，这样有利于延缓患者自理能力的丧失。

（五）护理评价

（1）患者是否在安全的环境下接受治疗和护理，没有意外事件发生。

（2）通过护理，患者各种症状有无减轻，能否自我料理，并能以有效的方式表达自己的需求。

（3）患者是否参加活动及训练。

（六）健康指导

（1）向患者、家属介绍疾病相关知识，积极治疗原发性疾病。

（2）合理安排生活，营养全面、丰富，保持充足睡眠，适当锻炼。

（3）注意环境和活动场所的安全。

（4）讲解保护自己和预防外伤的措施，说明保持和获得自理能力的重要性，教会患者及家属各种功能的锻炼和恢复方法。

（5）指导患者用药，不能随意增减药物及剂量。病情变化时，应及时就诊，调整用药。

（6）帮助患者调整心态，重新适应社会。

第三节　躯体疾病所致精神障碍

躯体疾病所致精神障碍是指由于各种原因引起的躯体疾病影响脑功能变化所致的精神障碍，包括在器质性精神障碍中。各种躯体疾病所致的精神障碍无特异的症状，不同的躯体疾病可导致相似的精神症状，而同一种躯体疾病亦可出现不同的精神症状。

躯体疾病所致精神症状的发生一般具有以下共同特点：

（1）精神症状一般多发于躯体疾病高峰期，亦有以精神症状为首发者。如系统性红斑狼疮，精神症状的出现可先于其他系统症状。

（2）精神症状多与躯体疾病的严重度平行，即躯体疾病严重时精神症状也明显，躯体疾病好转后精神症状亦减轻。

（3）精神症状多具有昼轻夜重的波动性，且随着躯体症状的轻重而多变。

（4）病程和预后主要取决于原发躯体疾病的状况及处理是否得当。一般精神症状持续的时间较短，预后较好，但如患者曾经长期陷入昏迷，可遗留人格改变或智能减退。

（5）躯体疾病所致精神障碍的患者除表现明显的精神症状外，多伴有躯体和（或）神经系统的病理体征及实验室的阳性发现。

诊断躯体疾病所致精神障碍可依据以下几点：①有躯体疾病的依据。②有证据显示躯体疾病导致精神障碍。如躯体疾病在精神障碍的发生、发展、转归等方面有时间上的密切关系，精神障碍可因躯体疾病的好转而好转，有时情绪症状较躯体疾病出现为早。③有不典型的功能性精神障碍的症状。如患者在老年时出现类精神分裂样症状，或抑郁症伴有不常见的症状，如幻嗅或幻触。

一、躯体疾病所致精神障碍的种类

（一）常见的躯体感染所致精神障碍

躯体感染所致精神障碍是指由病毒、细菌、螺旋体、真菌、原虫或其他微生物、寄生虫等所致全身性感染，如败血症、梅毒、伤寒、麻疹伤寒、恶性疟疾、血吸虫病、人类免疫缺陷性病毒感染等所致的精神障碍，颅内无直接感染的证据。

多数躯体感染患者出现的精神症状较轻微且短暂。如注意力不集中、轻度意识障碍、焦虑、抑郁、易激惹、失眠或嗜睡和精神易疲劳等，少数患者可出现严重的精神障碍。在急性感染过程中，常表现为意识障碍和谵妄综合征等，而在慢性感染中，主要表现为遗忘综合征或痴呆综合征。

躯体感染所致精神障碍的病因不同，其发病机制亦不相同，致病微生物（细菌、病毒等）可直接作用于中枢神经系统，亦可能是感染引起发热、机体代谢障碍或水、电解质紊乱，导致脑功能紊乱。此外，机体的功能状态如免疫系统、内分泌系统及患者病前性格特点和遗传倾向等，亦是影响精神障碍发展的因素。

躯体感染所致精神障碍常具有共同的特点：起病较急，病程发展常起伏不定，例如患者早上感到疲乏，下午则可出现焦虑、易激惹，而晚上却发生意识浑浊。此外，精神症状通常与感染有密切的相关性，感染性疾病好转后精神症状亦会随之好转。

及时发现原发感染性疾病是正确诊断的关键。若患者出现意识障碍和急性认知功能障碍，尤其是定向障碍和意识浑浊，应引起充分注意，并积极寻找原发的躯体疾病。

早期诊断、早期治疗非常重要，因精神症状可加重躯体疾病的症状，如激越行为可使心血管系统疾病恶化，而且不利于水和营养的吸收等。所以在治疗原发病时，同时要控制精神症状。临床用药须谨慎，尤其要注意肝肾功能损害、水电解质紊乱及精神药物和其他药物的相互作用。

常见的躯体感染所致的精神障碍有：

1. 肺炎所致的精神障碍　多为高热、谵妄，也可出现欣快、近记忆障碍、定向障碍和虚构，部分可有短暂而片断的幻觉和被害妄想。

2. 败血症所致的精神障碍　高热时常见嗜睡、蒙眬、谵妄，少数患者可有幻觉、妄想。

3. 破伤风所致的精神障碍　由破伤风毒素引起精神症状，表现为嗜睡、抑郁、迟钝、寡言少语、缺乏主动性，常见肌张力增高和抽搐发作等。

4. 伤寒所致的精神障碍　初期多见谵妄，部分患者在意识障碍恢复后可出现短暂的幻听、持久的遗忘，有时出现躁狂表现。

5. 流行性感冒所致的精神障碍　精神症状包括嗜睡、蒙眬状态或谵妄、幻觉、抑郁或神经衰弱等。

6. 狂犬病所致的精神障碍　在前期为烦躁不安等，发热时为焦虑、声光过敏、恐水、谵妄、幻觉等，在兴奋期有喊叫、哭泣、兴奋、躁动等表现，在后期可出现人格改变和痴呆。

7. 艾滋病所致精神障碍　患病初期可有焦虑、抑郁等，疾病加重后表现为痴呆状态、表情淡漠、主动性差、社会退缩，部分患者会出现癫痫发作、缄默或昏迷。

（二）常见的内脏器官疾病所致精神障碍

内脏器官疾病所致精神障碍是指由重要内脏器官如心、肺、肝、肾等严重疾病继发脑功能紊乱所致的精神障碍。精神障碍的严重程度随原发疾病的严重程度而波动。在各种有害因素的作用下，重要内脏器官发生损害，可直接影响其重要生理功能，或是有毒物质蓄积，均可造成机体的循环、代谢障碍及水与电解质紊乱和酸、碱不平衡，导致脑功能障碍而发生精神障碍。

1. 肺性脑病所致精神障碍　指肺源性心脏病所致的精神障碍。患者有意识障碍，可表现为嗜睡状态、蒙眬或昏睡状态，逐渐加重为谵妄状态甚至昏迷。也有部分患者表现为躁狂或抑郁状态，或者表现为幻觉和妄想。

2. 肝性脑病所致精神障碍　指肝脏疾病所致的精神障碍。精神症状包括迟钝、少动、寡言或躁动、兴奋，严重时为嗜睡、谵妄、昏睡甚至昏迷。部分患者表现为幻觉妄想或木僵，少数患者可出现人格改变或智能障碍。

3. 心源性脑病所致精神障碍　由冠状动脉硬化、风湿性和先天性心脏病、心内膜炎等严重心脏疾病所致精神障碍。有神经衰弱综合征、谵妄、抑郁状态及幻觉妄想状态等。

4. 肾性脑病所致精神障碍　指肾脏疾病所致的精神障碍。精神症状主要为意识障碍，可表现为嗜睡、谵妄甚至昏迷，也可表现为抑郁状态、躁狂状态、幻觉妄想状态或痴呆状态。

（三）常见的内分泌疾病所致精神障碍

内分泌疾病所致精神障碍是指由于内分泌功能亢进或低下所致的精神障碍，诸多因素均可引起内分泌疾病，出现内分泌紊乱，从而影响中枢神经系统，致使脑功能紊乱。

1. 甲状腺功能亢进所致精神障碍　患者出现性格改变，具体表现为急躁、易怒、冲动、攻击、焦虑、抑郁或喜悦，也有表现为紧张和敏感多疑，少数老年患者有反应迟钝、话少、活动少，部分患者在性格改变的基础上出现躁狂或抑郁状态，某些患者可为幻觉妄想状态或思维松散。甲状腺危象者可出现谵妄状态。

2. 甲状腺功能减退所致精神障碍　常为智能低下、抑郁状态、幻觉妄想状态、躁狂状态或昏迷状态。

3. 肾上腺皮质功能亢进所致精神障碍　精神症状主要为抑郁，部分可表现为情绪不稳、偏执状态和类神经衰弱综合征。

4. 月经前综合征　主要表现为月经前一周心烦、过敏、易激惹或沉默寡言，严重者表现为焦虑、抑郁、恶心、腹痛、浮肿和乳房胀痛等躯体症状。

5. 糖尿病所致精神障碍　早期表现为心烦、疲乏、无力、失眠，可加重为抑郁、焦虑，部分可有幻觉，严重时可出现嗜睡或昏迷状态。

（四）常见的结缔组织疾病所致精神障碍

结缔组织疾病常有多系统、多脏器受累，症状复杂多变，常伴发神经精神障碍，一些患者以精神神经症状为首发表现。

1. 类风湿性关节炎　类风湿性关节炎是一种慢性、进行性、炎症性、系统性疾病。类风湿性关节炎的功能障碍常使患者在工作、家庭生活和性生活等方面受限，由此可引起情绪障碍，如焦虑、抑郁和对治疗的不合作等。治疗类风湿性关节炎的药物可导致精神症状，非甾体类抗炎药可引起认知功能损害、谵妄、抑郁、躁狂和精神病性症状，老年人更易出现此类不良反应。非甾体类抗炎药可增加碳酸锂的血浓度，若患者同时服用锂盐，要防止发生中毒反应。糖皮质激素可引起情绪不稳、睡眠障碍、谵妄和精神病性症状，且症状与药物的剂量相关。

2. 系统性红斑狼疮　系统性红斑狼疮是一种病因不明、反复发作的结缔组织疾病，常有多器官受累，包括皮肤、关节、肾脏、血管和中枢神经系统等。

当本病累及中枢神经系统时，可产生神经精神症状。亦有神经精神症状早于其他系统受累者。神经精神症状常出现于疾病晚期，但亦可出现于疾病初期。由于症状缺乏特异性且多样化，很易引起误诊。急性脑器质性精神障碍较多见，表现为意识浑浊、谵妄，伴有偏执性妄想、幻觉、情感紊乱和运动障碍等。慢性脑器质性精神障碍较少见，可有认知功能损害，甚至发展为痴呆。情感症状和分裂样症状相对少见，通常与器质性精神症状同时出现。还可有焦虑、抑郁、社会退缩和人格解体等症状。

二、躯体疾病所致精神障碍的护理

（一）护理评估

采用观察、身体检查、查阅病历记录及检验报告、交谈等方式，对各种躯体疾病伴发精神障碍的患者，收集目前的主、客观资料。

1. 主观资料

（1）患者对目前健康的各种主诉和主观感觉，如病程、就诊原因、躯体不适、精神症状等。

（2）精神检查

1）一般表现：有无意识障碍及程度、有无仪表异常、定向力是否正常、有无自知力、大小便能否自理、饮食是否正常、睡眠状况等。

2）认知活动：有无感知改变，错觉、幻觉发生状况，妄想内容及出现时间，思维方式、思维逻辑有无异常，有无记忆和智能障碍，注意力有无转移或涣散。

3）意志行为活动：行为是否异常，有无意志减弱或增强等。

4）情感活动：有无情绪高涨或低落、情感淡漠、情绪不稳、易激惹等。

2. 客观资料

（1）病史：原发躯体疾病与精神症状关系，发病前有无诱因，患者个人史，如生活经历、文化层次、经济状况、生活方式等，既往有无发热、昏迷、药物过敏史。既往检查、诊断、治疗等，有无精神疾病遗传史。

（2）躯体检查及辅助检查

1）躯体检查：躯体感染所致精神障碍患者，着重收集患者体温变化情况，检查患者有无营养缺乏、脱水、能量供应不足体征。内脏器官疾病所致精神障碍患者，着重收集重要内脏器官如心、肺、肝、肾等情况，检查患者生命体征，有无肝大、腹水、黄疸、少尿、无尿、水肿现象等。内分泌疾病、代谢疾病、营养不良或维生素缺乏疾病，针对性地收集患者有关主观和客观资料。

2）神经系统症状和体征：如有无痉挛发作、运动障碍、感觉障碍、言语障碍、脑膜刺激征、不随意运动、锥体束征等。

（3）辅助检查：各种实验室检查、影像检查等，了解原发疾病状态。

（4）心理社会会状况：患者个性特征、心理应激状况、社会角色和社会支持系统等。

（二）护理诊断

（1）意识障碍：与躯体疾病、高热等有关。

（2）气体交换受损：与意识障碍、兴奋、烦躁不安、缺氧、排痰不畅等有关。

（3）有暴力行为的危险：与幻觉、妄想、人格改变、谵妄、焦虑、抑郁等有关。

（4）有受伤的危险：与意识障碍、痉挛发作、震颤等神经系统症状以及幻觉、妄想、抑郁等精神症状有关。

（5）感知改变：与感知觉或思维障碍、注意力过于集中或分散等有关。

（6）语言沟通障碍：与意识障碍、疼痛、不适、疲乏、焦虑、恐惧、抑郁等情绪及文化差异等有关。

（7）生活自理能力缺陷：与躯体疾病及兴奋、躁狂、幻觉等精神症状有关。

（8）自我形象的紊乱：与躯体疾病所致的外表或功能改变、精神障碍对外表的不现实感及自我概念障碍有关。

（9）保持健康能力改变：与躯体疾病造成的感知障碍、思维障碍、个人应对无效、家庭应对无效或缺乏支持等有关。

（三）护理措施

1. 基础护理　多数患者因为原发病或出现意识障碍、躁狂、抑郁等不能料理个人生活，所以做好基础护理，进行生活照顾非常重要，如预防压疮、呼吸道感染、泌尿道感染等。

（1）加强对原发病的观察，预防诱因发生。

（2）做好晨晚间护理、清洁卫生处理，协助患者进行个人生活自理等日常生活护理。

（3）给予营养支持，根据原发躯体疾病给予合适的饮食种类，如低盐、限蛋白等饮食。选择营养支持途径，正常经口进食还是进行胃肠外或肠内营养支持。有精神症状影响进食者，选择进餐环境和进餐时间。

（4）保持良好睡眠，评估患者睡眠障碍的原因，创造良好的睡眠环境，避免睡前兴奋的刺激，调整日间活动安排等，必要时遵医嘱使用催眠药物。

2. 对症护理

（1）高热：监测患者的体温变化，高热患者采取各种物理降温措施，或遵医嘱使用退热药物和抗生素，积极补充丧失体液，防止水、电解质和酸碱平衡紊乱等情况，给予营养支持，做好生活护理。

（2）维持正常呼吸功能：监测患者的呼吸频率及节律，调整病房温湿度，协助患者咳嗽并教会患者有效咳嗽的方法，定时为患者翻身拍背或雾化吸入，以保持患者呼吸道通畅，如出现黏痰、呼吸道阻塞，要及时给予吸痰。必要时给氧及进行人工气道支持。

（3）意识障碍：监护病情变化，加强生活护理，协助患者饮食和个人卫生处理，注意安全，防止摔伤及意外。谵妄状态应安排专人护理，限制患者活动范围，预防患者在幻觉妄想状态下出现暴力行为，必要时适当采取保护性约束措施。严重患者安置在单人病房。

（4）癫痫发作：发作当时应防止受伤，保持呼吸道通畅，密切观察发作经过并详细记录。注意避免强行按压而造成肌肉损伤或骨折。患者出现呼吸困难可遵医嘱给予吸氧。阵挛后期或恢复期注意休息。

3. 精神症状护理

（1）神经衰弱综合征：保持病室环境的舒适，减少光线、噪音等不良刺激。合理安排作息时间，促进患者睡眠。集中进行治疗护理操作，做到走路轻、说话轻、操作轻等。

（2）兴奋状态：将患者安置于单人病房，给予专人护理，避免患者间相互影响。房间内物品简化、安全、规范，减少不良刺激和环境中对患者有潜在危险的因素。加强巡视，密切观察患者的病情变化，必要时可采取保护性约束措施，防止患者在幻觉支配下出现暴力行为，伤害他人或对周围造成不良影响，护理人员注意自己的言行举止，避免引起患者的疑虑不安而导致冲动行为。耐心进行说服解释，使患者接受治疗护理操作，注意安全制度的执行，防止意外。

（3）抑郁状态：抑郁状态的患者，要避免其独居，应加强监护。护理人员要重视与患者的沟通，耐心倾听，加强巡视，密切观察患者的言语、行为、情感变化。关注患者的睡眠质量、进食情况，做好生活护理。保证病房环境的安全，引导患者正确对待所患疾病及目前的精神症状，严防患者在抑郁情绪影响下出现自伤、自杀行为。

（4）幻觉、妄想：患者生活可自理，但坚信幻觉或妄想内容，因此护理人员不要强迫患者接受幻觉、妄想内容的非真实性，注意防范意外事件的发生，加强监护。做好护理记录。

4. 加强安全护理　患者可由于精神症状或躁动、痉挛发作等原因受伤，应注意避免影响患者安全的因素。加强监护，必要时专人护理。提供舒适安全的环境，避免环境中不安全的设施。观察影响患者的严重的躯体症状，及时进行处理。防止摔伤、坠床、骨折等意外。

5. 心理护理　同脑器质性疾病所致精神障碍。

（四）健康教育

1. 患者

（1）教会患者自我护理的方法，鼓励其增加自我护理的独立性，避免过分依赖他人。

（2）指导患者康复护理方法。

（3）告知用药的注意事项，指导观察药物使用不良反应。

（4）鼓励患者与社会接触，保持乐观情绪。

2. 家属

（1）指导家属观察患者的躯体症状和精神症状，如有波动，及时就医。

（2）督促患者按时服药，观察药物治疗效果和不良反应，避免突然停药或减量。

（3）注意环境的安全，安排规律的生活。促进患者的睡眠，保证充足的营养。

（4）指导家属学会协助患者进行康复锻炼的方法。

思考题

1. 有关阿尔茨海默症，错误的是（　　）
   A. 是一组原因不明的原发性脑变性疾病
   B. 临床以痴呆综合征为主要表现
   C. 早期以人格改变为首发症状
   D. MRI 示弥漫性脑萎缩
   E. 多见于老年女性

2. 下列哪种精神障碍不应归于躯体疾病所致的精神障碍（　　）
   A. 癫痫性精神障碍　　B. 系统性红斑狼疮所致精神障碍
   C. 甲状腺功能亢进所致精神障碍　　D. 肾性脑病
   E. 肺性脑病

3. 关于躯体疾病所致精神障碍的共同临床特点，正确的是（　　）
   A. 精神障碍的表现取决于躯体疾病的种类
   B. 急性期少有意识障碍
   C. 精神症状表现在病程中常波动变化，预后一般不可逆
   D. 精神障碍病情与原发病病情常有消长平行关系
   E. 精神症状多具有昼重夜轻的特点

4. 下列哪种精神障碍不应归于脑器质性精神障碍（　　）
   A. 阿尔茨海默症　　B. 血管性痴呆
   C. 麻痹性痴呆　　D. 肝性脑病
   E. 肾性脑病
5. 智能障碍是下列哪种病的临床特征（　　）
   A. 精神分裂症　　B. 感染伴发精神障碍
   C. 慢性脑器质性精神病　　D. 神经衰弱
   E. 甲状腺功能亢进所致精神障碍
6. 诊断症状性精神病首先应考虑的是（　　）
   A. 意识障碍　　B. 有恐怖性错觉和幻觉
   C. 有躯体疾病的症状及体征　　D. 起病急剧
   E. 智能障碍
7. 有关躯体感染性疾病所致精神障碍的论述，以下错误的是（　　）
   A. 起病较急，病程发展常起伏不定
   B. 精神症状通常与感染性躯体疾病消长平行
   C. 大多预后不良
   D. 及时发现原发感染性疾病是正确诊断的关键
   E. 无颅内直接感染的证据

答案：1. C　2. A　3. D　4. D　5. C　6. C　7. C

（焦传安）

扫码看 PPT

扫码做练习

第七章

精神活性物质所致精神障碍患者的护理

学习目标

1. 掌握精神活性物质所致精神障碍的护理措施。
2. 熟悉精神活性物质所致精神障碍的相关概念及临床特点。
3. 了解精神活性物质所致精神障碍的病因及发病机制。

情景导入

唐某，男，30岁，原经营服装生意。5年前在迪厅玩时在朋友劝说下于第一次吸食海洛因，当时感头晕、恶心、呕吐，随后体验到飘飘然欣快感，为了追求这种感觉，患者反复吸食海洛因。曾有一次，因暂时缺货，患者感到浑身难受，自觉呼吸不畅，怕冷，寒战，烦躁不安，打哈欠，流泪流涕，全身酸痛难忍，似有小虫子在皮下、骨头里咬一样，设法吸食后上述痛苦消失。4年前被家人发现，迫于家人压力，患者入戒毒所戒毒1个月，自觉戒毒成功后出院。3年前经朋友引诱复吸，并且吸食的次数及量均逐渐增加，1年前感觉吸食不过瘾，改为静脉注射。此间患者无心打理生意，不再关心家人，家人反复劝说其戒毒，患者根本不听，妻子绝望之下与其离婚，其父迫于无奈，强制送其入院进行戒毒治疗。

体格检查：消瘦，四肢有数条静脉穿刺形成的静脉条索及数个陈旧性针眼，余无异常。

精神检查：意识清，定向力可，未引出幻觉、妄想。情绪低落，易激惹。对海洛因仍有强烈欲望。

诊断：海洛因依赖。

问题：

1. 根据患者病情列出主要护理诊断。
2. 如何协助该患者戒除毒瘾。

精神活性物质又称成瘾物质，指来自体外，能够影响人类情绪、认知、行为及改变意识状态，并有致依赖作用的一类化学物质。人们使用这些物质的目的在于取得或保持某些特殊的心理、生理状态，可导致物质依赖、物质滥用、耐受性及戒断症状。

1. 物质依赖　是指反复使用某种精神活性物质导致躯体或心理方面对该物质的强烈渴求与耐受性，可分为躯体依赖和心理依赖。躯体依赖表现为耐受性增加和戒断症状，心理依赖即使用药物后产生一种愉快满足的或欣快的感觉，驱使使用者为寻求这种感觉而反复使用药物，表现出所谓的渴求状态。

2. 物质滥用　也称为有害使用，是一种适应不良方式，由于反复使用药物导致了明显的不良后果，如不能完成重要的工作、学业，损害了躯体、心理健康，甚至导致触犯法律。

3. 耐受性　是指长期持续使用某物质，若欲达到预期效应，则需要明显增加精神活性物质的剂量，若使用相同的剂量则效果显著降低。

4. 戒断症状　是指停止使用药物，或减少使用剂量，或使用拮抗剂后所出现的一系列特殊的心理生理症状和体征，通常表现为与所用药物的药理作用相反的症状。

知识拓展

根据精神活性物质的药理特性，可以将之分为7大类：①中枢神经系统抑制剂。能抑制中枢神经系统，如巴比妥类、苯二氮䓬类、酒精等。②中枢神经系统兴奋剂。能兴奋中枢神经系统，如咖啡因、苯丙胺、可卡因等。③大麻。是一种独特的精神活性物质，既有兴奋作用，又有抑制作用。小剂量吸入或食用可使人欣快，增加剂量可使人进入梦幻，高剂量以抑制为主。④致幻剂。能改变意识状态或感知觉，如麦角酸二乙酰胺、仙人掌毒素等。⑤阿片类。包括天然、人工合成或半合成的阿片类物质，如海洛因、吗啡、阿片、美沙酮、二氢埃托啡、哌替啶、丁丙诺啡等。⑥挥发性溶剂。如丙酮、苯环己哌啶等。⑦烟草。

一、护理评估

（一）病因及发病机制

1. 遗传因素　有研究认为药物依赖与遗传基因关系密切，成瘾具有家族遗传性，可能与遗传影响个体对药物的敏感性、耐受性及相关反应有关。已有的调查主要集中在酒精依赖方面，已经证实，酒精中毒的家族聚集性非常明显，双亲酒精中毒越严重，其子女患同病的风险性也越大，血缘一级亲属患酒精依赖的概率是一般人的2倍。

2. 神经生化因素　研究认为成瘾物质可通过激活脑内“犒赏系统”，强化多巴胺的作用，使个体获得异乎寻常的愉悦、兴奋的情绪体验，导致物质依赖。也有研究认为物质依赖与代谢耐受及细胞耐受有关，耐受导致物质在体内代谢加快，作用减弱，有效时间缩短，同时也使神经细胞发生适应性改变，因此导致药物依赖。除此之外，一些神经递质如多巴胺、去甲肾上腺素、5-羟色胺、乙酰胆碱等也被认为参与了物质依赖的形成。

3. 社会因素　价值观、社会习俗、社会角色、经济发展、饮食习惯、社会应激等因素与精神活性物质成瘾关系密切。调查发现，男性、青少年、家庭关系不稳定、失业人员中，物质依赖者比例较高，可能与这部分人更有机会接触到成瘾物质，容易受同伴的引诱，或者面临较大的压力而利用精神活性物质逃避现实，或者生活空虚、缺乏目标、寻求刺激心理有关。

4. 心理因素 药物成瘾者常有某些人格缺陷，如过度敏感、内心孤独、不善交际、易冲动、对外界刺激耐受性差、适应不良、缺乏自信与决策能力；行为方面也往往表现出不顾及人际关系、冷酷、缺乏爱心和社会责任感，有反社会倾向等。

（二）临床表现

1. 酒精所致精神障碍 酒精为亲神经物质，一次大量饮酒可造成急性酒精中毒，长期饮用可导致酒精滥用或酒精中毒，也可导致酒相关性神经障碍、躯体损害和社会功能损害。

（1）急性酒精中毒

1）单纯醉酒：又称普通醉酒，是一次大量饮酒引起的急性中毒。初期，醉酒者自我控制能力减退，表现为言语增多，情绪不稳定，易激惹，动作增多，行为轻浮，有时不顾后果。随着饮酒量增加，抑制进一步加深，表现为对周围事物反应性下降，感觉迟钝，判断记忆力受损，动作不稳，构音含糊，同时伴有心率较快、面色潮红、呼吸急促。若醉酒进一步发展，则出现意识障碍，如意识清晰度下降和（或）意识范围狭窄，乃至出现嗜睡甚至昏迷。除重症者外，一般能自然恢复，且无后遗症状。

2）病理性醉酒：又称特发性酒中毒，指所饮不足以使一般人发生醉酒的酒量而出现明显的行为和心理改变。患者饮酒后出现意识障碍、定向力丧失，多伴有片段恐怖性幻觉和被害妄想，在幻觉妄想的支配下，患者常突然产生攻击性，多是暴力行为，如毁物、自伤或攻击他人等。该醉酒状态一般持续数分钟、几个小时乃至一整天，随患者进入酣睡状态而结束。在清醒后，患者对发作过程不能回忆。

3）复杂性醉酒：指一次大量饮酒过程中迅速出现明显意识障碍，介于普通醉酒与病理性醉酒之间的急性酒精中毒，产生与病理性醉酒类似的症状。患者一般有脑器质性病史，或者患有影响酒精代谢的躯体疾病，如癫痫、脑血管病、颅脑外伤、脑炎以及肝病等，导致患者对酒精的敏感性增高。

（2）慢性酒精中毒

1）酒精依赖：由于反复饮酒所引起的一种特殊心理状态，患者有对酒的渴求和不断需要饮酒的强迫感，可持续或间断出现，若停止饮酒则出现心理和躯体戒断症状。酒精依赖的临床特征为：①强烈的饮酒渴求及冲动。②固定的饮酒方式，定时饮酒。③把饮酒当成第一需求，为了饮酒可以不顾一切。④酒精耐受性增加，但在晚期由于肝功能下降，耐受性反而下降。⑤反复出现戒断症状，当饮酒量减少或饮酒间隔时间延长时会出现震颤、出汗、恶心、呕吐等戒断症状，若饮酒及时，上述症状立即消失。⑥反复出现戒酒后再饮。

2）戒断反应：戒断反应的表现不一。单纯戒断反应表现为长期大量饮酒者停止或减少饮酒量数小时后，出现恶心或呕吐、失眠、头痛、焦虑、情绪不稳，可伴有手、舌或眼睑震颤和自主神经功能亢进，如心跳加快、出汗、血压增高等，少数患者可有短暂性幻觉或错觉。严重者出现癫痫样发作或震颤谵妄，酒精性谵妄发作时，患者意识不清，有时间和地点等定向障碍，出现生动而鲜明的幻视与被害妄想，表现出极端恐惧不安或冲动行为，同时全身肌肉粗大震颤，可并伴有发热、大汗淋漓，心跳加快，部分患者因高热、衰竭、感染、外伤而死亡。震颤谵妄持续时间不等，病程一般为3~5天，恢复后患者对病情经过部分或全部遗忘。

3）酒精性幻觉症：患者长期饮酒突然减少或停止饮酒后 1~2 天内出现大量丰富鲜明的幻觉，期间患者的意识状态清晰，症状持续时间不定，少则几小时，一般不超过 6 个月。

4）酒精性妄想症：患者在意识清晰的情况下出现嫉妒妄想与被害妄想，起病缓慢，病程迁延，如长期坚持戒酒可以逐渐恢复正常。

5）其他：慢性酒精中毒还可引起科萨科夫综合征、痴呆、心境障碍、人格改变等。

2. 阿片类物质所致精神障碍　阿片类物质是指任何天然的或者合成的对机体产生类似吗啡效应的物质，属于中枢神经系统麻醉剂。天然阿片类物质有罂粟、阿片、吗啡等，人工合成的有海洛因、美沙酮、哌替啶等。阿片类物质所致精神障碍表现有：

（1）阿片类物质所致依赖综合征：常见为海洛因成瘾，男性多见，平均吸毒 1 个月后成瘾。成瘾后表现出压倒一切的继续用药欲望。躯体状况表现为营养状况差，食欲丧失，体重下降，性欲减退，女性月经紊乱、闭经，可见震颤、步态不稳、言语困难、腱反射亢进等。精神症状表现为情绪低落、记忆力下降、注意力不集中、易激惹，性格变化明显，自私、说谎、缺乏责任感。

（2）阿片类物质所致戒断综合征：戒断反应的最初表现为哈欠、流涕、流泪、寒战、出汗等，随后陆续出现疲乏无力、失眠、不安、食欲差、恶心、呕吐、腹痛、腹泻、血压升高、脉搏加快、体温升高、瞳孔放大、流涕、震颤、肌肉疼痛，其间出现强烈渴求药物与觅药行为。在戒断症状的任何阶段，只要能复吸该类物质，症状便能戏剧性好转。典型戒断症状常在 8~12 小时出现，停药 48~72 小时后戒断症状最重，戒断症状一般持续 7~10 天。

（3）阿片类药物过量与中毒：过量中毒者，多有意识不清，可达深度昏迷。患者表现为呼吸极慢，甚至每分钟 2~4 次，皮肤冰凉，体温下降，血压下降，瞳孔呈针尖样，当缺氧严重时瞳孔可扩大，对光反射消失，肌肉松弛，舌向后坠阻塞气道，常因休克、肺炎、呼吸衰竭导致死亡。

知识拓展

阿片源于罂粟植物的果实，其所含主要生物碱是吗啡。罂粟的历史可以追溯到 5 000年前，大约于六朝时期传入中国，最初被当成药用植物和观赏植物少量种植。明清时期阿片由西方大量流入中国，人们方认识到阿片的危害。1806 年法国化学家泽尔蒂纳从阿片中提炼了一种成分，命名为吗啡。吗啡最早作为止痛药、麻醉药以及戒除阿片上瘾的替代药物而广泛使用，但是，用药者很快出现了对吗啡的上瘾，形成药物依赖。1874 年，英国化学家莱特从阿片中提炼出了一种白色粉末——二乙酸吗啡，这就是最早合成的海洛因。10 年后，德国人宣布这种物质的镇痛效果比吗啡强 4~8 倍，并于 1898 年开始大批量生产，广泛用于临床各种疾病的治疗，并用来解除阿片成瘾、吗啡上瘾。然而人们很快就发现海洛因本身的成瘾性更强烈，对个人和社会的危害已远远地超过了其医用价值。当前海洛因已成为当今世界滥用最为广泛的毒品，在所有毒品中，涉及海洛因制造、走私、滥用的毒品犯罪案件高居首位。

3. 苯丙胺类兴奋剂所致精神障碍　苯丙胺类兴奋剂指苯丙胺及同类化合物，包括苯丙胺、甲基苯丙胺（冰毒）、3，4-二甲基苯丙胺（摇头丸）、麻黄素和哌甲酯等。

苯丙胺类药物有强烈的中枢兴奋和致欣快作用，使用苯丙胺类药物后，特别是静脉注射使用后，使用者很快出现头脑活跃、精力充沛，可体验到难以言表的快感，即所谓腾云驾雾或全身电流传导般的感觉，数小时后，使用者出现全身乏力、精神压抑、倦怠、沮丧而进入所谓的苯丙胺沮丧期。以上的正性和负性体验使得吸毒者陷入反复使用的恶性循环中，这也是形成精神依赖的重要原因之一。

苯丙胺类兴奋剂的急性中毒表现为中枢神经系统和交感神经系统的兴奋症状。轻度表现为瞳孔扩大、血压升高、脉搏加快、出汗、口渴、呼吸困难、震颤、反射亢进、头痛、兴奋躁动症状。中度中毒表现为精神错乱、谵妄、幻听、幻视、被害妄想等精神症状。严重中毒时表现为心律失常、痉挛、循环衰竭、呼吸抑制、高热、昏迷甚至死亡。

长期使用苯丙胺类药物后可引起慢性中毒，出现颜面发红、瞳孔扩大、血压上升、心率快、腱反射增强，伴有少睡、少食，精神活动无目的性。突然停用药物可出现戒断反应，表现为全身倦怠感，情绪变化、抑郁、焦虑，严重时可出现强烈的痛苦体验、恐怖性噩梦、自杀企图，还可出现定向障碍、意识障碍、头痛、大汗、剧烈的肌肉挛缩、忽冷忽热感。此外，长期使用还可出现“苯丙胺性精神病”，表现为幻觉、感觉过敏、牵连观念、被害妄想等类似偏执型分裂症的症状。

4. 镇静、催眠、抗焦虑药所致精神障碍　这类药物主要包括巴比妥类和苯二氮䓬类，主要作用是能抑制中枢神经系统的活动，由于这些药物在临床使用广泛，若大剂量长期反复使用可产生依赖现象。

长期大量服用巴比妥类药物特别是短效药物可产生依赖，依赖症状主要表现在三方面：①人格障碍。表现为丧失进取心，对家庭和社会失去责任感，自私，说谎，不关心家庭；性格变得孤僻，意志消沉，千方百计、不择手段地取得药物，寻药成为生活的中心。②智能障碍。表现为主动创造性和创造性降低，记忆力下降，注意力不集中，计算力和理解力受损。③躯体症状。可表现为消瘦乏力、食欲下降、胃肠功能不良，皮肤无光泽，面色晦暗、多汗、性功能明显下降。苯二氮䓬类药物依赖反应类似与巴比妥类，但一般智能改变不明显。

巴比妥类药物的戒断反应严重程度取决于滥用药物的剂量和时间，往往在突然停药12~24小时内，戒断症状陆续出现，表现为厌食、乏力、焦虑不安、头痛、失眠，随之肢体出现粗大震颤，停药2~3天戒断反应可达高峰，出现呕吐、体重锐减、心动过速、血压下降、四肢震颤加重、全身肌肉抽搐或出现癫痫样大发作，有时出现高热、谵妄。苯二氮䓬类药物戒断反应虽不像巴比妥类严重，但易感者在服用治疗剂量3个月后，突然停药也可出现严重戒断反应，甚至抽搐。

（三）治疗原则

1. 急性中毒　救治原则为：使用相应拮抗剂抢救的同时，采用催吐、洗胃、维持生命体征等一般性措施。酒精和阿片类物质中毒时可用纳洛酮拮抗，必要时重复使用；抗焦虑药过量时可用氟马西尼治疗；苯丙胺类药物滥用者出现幻觉、妄想等较严重的精神症状时，可选用氟哌啶醇进行控制。

2. 戒药治疗　由于患者对精神活性物质的强烈渴求，必须住院隔离进行戒断治疗，治疗期间杜绝一切成瘾物质。然后采取合适的戒断方法：酒依赖患者可根据患者酒精依赖和中毒的严重程度，轻者尝试一次性戒断，严重者采用递减法。阿片类物质依赖则常用替代治疗与非替代治疗，替代药物常用的有美沙酮和丁丙诺啡，通常使用时间为7~14天，使用时注意先快后慢，只减不加，限时减完；非替代药物常用可乐定。巴比妥类药依赖时减量要缓慢，减药时间一般需2~4周，或更长时间，也可采用替代疗法，即以长效的巴比妥类药物替代短效药物，减药时间也在2~4周。苯二氮䓬类的脱瘾治疗和巴比妥类相似，可采取逐渐减少剂量，或用长效制剂来替代，之后再逐渐减少长效制剂的剂量。

3. 对症治疗　及时处理可能出现的戒断症状。如酒依赖患者出现焦虑、失眠、震颤谵妄时，可使用苯二氮䓬类药物治疗；苯丙胺依赖患者出现幻觉、妄想时，可使用抗精神病药物治疗。

4. 支持治疗　多数患者有神经系统损害以及躯体营养状态较差，应给予促进神经营养的药物治疗，同时补充大量维生素，尤其是B族维生素。对合并有胃炎和肝功能异常的患者，一般常规使用治疗胃炎药物和保肝药物。

5. 心理治疗　常用的有支持性心理治疗、家庭干预、认知疗法、行为治疗等方法，通过建立良好的治疗关系，调动家庭及社会支持力量，帮助患者重建认知，发掘患者内在动力，或者使患者形成对成瘾物质的厌恶反射，提高戒断成功率。

二、护理诊断

1. 急性意识障碍　与酒精或药物过量中毒、戒断反应等有关。
2. 营养失调，低于机体需要量　与以酒、药取代摄取营养的食物有关。
3. 有暴力行为的危险　与戒断综合征、个人应对机制无效有关。
4. 有自杀、自伤的危险　与患者的恶劣情绪，如抑郁、焦虑有关。
5. 焦虑　与调适机制发生困难，需要未获满足或戒断症状等有关。
6. 睡眠型态紊乱　与中枢神经系统长期损害有关。
7. 社交障碍　与药物依赖后社会功能受损有关等。
8. 认知改变　与酒精或药物过量中毒、戒断反应等有关。
9. 自我概念紊乱　与长期使用毒品，导致低自尊、自暴自弃有关。

三、护理目标

（1）患者生命体征保持稳定，重要器官未发生损害，未发生并发症。
（2）患者营养、食欲改善，能主动进食，体重增加。
（3）患者能有效处理和控制自己的情绪和行为，减少甚至避免暴力行为发生。
（4）护理人员及时发现自杀、自伤行为先兆并进行处理。
（5）患者能主动描述内心感受，焦虑情绪缓解。
（6）患者能养成良好睡眠习惯，睡眠质量提高。
（7）患者能改变不良行为模式和人际关系，建立正确行为模式和人际关系。
（8）患者能认识到精神活性物质的危害，坚定戒除精神活性物质的决心。
（9）患者能重新定位自己，制订针对将来的生活及工作计划，重建生活信心。

四、护理措施

（一）生活护理

1. 环境　提供良好的病房环境，视其病情尽量将患者安排在小病室，保持病房安静，床铺柔软、平整，室内空气新鲜、光线充足、温度适宜。

2. 饮食护理　患者饮食无规律，戒断反应往往伴有胃肠道反应，如厌食、呕吐等，应提供易消化、高热量、高维生素食物，可以采用流质或半流质饮食，补充充足的营养及水分，必要时给予鼻饲或静脉营养支持。

3. 睡眠护理　指导患者制定规律的作息时间表，督促其养成良好的睡眠习惯，鼓励患者日间参加各项娱疗活动，晚间为患者创造宁静、舒适的睡眠环境，避免兴奋、焦虑刺激，放一些轻柔的音乐，必要时给予镇静安眠药，缓解患者焦虑、紧张情绪，帮助睡眠。

4. 日常生活护理　戒断症状明显时，嘱患者卧床休息，协助做好生活护理，操作时动作应轻柔。情况稳定的患者，帮助其制定日常生活时间表，鼓励在其能力范围内自理生活，鼓励其参加喜欢的活动。

（二）安全护理

1. 加强巡视　严密观察患者病情变化，对有明显觅酒或觅药行为应严加防范，同时做好交班工作。

2. 安全检查　严格执行安全管理与检查制度，如患者会客后，要进行全面检查，防止家属或朋友带药给患者，再次滥用精神活性物质。

3. 防止意外事故　急性中毒或戒断反应时，可出现运动功能障碍表现，对站立不稳、动作不协调的患者，行动时有人照顾，防止跌倒；出现谵妄时绝对卧床，床单位要加床档，防止坠床，必要时给予保护。

4. 过激行为护理　患者由于认知障碍、人格改变以及幻觉、妄想，易激惹出现暴躁攻击行为，护理人员接触患者时，既要坚持原则，又要正确疏导，避免发生正面冲突，应引导患者说出不适的感受，适量用抗精神病药缓解精神症状，必要时将患者隔离保护，防止其冲动、伤人及自伤行为。

5. 防止交叉感染　长期静脉用药者多伴有栓塞性静脉炎、肝炎、艾滋病等，入院时协助做好抽血化验，操作中严格执行无菌操作规则，实行一人一针一管一带，扫床时做到一人一巾，住院期间每人一份一次性生活用品。

（三）特殊护理

1. 药物过量中毒时护理　及时与医生联系，备齐抢救器械及药品，做好抢救准备。观察急慢性中毒症状、意识障碍状况，如出现昏迷时应按昏迷患者的护理原则进行护理，观察生命体征变化，并做好护理记录。

2. 戒断症状护理　戒断症状严重时，需专人守护，避免患者自残、自伤。密切观察病情变化，特别关注瞳孔、体温、脉搏、血压、呼吸变化及面色、表情、尿液情况等，注意补充营养，防止水、电解质紊乱。

3. 躯体并发症护理　对合并心血管系统疾病患者，应密切监测血压、脉搏；对肝功能异常及合并其他消化系统疾病患者，应减少刺激性食物对消化系统的损害；对神经系统有损害的患者，应防止跌倒或其他意外。

（四）用药护理

1. 严格管理精神活性药物　严格按照剧毒、麻醉药品管理条例中的规定实施，定期检查并有专人管理、专册登记。

2. 掌握给药时机　替代治疗时，适时用药。出现戒断症状时，密切观察病情变化，善于识别患者的戒断症状，一般在流泪、流涕、哈欠之后相继出现的全身酸痛、心悸、胸闷、发冷、出汗等全身症状，防止患者夸大症状而多给药，以求最佳的给药时间。

3. 观察不良反应　在减药治疗过程中，要认真观察药物不良反应，服药要严格遵守服药制度，按时给药，静脉用药时注意调整液体的滴速，并观察心率、血压、呼吸、瞳孔、意识的变化，备好抢救药品及器械，配合医师做好危重症患者的抢救和护理，

（五）心理护理

1. 与患者建立良好、可信赖、治疗性护患关系　接触患者时态度和蔼、诚恳，切不可看不起和嘲弄、鄙视他们。了解患者使用精神活性物质史、生活处境，分析患者的心理状态，给予安慰与支持，制订个性化的心理护理计划。

2. 调动内在动力　加强认知干预，使患者认识到药物滥用的危害；指导患者有效控制情绪，协助患者确认现存的力量和资源，表扬其每一个进步，改变其对事物负性的认知，提高自尊。

3. 工娱疗法　鼓励患者多参加有兴趣的活动，适当安排工娱治疗、体育锻炼及康复治疗，转移注意力。

4. 集体心理治疗　请已成功戒除物质依赖的患者用现身说法的形式进行集体心理治疗，讲明使用成瘾物质对个人、家庭、社会的危害，使患者从自身或他人中吸取教训，坚定戒除的决心。

（六）健康指导

（1）加强精神活性物质的精神卫生宣传工作，宣传精神活性物质滥用后对患者自身以及家庭和社会造成的伤害。

（2）让患者回避与使用精神活性物质有关的人、地点、事物，最大限度地降低触发渴求而导致复用物质的刺激。

（3）鼓励患者在能力范围内料理个人生活，并有计划地进行康复训练，帮助其树立信心，渡过精神和躯体依赖的难关。

（4）鼓励患者与社会接触，培养有利于身心健康的爱好和学习技能，使其最大限度地保持和和恢复社会功能。

（5）争取家属的关心和支持，减少不良生活事件和家庭压力对患者的影响。

（6）指导患者参加社会自助团体，如戒酒协会等，帮助患者调整心态，逐渐适应社会生活。

五、护理评价

（1）患者是否发生并发症。

（2）患者食欲能否改善，体重有无增加。

（3）患者是否能有效处理和控制自己的情绪和行为，有无暴力行为发生。

（4）患者是否发生自杀、自伤行为。若发生，是否得到及时处理。

（5）患者焦虑情绪有无缓解。
（6）患者睡眠质量有无提高。
（7）患者是否建立了正确行为模式和人际关系。
（8）患者是否认识到精神活性物质的危害。
（9）患者是否能重建生活信心。

思考题

1. 关于戒断症状的说法正确的是（　　）
   A. 反复使用某种精神活性物质出现的对该物质的强烈渴求
   B. 反复使用药物导致了明显的不良后果
   C. 长期持续使用某物质，需要增加该物质的剂量以达到预期效应
   D. 长期持续使用某物质，停用该物质后所出现的一系列特殊的心理生理症状和体征
   E. 一次大量使用某物质后出现的特殊症状和体征
2. 关于酒精依赖，下列说法不正确的是（　　）
   A. 强烈的饮酒渴求及冲动　　B. 固定的饮酒方式，定时饮酒
   C. 为了饮酒可以不顾一切　　D. 一般能够戒酒成功
   E. 反复出现戒断症状
3. 酒精依赖患者出现戒断反应最严重的是（　　）
   A. 恶心、呕吐　　B. 自主神经功能失调
   C. 震颤谵妄　　D. 焦虑、抑郁
   E. 头痛、失眠
4. 以下不属于阿片类药物的是（　　）
   A. 美沙酮　　B. 吗啡　　C. 海洛因　　D. 苯丙胺　　E. 哌替啶
5. 何某，男，20 岁，入院后 8 小时后出现哈欠、流涕、流泪、辗转不安、瞳孔放大，自诉肌肉疼痛，骨头里好像有蚂蚁咬，查体发现手臂多处新旧不一的针眼，该患者最可能的诊断为（　　）
   A. 酒精依赖　　B. 阿片类物质依赖
   C. 苯丙胺依赖　　D. 巴比妥类物质依赖
   E. 苯二氮䓬类物质依赖
6. 张某，男，60 岁，有 20 年饮酒史，现出现震颤谵妄，首选的处理措施为（　　）
   A. 使用氟哌啶醇　　B. 使用苯二氮䓬
   C. 使用戒酒硫　　D. 使用纳洛酮
   E. 使用丙戊酸钠
7. 针对酒精依赖患者的护理，首优的护理目标是（　　）
   A. 建立良好的护患关系　　B. 指导患者认识到饮酒的危害
   C. 帮助患者处理各种负性情绪　　D. 鼓励患者参加各种工娱活动
   E. 坚定患者戒酒的决心

8. 有强烈的中枢兴奋和致欣快作用的物质是（　　）
   A. 酒精　　B. 吗啡
   C. 甲基苯丙胺　　D. 地西泮
   E. 海洛因
9. 周某，女，30岁，因长期失眠后每晚口服地西泮4周，期间几次考虑停药，但停药后出现疲乏无力、焦虑不安、头痛、失眠，应如何处理（　　）
   A. 继续用药，无须处理　　B. 联合使用巴比妥类药物
   C. 改用短效苯二氮䓬类药物　　D. 逐渐减量
   E. 增加用药剂量
10. 李某，男，24岁，受朋友引诱吸食冰毒2年，家人发现后多次劝服甚至将其看管起来，李某也表示一定要戒掉，但每次都不能成功戒除，目前最好的处理是（　　）
   A. 继续讲道理，帮助戒除毒瘾　　B. 阻止与其朋友联系
   C. 住院治疗，严格杜绝物质来源　　D. 杜绝其经济来源
   E. 在家有父母严加看管

答案：1. D　2. D　3. C　4. D　5. B　6. B　7. A　8. C　9. D　10. C

（王　平）

扫码看 PPT　　扫码做练习

第八章

精神分裂症患者的护理

学习目标

1. 掌握精神分裂症患者的护理。
2. 熟悉精神分裂症的临床特点。
3. 了解精神分裂症的病因和发病机制。
4. 能对精神分裂症患者正确实施护理程序。
5. 具有严谨求实的工作态度，具有关心、爱护、体贴患者的职业道德，能保护患者的隐私。

情景导入

张某，女，28岁。猜疑丈夫有外遇并加害于她8个月。患者8个月前无端猜疑丈夫有外遇，并经常尾随跟踪监视。路遇女邻居携女孩在商店购物，丈夫含笑问好，患者当即认定该女孩是他俩的私生子，勃然大怒，动手抓打丈夫。此后，怀疑丈夫要害死她，因而不敢吃饭、睡觉，随时听到丈夫在辱骂她，时常对空指骂。2个月前，情绪消沉，曾服敌敌畏自杀未遂一次。

平时工作主动性差，病前性格敏感多疑，孤僻胆小，无知心朋友。

其舅有精神病史15年，死于心脏病。表兄有精神分裂症史5年，目前病情稳定。

精神评估：意识清晰，仪容不整，蓬头垢面，接触被动。情感淡漠，与思维内容及环境不协调，有被害妄想及听幻觉，内容荒谬。如自诉“男的在外面乱搞，有老太婆，也有年轻的，还骂人，你（指医生）听见了吗？我可听得清清楚楚的，死不要脸”。智力正常，自知力丧失。

身体评估无异常。

诊断：精神分裂症。

问题：

1. 请制定3个主要的护理诊断。
2. 针对患者的安全和用药制定护理措施。

精神分裂症是一组病因未明的精神疾病，具有思维、情感、行为等多方面的障碍和精神活动不协调的特点。意识清楚，智能尚好，少数患者在疾病过程中可出现认知功能损害。多起病于青壮年，常缓慢起病，病程迁延，有慢性化倾向和衰退可能。发病年龄多在20~30岁，女性患病率略高于男性，城市患病率高于农村。在成年人口中终生患病率在1%左右。

知识拓展

几千年前就有了关于精神分裂症的记载。1956年，法国医生Morel最早将在青年时发病，表现为退缩、怪异、最后衰退的疾病称为早发痴呆。1874年，德国医生Kahlbaum描述了伴有全身肌紧张的精神病，称为紧张症。1871年，Hecker则将发病于青春期而具有荒谬、愚蠢行为的患者称为青春痴呆。1896年，德国Kraepelin对名称各异的症状群进行分析，认为是同一疾病过程的不同临床表现。尽管有的表现为幻觉妄想、兴奋躁动，有的表现为情感淡漠、行为退缩，但最后结局均趋向于痴呆，因而提出了"早发性痴呆"这一疾病名称，第一次对精神疾病进行了分类。1911年，瑞士医生Bleuler认为痴呆不是这种病的必不可少的特征，其本质是病态思维过程所导致的人格分裂，首次提出"精神分裂症"的概念，并沿用至今。

一、护理评估

（一）病因及发病机制

精神分裂症的病因及发病机制还不十分清楚，可能与遗传、心理社会等多种因素有关。

1. 遗传因素　国内外有关精神分裂症的家系调查结果表明，本病患者近亲中的患病率要比一般人群高数倍，且血缘关系越近，患病率越高。

（1）双生子研究：发现同卵双生的同病率是异卵双生儿的4~6倍，是普通人群的35~60倍。

（2）寄养子研究：发现把精神分裂症患者的子女自幼寄养在双亲健康的家庭中，其成年后精神分裂症发病率明显高于非精神分裂症患者的子女。

（3）分子遗传学研究：发现有8个染色体位点与精神分裂症的发生有密切关系。

2. 心理因素　精神分裂症患者大多病前是分裂人格，表现为孤僻、内向、少语、敏感。多数患者病前6个月可追溯到相应的生活事件，如失学、失恋、家庭纠纷等。

3. 社会因素　精神分裂症的发病可能与文化背景、家庭环境及社会背景有关。国内外的研究资料显示：其患病率与家庭经济水平呈负相关，社会贫困阶层人群本病患病率较高。可能与这一人群生活环境差、生活动荡、职业无保障等社会应激有关，在遗传的基础上容易发病。父母的性格、人际关系和职业特征等都对本病的发病有一定的作用。

4. 生物学因素　精神分裂症可能与神经发育异常、神经生化异常有关。

（1）神经发育假说：精神分裂症可能与神经发育异常有关。如分娩时产伤、母孕期病毒感染、父母药物依赖、母爱剥夺、冬季出生等相互作用，导致大脑发育过程紊乱，可能与精神分裂症发病有关。30%~40%的精神分裂症患者的脑部 CT、MRI 显示脑室扩大、沟回增宽，提示脑组织萎缩或其他结构异常和精神分裂症的发病有关。

（2）神经生化代谢异常：主要有三个方面的假说。①多巴胺假说。认为精神分裂症与中枢多巴胺功能亢进或多巴胺受体增加引起对多巴胺的敏感性增加有关。一般认为多巴胺功能亢进与精神分裂症的阳性症状有关；而以阴性症状为主的精神分裂症患者，脑内多巴胺功能减退较明显。②谷氨酸假说。认为精神分裂症与中枢谷氨酸功能不足有关。谷氨酸是一种重要的兴奋性神经递质。与正常人群相比，精神分裂症患者大脑某些区域谷氨酸受体亚型减少。经典抗精神病药物均通过阻断多巴胺受体发挥治疗作用。③5-羟色胺假说。认为精神分裂症与5-羟色胺代谢和受体异常有关。5-羟色胺受体可能与情感、行为控制及多巴胺调节释放有关。部分抗精神病药物通过影响5-羟色胺代谢及受体达到治疗精神分裂症的作用。

（二）临床表现

精神分裂症大多隐匿起病，症状表现复杂多样。不同个体、不同临床类型、疾病不同阶段的临床表现有很大差异。病程逐渐进展，呈慢性化倾向。其主要临床特点为“分裂现象”，即精神活动与周围环境不协调，认知、情感、意志行为之间不协调。其中最基本的症状是思维障碍。

1. 前驱症状　多见于病变初期，精神分裂症的典型症状尚未出现。这种变化进展缓慢、不具有特异性，易被误认为患者思想或性格问题，易被误诊和错过最佳治疗时期。最常见的前驱症状有：

（1）类神经症的表现：主要表现为不明原因的焦虑、抑郁、失眠、头痛、注意力不集中、工作缺乏热情、学习和工作能力下降等。

（2）性格改变：表现为对工作、社交、个人卫生失去兴趣，与亲人疏远，对人冷淡，生活懒散，性格变得反常、孤僻、执拗、难以接近。

（3）言行古怪：表现为不可理解的言行。患者常常突然做出一些出乎周围人意料、不可理解的决定，或对自身某个部位不合理的关注等。

以上前驱症状，依据出现频率的高低排列依次为：注意力减退、动力和动机下降、精力缺乏、抑郁、睡眠障碍、焦虑、社交退缩、角色功能受损和易激惹。

2. 典型症状　随着病情进展，患者的精神症状充分显现。表现为具有特征性的感知觉障碍、思维障碍、情感障碍和意识行为障碍。

（1）感知觉障碍

1）幻听：精神分裂症最突出的感知觉障碍是幻觉，以幻听最常见，主要为评论性、议论性或命令性幻听。在意识清醒的情况下反复出现持续性的、顽固性的幻听是精神分裂症的重要症状。评论性幻听和命令性幻听是精神分裂症患者的特征性幻听。幻听可以是非言语性的，如听到虫鸣鸟叫、车船机器的隆隆声、音乐声等；也可以是言语性的，如听到有人叫自己的名字、某些人的秽语或议论、来自神灵或外星人的讲话等。

2）幻视、幻嗅和幻触：幻视（如患者感到恐惧，是因为看到有人拿着刀子站在其面前）较常见，而幻嗅（如患者拒绝进食，是因为闻到食物里有毒药的味道）、幻触（如患者一坐下就会感到被电的感觉）较少见。

3）感知综合障碍：部分患者可出现感知综合障碍和人格解体症状，感觉自己的精神活动不属于自己、身体的某部分不存在或不属于自己或变形移位等。

精神分裂症患者的幻觉体验可以非常具体生动，也可以蒙眬模糊，患者会在幻觉支配下做出违背本意、不合常理的举动，而且通常患者很难违抗幻听命令。如不许患者吃饭，让患者跳楼。有的患者在幻听影响下辱骂甚至殴打亲人，有的患者为了躲避幻听而跑出去。具有幻听的患者常在病房里自言自语、自笑或侧耳倾听、对空怒骂等。

（2）思维障碍：思维障碍是精神分裂症的核心症状，主要表现为：

1）思维内容障碍：主要是妄想，是精神分裂症最常见的症状。常见的有被害幻想和关系幻想，还可表现为疑病幻想、钟情幻想、嫉妒幻想等。一个患者可表现一种或几种幻想，幻想内容荒谬离奇，幻想的内容与患者的生活经历、教育程度和文化背景有一定的联系。精神分裂症患者认为他人的一颦一笑、一举一动都暗有所指，寒暄问候、家常聊天都别有深意，甚至报纸杂志、广播电视的内容都与自己有关。

2）被动体验：患者感到自己的躯体运动、思维活动和情感活动等受外界控制，有一种被强加的体验。这种被动体验常常会与被害妄想联系起来，患者将其赋予种种幻想性的解释，如“被骗服了某种药物”“身上被安装了先进仪器”等。

3）思维联想障碍：可通过与患者交谈或从患者的书写材料中获知，可表现为多种形式：思维散漫、思维破裂、思维贫乏、思维云集、思维中断、思维插入、语词新作或病理性象征性思维。

（3）情感障碍：情感淡漠、情感反应不协调是精神分裂症情感障碍的特征。

1）情感淡漠：表现为患者缺乏细致或高级情感，对亲朋好友、同事漠不关心。严重时对周围事物缺乏应有的情感反应，对外界一切刺激都无动于衷。

2）情感倒错：表现为情感反应与思维内容不相符，如患者接到父亲意外死亡的电话时却哈哈大笑。

3）抑郁情绪：部分患者可表现为抑郁、焦虑，多见于疾病急性期和缓解后期。是导致患者自杀行为的主要原因之一。

（4）意志、行为障碍

1）意志活动减退：意志行为障碍中最常见的是意志活动减退。患者对社交、工作和学习毫无兴趣，表现为主动性差、生活懒散、旷课旷工或行为怪异等，部分患者行为逐渐退缩。

2）意志倒错：部分患者出现意志倒错，如吃一些不能吃的东西或无故伤害自己的身体。

3）怪异行为：部分患者表现为违拗、被动服从，或出现幼稚、愚蠢、离奇的动作，或有冲动、自伤、伤人的行为等。

4）紧张综合征：有的患者可出现紧张综合征，表现为紧张性木僵和紧张性兴奋，两者交替出现是精神分裂症紧张综合征的典型表现。

a. 紧张性木僵：表现为精神运动性抑制，以缄默、随意运动减少或完全抑制为特征。轻者动作缓慢、少语少动，长时间保持一个姿势。重者终日卧床，对周围刺激无反应，出现“八不”（不语、不动、不吃、不喝、面无表情、不解二便、不吐唾液、对任何刺激均无反应）。严重者可出现“蜡样屈曲”和“空气枕头”。

b. 紧张性兴奋：表现为精神运动性不协调兴奋，即木僵患者突然出现冲动行为，如突然起床、砸东西、伤人毁物，可持续数小时、数天或数周。

精神分裂症患者一般无意识障碍、无智能障碍、自知力缺损。妄想、幻觉和思维障碍都是在意识清醒的情况下发生。在急性阶段以幻觉、妄想等阳性症状为主，慢性阶段以意志缺乏、思维迟钝、情感淡漠、社交退缩等阴性症状为主。

3. 临床分型　精神分裂症一般按临床症状群、起病、疗效及预后情况等分型，各型的划分并非固定不变。患者可从一个类型转变为另一个类型，也可以具有几种类型的特征。

（1）偏执型（妄想型）：是精神分裂症最常见的类型。发病年龄多在30岁前后，起病多缓慢，病程较长。主要表现为妄想、幻觉，其情感、意志、言语和行为受妄想支配。病初敏感多疑，逐渐发展为妄想，以被害和关系幻想最多见。多数患者同时伴有幻觉，以讽刺、批评、评议、威胁命令等内容多见。有时可伴有人格解体等，易发怒、猜疑和恐惧，甚至发生自伤、伤人等行为。起病后较长时间内尚能维持正常生活。一般急性起病者预后较好，对抗精神药物反应较好，人格变化较轻、精神衰退不明显。

（2）青春型：多见于青春期，急性或亚急性起病。主要表现为思维散漫、情感改变和行为不协调。思维散漫常表现为：言语凌乱、话多、内容荒谬等。情感改变常表现为：喜怒无常，情感幼稚。行为不协调常表现为：行为幼稚，好扮鬼脸、傻笑，常有本能活动（性欲、食欲等）亢进等。病情发展较快，易反复发作，预后较偏执型差。

（3）单纯型：较少见。多发生于青少年期，起病隐匿、缓慢，持续进展，常以不知不觉发展起来的离奇行为、社会退缩和工作能力下降为临床特征。早期可出现类似神经衰弱症状，如失眠、工作及学习效率下降等。临床症状以思维贫乏、情感淡漠、意志减退等阴性症状为主，主要表现为孤僻离群、生活懒散、对学习工作的兴趣日益减少。本病患者早期易误诊或误认为不求上进、学习工作压力过大。在多种因素影响下，往往经过数年病情日益明朗、加重时才被发现。治疗效果和预后差，患者社会功能严重受损，趋向精神衰退。

（4）紧张型：较少见。多在青壮年起病，常急性发病，病程多呈发作性，可行动缓解。主要症状为交替出现的紧张性木僵和紧张性兴奋。一般近期疗效较好。

（5）未分化型：符合精神分裂症的诊断标准，但不符合上述任何一种类型的诊断标准，或为偏执型、青春型、紧张型等的混合形式，称未分化型。有明显的阳性症状，临床较多见。

知识拓展

根据精神分裂症各型的主要特征，可以分别用一个字来概括：偏执型——疑，青春型——乱，单纯型——懒，紧张型——僵。电影《沉默的羔羊》《美丽心灵》《庇护所》等的主角均有精神分裂症的表现。

二、护理诊断

1. 思维感知改变　与感知障碍、思维障碍有关。
2. 有暴力行为的危险　与幻觉、妄想、精神运动性兴奋、自知力缺乏等有关。
3. 有自杀的危险　与命令性幻听、自罪妄想等有关。

4. 社交障碍 与妄想、情感障碍和思维障碍有关。

5. 自我形象紊乱 与感知综合障碍、幻觉妄想、抑郁有关。

6. 自理缺陷 与精神症状、紧张性木僵状态、精神衰退等有关。

7. 个人应对无效 因应对能力、应对动力下降或缺乏及社会歧视等而感到难以应对。

8. 睡眠型态紊乱 与幻觉、妄想、兴奋、环境不适应、睡眠规律紊乱等有关。

9. 营养失调，低于机体需要量 与幻觉、妄想、兴奋、躁动等致消耗增加，木僵等致摄入不足有关。

三、护理目标

（1）患者能区分现实和症状，能适应现实。

（2）患者在住院期间不发生冲动、伤人、自伤及毁物行为，能合理控制情绪。

（3）患者不离开工作人员视线范围，24 小时由护理人员看护，不发生自杀行为。

（4）患者能表达内心感受，主动参与社交活动。

（5）患者衣物整洁，装扮适应环境，生活能自理或在协助下自理。

（6）患者的症状得到改善，日常生活不被精神症状困扰。

（7）患者能控制情绪、面对社会事件等。

（8）患者的睡眠得到改善，能按时入睡，保证每天 7~8 小时的睡眠。

（9）患者能够自行进食，保证营养需要。不能进食者可在协助下进食或静脉营养。

四、护理措施

（一）生活护理

1. 环境 提供安静、舒适、安全的住院环境，严格执行病房安全管理制度。病情严重者安置于重病室，24 小时重点监护。

2. 饮食护理 可以固定餐桌、定位入座、排队用餐。在用餐过程中观察有无倒食、拒食、藏食、暴饮暴食，提醒其细嚼慢咽，防止发生噎食、窒息意外。被害幻想的患者，采用集体用餐（分餐制）方式或者示范法，让患者看到其他患者取走食物和进食的场景；自责自罪的患者，可以把饭菜拌在一起，让其感到是剩饭剩菜，诱导其进餐；衰退的患者，专人看护、耐心等待、不催促；不合作、木僵的患者，可以鼻饲或静脉营养，以保证营养供给。兴奋躁动患者、可能出现抢食或暴饮暴食的患者，尽量单独进餐，专人看护，防止噎食；服抗精神药物导致吞咽困难的患者，专人看护，给予软食或流食。

3. 睡眠护理 提供良好的睡眠环境，去除影响睡眠的因素。督促患者养成良好的睡眠习惯，保证每天充足的睡眠时间。了解入睡困难、早醒、失眠的原因。减少白天卧床，建立有规律的生活节奏。避免睡前兴奋、焦虑、紧张，必要时用药物诱导。

4. 卫生护理 制订日常生活计划，养成良好的卫生习惯。做好口腔、皮肤、大小便等的护理。定期更衣、理发、剃须、洗头、洗澡、剪指甲，早晚刷牙，女患者注意清洗外阴等。新入院患者卫生处置后再入病室。

（二）安全护理

安全护理是精神科护理开展的基础。

1. 安全检查 做好安全检查，保证患者安全。禁止将危险物品带入病房，防止意外发生。危险物品包括：玻璃制品、绳索物品（鞋带、腰带、购物袋等）、刀具（剪刀、水果刀、削皮刀、剪指甲刀等）、尖锐物品（筷子、笔等）、打火机等。做好家属的宣教工作，勿携带危险物品来院。

2. 检查制度　严格执行安全检查制度：①患者入院、外出活动返回、探视返回时检查；②病房门窗、锁、桌椅等损坏时，及时维修；③护士办公室、患者活动室等地方，人走锁门，防止医疗器械成为危险物品；④每日晨间护理时，检查床头桌、床下、床垫下、衣物内有无危险物品。

（三）病情观察

（1）加强巡视，严密观察病情，随时掌握病情变化。对重点患者做到心中有数，专人24小时监护，避免独处一处。了解幻觉、妄想的内容，注意相应的情感反应，避免意外情况的发生。

（2）严防暴力、出走、自杀、自伤等的发生。具体防范和护理措施详见第四章。

（四）症状护理

1. 幻觉的护理

（1）日常生活护理：对沉浸在病态体验中影响日常生活的患者，督促按时就餐、饮水、大小便、沐浴更衣等。

（2）密切观察病情：从患者的言语、表情和行为中了解幻觉出现的时间、频率、内容、性质和规律。对有幻觉支配的出走、冲动、伤人、自杀等行为的患者专人24小时监护，防止意外发生。

（3）运用护理技巧：给予患者同情和安慰，耐心倾听，不受患者的病态情绪影响，针对患者行为做出适当反应。如患者出现恐惧、紧张等时，多关心患者，稳定其情绪，让患者感受到安全感，减轻症状。不要过早指明患者的病态表现，不要争论，防止患者隐瞒病情。不要引导患者反复病理体验，以免强化病理联想，使症状更加顽固。

（4）促进康复：鼓励和督促患者参加各种工娱治疗活动、文体活动，体验现实生活。病情好转后，在适当时机对患者的病态体验提出解释，帮助其认识疾病，促进康复。

2. 妄想的护理

（1）做好日常生活护理：被害妄想患者认为食物有毒拒食的，可采用集体进食，让其任选饮食，解除其疑虑。

（2）密切观察病情：患者外出时，一定要有工作人员陪伴，防止走失或意外发生。

（3）运用护理技巧：不要在患者面前议论是非或低声交谈，以免患者猜疑，强化妄想内容。注意接触交谈方式，耐心引导，避免与患者争辩妄想的正确性，预防激情发作和暴力行为。患者主动诉说病情时，不要过多加以干涉，不要与其争辩。

（4）促进康复：症状活跃期，不可贸然触及患者妄想内容、唐突询问。应选择合适时机，向患者宣传精神卫生知识，帮助其认识疾病的特点，鼓励其说出对治疗的感受，促进康复。

（五）用药护理

在精神分裂症的治疗和护理中，抗精神病药物起着关键性的作用。

1. 用药原则

（1）原则：精神分裂症的药物治疗应系统而规范，强调早期、足量、足疗程的全病程治疗。遵循个体化原则、单一用药原则、系统治疗原则。

（2）常用药物：选择广谱、安全、改善认知功能，对阴、阳性症状均有效，不良反应少的药物。推荐非经典抗精神病药物如利培酮、奥氮平、喹硫平等。经典抗精神病药物如氯丙嗪、氟哌啶醇等，控制兴奋、躁动、幻觉妄想等效果好，并且价格低廉，但要注意观察药物不良反应。

（3）用药疗程：一旦明确诊断，尽早治疗，从小剂量开始逐渐增加至有效治疗量。一般急性期疗程 2 个月，巩固治疗 3~6 个月，维持治疗 1 年以上。住院治疗一次以上者，强调终身服药。

2. 给药护理　由于精神分裂症患者精神症状的影响，给治疗护理工作带来了困难。无自知力的患者，否认有病，偷偷扔掉药物；自责的患者，认为自己不配接受治疗；被害妄想的患者，认为是毒药而拒绝服药；等等。因此，精神科的用药护理，除按一般给药护理常规外，还应加强药物作用的宣教、解释等。

（1）给药前的护理

1）护理人员的准备：给药前熟悉病情，患者的精神症状和身体状况要心中有数。护理人员要知晓给药的目的、药物疗效、常用剂量和可能发生的不良反应。按床号顺序排列药签，摆好药后，认真核对，以防发生差错。

2）患者的准备：做好药物治疗宣教工作，取得患者合作。告诉患者服药后可能出现口干、乏力、便秘等不良反应，不必紧张；起床、变换体位等动作时缓慢，防止跌倒。

（2）给药中的护理：给药过程中，随时警惕患者发生冲动行为。治疗车、治疗盘、给药篮等应近身放置，防止患者抢药或毁坏。

1）口服给药：发药中严格执行“三查八对”制度，认清患者姓名、性别、床号、面貌等后再发药。先发合作者，后发不合作者。服药前先准备好温度适宜的开水、饮水杯。两名护士负责，一人发药和开水、一人检查患者口腔、舌下、颊部，确认药咽下后方可离开。对老年患者、吞咽困难的患者，应一片一片给予或碾磨成粉后让其服下，切勿数片一次吞服，防止发生梗阻、噎食等。拒绝服药者，要耐心劝导，尽量取得合作。极度兴奋躁动、拒服药或意识障碍者，应鼻饲或遵医嘱注射给药。

2）注射给药：正确取位臀大肌，两侧交替，深进针以利吸收。注射次数多者局部热敷，防止形成硬结。注射后卧床休息，防止发生直立性低血压。

（3）给药后的护理

1）用物整理：药物治疗后及时整理用物，切勿将注射器、安瓿等遗留在病房，以免被患者当作自伤、伤人的工具。

2）观察药物疗效和不良反应：患者出现眩晕、心悸、面色苍白、皮疹、黄疸、意识模糊等，暂缓给药，并报告医生。

（六）心理护理

精神分裂症患者意识清晰、智能良好，但无自知力。要为患者创建安全舒适的住院环境，建立良好的护患关系，取得患者合作。注重言语交流技巧，体贴、尊重、接纳患者。了解患者的需要，帮助患者建立社会能接受的行为模式。鼓励患者参加集体活动，指导其参加工疗、娱疗，转移其病态思维。调用社会保障支持系统和家庭关爱，帮助患者度过心理危机，提高价值感和自信心，建立正确的认知过程，促进康复。

（七）康复护理

开展就业行为训练、简单作业训练、工艺制作训练、职业劳动训练等。帮助患者阻止社交能力的下降，训练患者表达自己的感受，掌握社交礼仪技能，恢复劳动能力。

（八）健康指导

1. 生活指导　指导家属正确对待患者，为患者提供良好的家庭护理环境，分析解决家庭矛盾和冲突，改善患者在家庭中的人际关系，给患者提供与家人、社会接触的机会。

2. 疾病知识指导　向患者和家属介绍有关疾病的知识。告知药物治疗是精神分裂症康复的重要措施，遵医嘱按时按量服药的重要性。告知定期门诊复查的重要性。教会家属识别和应对自杀、自伤、冲动等各种危机的方法。

3. 预后指导　预后和病因、临床分型、病程、治疗等因素有密切关系。精神分裂症的预后一般分为临床痊愈、轻度缺损、明显缺损、精神衰退。病前社会功能良好的患者预后较好。大约有1/4的患者痊愈，社会功能良好；1/4的患者少数症状残留，社会功能较好；1/4的患者多数症状残留，社会功能损害；1/4的患者恶化、精神衰退。

五、护理评价

（1）患者学会简单的疾病知识，配合治疗和护理。
（2）患者无意外事件和并发症的发生。
（3）患者学会控制情绪的方法，无意外发生。
（4）患者最基本的生理需求得到满足。
（5）患者学会促进睡眠的方法，保证有效的睡眠时间。
（6）患者精神症状得到缓解，自知力得到恢复。
（7）患者的基本生活情况，如饮食、卫生等得到恢复。
（8）患者的生活技能和社会交往技能得到恢复。
（9）患者了解所患疾病及所用药物的相关知识。

思考题

（1~2题共用题干）　柯某，女，28岁，诊断为精神分裂症。一天，护士刚到护理站时，该患者大声说：“你正跟踪我，你想干什么？”护士知道该患者存在大量妄想，为了防止引起患者的恐惧和焦虑，护士采取了非威胁的方式和镇静的语言，使患者愿意合作，降低了潜在的暴力行为。

1. 这位护士当时用镇静的语气讲的话最有可能是（　　）
   A. “你害怕吗？”
   B. “你知道我没有跟踪你”
   C. “如果你继续威胁我，就将你关进隔离室”
   D. “如果我吓着你了，很抱歉，刚才我吃完午饭正在返回护士站”
   E. “别误会，我没跟踪你，我恰好走在你后面”

2. 为了降低患者潜在的暴力行为，提供合作，护士在此情况下应掌握哪项原则（　　）

A. 保持冷静，表示关注　　B. 采取语言限制

C. 不予理睬　　D. 保持热情，等待机会

E. 将患者关进隔离室

（3~6 题共用题干）　王某，男，30 岁，诊断为精神分裂症。一天，这位患者对一位护理实习生说："我出生在一个名门家族中，我父亲有权有势，有人嫉妒我，想侵占我的家产，想害我。"这位实习生还发现此患者吃饭时要看到护士先尝几口后才放心吃，且不敢睡觉，说："万一我睡着了，有人会杀死我的。"

3. 根据上述患者的表现，护理的首优目标是（　　）

A. 加大药物的剂量以控制症状　　B. 建立治疗性信任关系

C. 向患者耐心解释产生症状的原因　　D. 对患者的行为进行适当的约束

E. 陪伴患者，减轻患者的焦虑和恐惧

4. 针对患者的症状，实习生应采取下列哪项行动（　　）

A. 微笑着走向护理站

B. 接受患者错误的信念

C. 倾听隐藏于患者妄想中的信息，找出患者尚未满足的需要

D. 自我介绍，跟患者握手并陪他（她）在病房中坐一会儿

E. 纠正患者不正确的信念

5. 一周后，这位实习生与患者建立了信任关系，减轻了患者的焦虑。下一步这位实习生应该做的是（　　）

A. 帮助患者认识现实，理解其病态的情感反应

B. 告诉患者每天的活动安排　　C. 督促患者完成个人自理

D. 放松患者的焦虑和恐惧　　E. 加强工娱治疗和社交技巧训练

答案：1. D　2. A　3. B　4. D　5. A

（杨礼芳）

扫码看 PPT　　扫码做练习

第九章

心境障碍患者的护理

学习目标

1. 掌握心境障碍患者的护理。
2. 熟悉心境障碍的临床特点。
3. 了解心境障碍的病因和发病机制。
4. 能对心境障碍患者正确实施护理程序。
5. 具有严谨求实的工作态度，具有关心、爱护、体贴患者的职业道德，能保护患者的隐私。

情景导入

王某，男，32岁。工人，已婚，初中文化。因异常兴奋、话多、夸大、易激惹1个月入院。患者1个月前出现整日兴高采烈、忙东忙西，说正在筹办公司，到处贴广告、看厂房、招工人，半夜都在打电话、画图纸。主动给陌生人送烟送酒等，称自己是大老板，比世界首富还有钱。当家人不同意其要求时就暴跳如雷，骂人、摔东西。入院后否认自己住院，否认自己有精神病，说是公司老板来疗养；说要在病房开学习班、培训班；经常在病房内跑来跑去，热情地和医生、护士、病友打招呼。自诉脑子特别灵活，反应敏捷。起病以来食欲增加、睡眠减少、大小便正常。家族中无精神病史。早产，幼年发育正常，无身体疾病病史。

身体评估无异常。实验室检查无异常。

诊断：躁狂症。

问题：

请制定该患者的护理程序。

心境障碍又称情感障碍，是以显著而持久的情感或心境改变为主要特征的一组疾病。临床上主要表现为情感高涨（躁狂）或情感低落（抑郁），并伴有相应的认知及行为异常，如幻觉、妄想、精神运动性兴奋或抑制等。按照情感的相应特征，心境障碍分为两类：多数表现为反复躁狂或抑郁发作，称为单相心境障碍（躁狂症或抑郁症）；少数表现为躁狂抑郁交替出现，称为双相心境障碍（躁抑症）。病程有周期性发作的倾向，间歇期精神活动基本正常，预后一般较好。

心境障碍的患病率因年龄、性别、种族、婚姻状况、社会阶层等的不同而不同。国外流行病学研究发现，心境障碍的患病率为3%~4%，女性和男性的比例大概为3：2，但男性抑郁症的自杀死亡率却高于女性。1993年我国进行第二次流行病学调查发现心境障碍终生患病率为0.083%。各个年龄段均可发病，但以青壮年多见。

知识拓展

心境障碍的发现

1896年，德国医学家克雷丕林指出，躁狂症和抑郁症临床表现虽然完全相反，却是同一疾病的不同表现，并把这类疾病命名为躁狂抑郁性精神病。

第一节　护理评估

（一）病因及发病机制

心境障碍的病因迄今未明，大量的研究资料表明它是一种多基因遗传性疾病。遗传因素、心理社会因素和神经生物学因素等可能与本病的发生有关，生物学因素是发病基础，心理社会因素可能是诱发因素。

1. 遗传因素　大样本流行病学调查发现本病有明显的家族集聚现象，心境障碍患者亲属患本病的概率比一般人群高10~30倍。血缘关系越近，患病率越高，一级亲友患病率大概为15%~20%。

2. 心理社会因素　各种应激性生活事件如亲属亡故、重大经济损失、意外灾害等，长期的不良处境如人际纠纷、家庭破裂、失业、慢性躯体疾病等，都和心境障碍的发生有关，尤其和抑郁症的关系很密切。以往6个月内发生重大生活事件者，抑郁症危险性增加6倍。老年人对精神刺激的承受力下降，更易患抑郁症。有研究提示，经济状况差者及女性更易患抑郁症。

3. 神经生物化学改变　神经生物学的研究探索，对情感障碍的发病提出许多假说，主要有：儿茶酚胺假说、5-羟色胺假说、多巴胺假说、神经内分泌紊乱假说、受体超敏学说等。一般认为5-羟色胺功能活动降低、去甲肾上腺素功能活动降低、多巴胺功能活动降低等与抑郁发作有关；而5-羟色胺功能活动增高、去甲肾上腺素功能活动增高、多巴胺功能活动增高等与躁狂发作有关。

（二）临床表现

心境障碍急性或亚急性起病多见，躁狂发病年龄比抑郁症早，女性又比男性早，第一次发病以16~25岁多见。好发于春末夏初，多数患者初次发病前有躯体因素和社会心理因素存在。

1. 躁狂症　躁狂症的表现多种多样，以心境高涨、思维奔逸、活动增多（精神运动性兴奋）为特征，称躁狂“三高”症状，可伴有夸大观念或妄想、冲动行为等。

（1）心境高涨：是一种强烈而持久的兴奋与喜悦，是躁狂发作的基本症状。患者自我感觉良好，整日喜气洋洋、兴高采烈、喜笑颜开、眉飞色舞，精力充沛、谈笑风生、不知疲倦，盲目乐观、做事不顾后果，不拘小节，争强好胜，情绪不稳，具有显著的易激惹性，稍有不遂就大发雷霆、指责甚至出现攻击行为，但为时短暂，很快转怒为喜或赔礼道歉。其内心体验和周围环境相协调，极富感染力，可引起人们的共鸣。

（2）思维奔逸：主要表现为思维奔逸、夸大观念或妄想。注意力容易转移，记忆力增强，声调高亢、语量大、语速快，口若悬河、滔滔不绝，甚至不被旁人所打断，常配以手势和丰富的表情。思维联想快、内容浮浅，新概念不断涌现，有的患者出现音联（音韵联想）、意联（词意联想），思维活动常受周围环境变化的影响而转移话题（随境转移），以致远离最初主题，常给人信口开河的感觉。

（3）思维内容障碍：患者非常自信，过高地评价自己，吹嘘自己才华出众、权威显贵、腰缠万贯或神通广大。夸大幻想的内容常因时间、环境、文化水平和经历而有很大不同。

（4）精神运动兴奋：精力旺盛、不知疲倦，对所有活动都感兴趣。活动明显增多，盲目忙碌，做事轻率任性，有始无终。举止轻浮、兴趣广泛、社交活动频繁等。办事缺乏深思熟虑，挥霍无度、狂购乱买、随意馈送他人。

（5）躯体症状：睡眠时间明显减少，患者感到“实在太忙，没有时间睡觉”；食欲亢进，往往不顾礼仪地大吃大喝；性欲亢进，自知力缺损等。但少有倦意，可引起体重下降。

2. 抑郁症　除因心理应激所诱发而起病较急以外，大部分患者发病一般较缓。抑郁症的表现是多方面的，主要表现为抑郁心境、思维迟缓和言语动作减少，称抑郁“三低”症状，多伴有消极观念、自杀行为。临床上以抑郁心境、兴趣和愉快感缺乏为主要特征。

（1）抑郁心境：情绪低落、兴趣或愉快感丧失是抑郁症最突出、最典型的症状。患者闷闷不乐、唉声叹气、双眉紧锁、愁容满面。自我评价过低，觉得自己样样都比别人差。对学习、工作丧失信心，对既往感兴趣的事情也不愿去做，没有什么事情能够使自己高兴起来。典型患者的抑郁情绪常有昼重夜轻的特点，以晨起最严重。

（2）思维迟缓：患者思维缓慢、思维闭塞，记忆力、计算力和理解判断能力下降。反应迟钝，很少有自发动作，遇事犹豫不决，常自认“变蠢”了，不仅言语少、语速慢，而且常有书写困难。

（3）精神运动迟滞：患者整个精神活动显著、持久、普遍抑制，言语动作明显减少，兴趣下降或丧失，动作缓慢（但有自杀企图、自罪妄想的患者自杀过程中动作敏捷，常令人防范不及），少语、语速慢，生活被动，回避社交活动，独坐一隅、纹丝不动，食欲、性欲明显下降。严重抑郁症患者可出现不语不动、不吃不喝（抑郁性木僵）。伴有焦虑者可有坐立不安、搓手顿足、来回踱步等表现。部分患者可表现为抑郁性痴呆。

（4）消极观念和自杀行为：患者自我评价过低，自卑、兴趣减少。典型的抑郁症患者常有无助、无用和无望感，称为抑郁症患者的认知障碍“三联症”。厌世感、自杀观念和自杀行为是抑郁症的常见症状，也是最危险的症状。抑郁自杀率比一般人群高20倍，并与抑郁症病情严重程度有关，15%以上的重症抑郁症自杀死亡。

（5）躯体症状：患者常有躯体不适：如头痛、心悸、胸闷、恶心、呕吐等。患者终日不思饮食、无饥饿感，体重明显下降。80%的患者出现睡眠障碍，主要表现为早醒和夜间易醒，比平时早醒2小时以上，醒后难以入睡。部分患者性欲减退、闭经等。

知识拓展

老年期抑郁症

老年期抑郁症是指首次发病于60岁以上的抑郁症。以下情况属于高危人群：①慢性疼痛者；②慢性内科疾病（如糖尿病、心血管病、胃肠疾病）患者；③难以解释身体症状的患者；④反复求医者；⑤近期有心理社会应激者。

老年期抑郁症的发生与社会心理因素（独处、孤独）有非常重要的关系。要尽可能减少老人的孤独感及与社会隔绝感，增强其自我价值观念。

3. 双相情感障碍　又名躁狂抑郁症、躁郁症。即躁狂症、抑郁症交替出现，反复发作（至少2次）。若过去为躁狂发作，本次为抑郁发作或躁狂与抑郁混合发作，称为双相Ⅰ型，患病率为0.4%~1.6%；重度抑郁发作伴轻度躁狂发作，称为双相Ⅱ型，患病率为0.5%。有些交替发作的患者由于抑郁症状较轻，不易被察觉，易被误诊为单纯躁狂发作。

（三）诊断标准

心境障碍的主要诊断依据是症状学特点和疗程特点。其疗程特点是发作性病程，躁狂症每次平均持续3个月左右，抑郁症6个月左右，可自行缓解，但可反复发作，通常缓解期精神活动正常。

1. 躁狂发作的诊断标准

（1）症状标准：以情绪高涨或易激惹为主要特征，且症状持续至少1周，并至少有下述3项症状：①言语比平时显著增多；②联想加快，或观念飘忽，或自感言语跟不上思想活动的速度；③注意力不集中或集中不持久，或随境转移；④自我评价过高，可达妄想程度；⑤精力特别充沛，睡眠需要减少，且无疲乏感；⑥活动增多，或精神运动性兴奋；⑦行为轻率或突然过于追求享乐，而且不顾后果，或具有冒险性；⑧性欲明显亢进。

（2）严重标准：严重损害社会功能或给别人造成危险或不良后果。至少有下述情况之一：①工作、学习或做家务能力受损；②社交能力受损；③给别人造成困难或麻烦；④给本人造成危险或不良后果。

（3）排除标准：排除器质性精神障碍或精神活性物质和非成瘾性物质所致躁狂。

2. 抑郁发作的诊断标准

（1）症状标准：以心境低落为主要特征且持续至少2周，在此期间至少有下述症状中的4项：①对日常活动丧失兴趣或无愉快感；②精力明显减退，无原因的持续的疲乏感；③精神运动性迟滞；④自我评价过低，或自责，或有内疚感，可达妄想程度；⑤联想困难，或自觉思考能力显著下降；⑥反复出现死亡的念头，或有自杀行为；⑦失眠，或早醒，或睡眠过多；⑧食欲不振，或体重明显减轻；⑨性欲明显减退。

（2）严重标准：社会功能严重受损或给本人造成痛苦或不良后果。

（3）排除标准：排除器质性精神障碍或精神活性物质和非成瘾性物质所致抑郁。

第二节　护理诊断

一、与躁狂症有关的护理诊断

1. 有暴力行为的危险（对自己或他人）　与情绪不稳定，易激惹有关。
2. 不合作（特定的）　与自知力不同程度受到损害有关。
3. 有受伤的危险　与易激惹、活动过多、好挑剔有关。
4. 思维过程改变　与兴奋伴夸大观念或妄想有关。
5. 营养失调，低于机体需要量　与持续兴奋躁动有关。
6. 睡眠型态紊乱　与由于持久兴奋对睡眠毫无要求有关。

二、与抑郁症有关的护理诊断

1. 有自伤自杀的危险　与自责自罪观念或妄想有关。
2. 思维过程改变　与抑郁情绪影响认知活动有关。
3. 社交孤立　与严重抑郁悲观情绪、自我评价过低有关。
4. 个人应对无效　与情感低落、自我评价过低有关。
5. 营养失调，低于机体需要量　与自责自罪观念及食欲不振有关。
6. 睡眠型态紊乱　与情感低落、悲观失望有关。

第三节　护理措施

根据心境障碍患者的病情特点，应用针对性调整护理措施。躁狂症患者的护理最重要的是防止伤人毁物行为的发生，而抑郁症患者的护理最重要的是防止患者自杀自伤行为的发生。

一、躁狂症患者的护理

（一）生活护理

1. 居住环境　躁狂患者非常容易受到周围环境的影响，应把患者安置于安静、安全、舒适的环境中，室内空气应清新，墙壁、窗帘应选择淡雅色，避免鲜艳的色彩、噪声等不良环境因素的干扰。室内陈设力求简单、实用，危险物品应及时移开。

2. 饮食　患者由于极度兴奋、活动增多等导致能量消耗增加和饮食无规律。应按时督促和协助患者进食高营养、易消化的食物及充足的饮水，以满足患者的生理需求。

3. 睡眠　提供安静的睡眠环境，合理安排患者的活动时间。

（二）安全护理

（1）躁狂症患者精力充沛、不知疲倦，急躁不安，判断力差，可能伤害自己和他人，或损坏周围物品。必须引导患者朝向建设性方向消耗过剩的精力，安排既需要体能又没有竞争的活动项目，如健身器运动、跑步等。也可鼓励患者把自己的生活“写”或“画”出来。

（2）建立良好的护患关系，有利于护患之间的沟通和交流，让患者表达内心的真实想法，以利于情绪稳定、病情的缓解。

（三）暴力行为的防范与处理

（1）及时了解患者发生暴力行为的原因，观察是否有新的诱因出现，设法消除或减少这些因素的出现。

（2）提供安静、安全的病房环境，引导患者遵守和执行病区安全管理制度。将冲动、易激惹者与其他患者分开居住和活动。

（3）尽可能地满足患者的合理要求，对于不合理或无法满足的要求也应尽量避免采用简单直接的方法拒绝，以避免激惹患者。

（4）避免激惹性言语和强制性措施，鼓励患者用可控制和可接受的方式表达与宣泄激动、愤怒情绪。

（5）注意观察和早期发现暴力行为的先兆，如情绪激动、挑剔、辱骂性语言和动作。

（6）一旦发生暴力行为，应尽快制止，可隔离或约束。

（7）患者有冲动行为后要做好心理护理，制定防范措施。

（四）用药护理

（1）躁狂发作的药物治疗以心境稳定剂为主，必要时可使用抗精神病药或苯二氮䓬类药物。用药遵循个体化原则、小剂量开始逐步递增和全程治疗的原则。

（2）药物治疗首选碳酸锂。一般治疗日剂量600~2 000mg，3~5天加至治疗剂量，每日2~3次口服。由于碳酸锂的治疗量与中毒剂量比较接近，应加强观察，对血锂浓度进行监测（一般维持在0.6~1.2mmol/L）。

（3）氯丙嗪和氟哌啶醇控制急性发作的兴奋症状效果较好。

（4）抗惊厥药物卡马西平、丙戊酸钠为锂盐的重要辅助药。

（5）护理人员需告知患者维持用药对于巩固疗效、减少复发的意义。用药过程中，密切观察患者的用药耐受性和不良反应。一旦发生恶心、呕吐、手细小震颤等锂中毒表现，须立即停药。

（五）心理护理

与患者建立良好的护患关系，鼓励患者表达内心的真实想法和感受，对其夸大的语言行为不讥笑、不责备，以缓和、肯定的语言陈述显示，增加患者的现实感。

（六）健康指导

1. 疾病相关知识指导　向患者及家属系统讲述疾病相关的知识，如病因、临床特征、治疗手段、用药疗程和不良反应的观察、复发先兆等，促进康复和巩固治疗、预防复发。

2. 生活指导　向患者和家属系统讲述合理的营养、充足的睡眠、稳定的情绪和良好的心境对疾病的作用，使患者获得对自己健康的主动权，激发家属负起督促的责任。

二、抑郁症患者的护理

（一）生活护理

1. 居住环境　提供安静、安全、舒适的病室环境，室内陈设简单、实用，危险物品应及时移开。

2. 饮食　抑郁症患者常有食欲缺乏、不思饮食，甚至自责自罪而拒绝进食。应根据不同的情况，制定相应的护理对策保证营养的摄入。给高热量、高蛋白、高维生素饮食。对自罪自责而拒绝进食的患者，可将饭菜拌杂，使患者误认为是他人的残汤剩饭而进食。

3. 睡眠　睡眠障碍是抑郁症最常见的症状之一，以早醒最多见。并且早醒时是患者一天中抑郁情绪最严重的时间，很多意外事件，如自杀、自伤等大多发生在这一时间。应加强清晨的巡视。对早醒者予以安抚，使其延长睡眠时间。教会患者应对失眠和早醒的方法，如白天多从事活动，入睡前喝热牛奶、洗热水澡等，必要时遵医嘱给安眠药。

知识拓展

抑郁症的饮食疗法

饮食疗法对于轻度抑郁症有很好的辅助治疗作用。轻度抑郁症患者可以多吃下面的食物：

1. 橙色食物　橙色食物可以改善睡眠，提高兴奋度。最常见的橙色食物有胡萝卜、芒果、橘子、南瓜、红薯等，都能提供丰富的胡萝卜素。还有香蕉蓝莓汁、葡萄汁、树莓苹果汁，可以减少忧郁情绪，让人的心情好起来。

2. 海鲜类食物　海鲜类食物可以提高工作积极性。海鲜中含有Ω-3脂肪酸，能产生相当于抗抑郁药的类似作用，减轻人的心理焦虑。

3. 微量元素硒、锌、铜　微量元素硒、锌、铜可以让人情绪愉快。含硒丰富的食物有干果、鸡肉、海鲜、谷类等，含锌丰富的食物有牡蛎、动物肝肾、奶制品等，含铜丰富的食物有乌贼、虾、羊肉、蘑菇等。

（二）安全护理

自杀观念与行为是抑郁症患者最严重的症状。护理的重点是防止自伤、自杀的发生。

（1）与患者建立良好的治疗性人际关系。关心和同情患者，鼓励患者倾诉内心的痛苦，给予心理上的支持。

（2）要密切观察自杀的先兆症状，如焦虑不安、失眠、沉默少语，或一反常态、忧郁烦躁、拒食或卧床不起等。护理人员不应让患者单独活动，要及时识别和发现先兆表现，要及时采用妥当的处理办法。一旦发现患者采取自杀行为时，应冷静处置、快速反应，立即采取相应解救措施，争分夺秒地进行抢救，同时向医生汇报。

（3）安置患者住在护理人员易观察到患者情况的大房间。严格执行病房护理管理制度，对有消极意念的患者，要做到心中有数，重点巡视。尤其在夜间、凌晨、午睡、饭前、交接班及节假日等病房人员少的情况下，护理人员特别要注意防范。

（4）要加强对病房设施的安全检查。严格做好药品及危险物品的保管工作，杜绝不安全因素。发药时，应仔细检查患者口腔，严防患者藏药或将药物蓄积后一次性吞服。测试体温时，对严重抑郁症患者应做到手不离表，严防咬吞体温表。

（5）加强生活护理，特别注意记录患者的饮食和睡眠情况。

（三）用药护理

抑郁症是高复发疾病，倡导全程治疗。分为急性期治疗、恢复期治疗、维持期治疗。常用的抗抑郁药有传统的三环类、单胺氧化酶抑制剂、选择性五羟色胺再摄取抑制剂以及其他新型抗抑郁剂。三环类抗抑郁剂常用的有阿米替林、多塞平、氯丙米嗪等。

1. 适应证和禁忌证　三环类抗抑郁药具有提高病情绪、减轻焦虑、增进食欲、改善睡眠等作用。对更年期抑郁、抑郁性神经症也有效果。禁用于癫痫、严重的心血管疾病、青光眼、老年性肠麻痹、尿潴留、前列腺肥大等。

2. 药物选择　如抑郁症患者伴有运动性抑制症状，可选用丙米嗪；伴有焦虑症状，可选用阿米替林和多塞平；伴有强迫症状，可选用氯丙米嗪。

3. 使用原则　遵循个体化、单一用药、足量足疗程、逐渐增加剂量、症状缓解后不立即停药的原则。临床用药应从小剂量开始，逐渐增加药量，一般1~2周加至治疗剂量，丙米嗪日治疗剂量100~250mg，分2~3次口服，4~6周可见效，继续给1/2量维持治疗。

4. 疗程　急性期治疗：推荐6~8周，一般用药后2~4周开始起效。恢复期治疗：疗程至少4~6个月，继续使用急性期治疗有效的药物，剂量不变。维持期治疗：首次抑郁发作，维持治疗6~8个月；有2次以上复发者，特别近5年有2次发作者应维持治疗2~3年；多次复发者，主张长期维持治疗。

5. 不良反应　三环类抗抑郁剂常见不良反应有口干、便秘、视物模糊、出汗、震颤、排尿困难等，一般在继续治疗中可减轻。如出现青光眼、尿潴留，应停药并处理；常见心血管系统不良反应有体位性低血压和心动过速，严重可致低血压性休克、心律失常；精神和神经系统的不良反应有无力、失眠或嗜睡，较大剂量会出现意识障碍或急性谵妄状态；锥体外系反应较少见；过敏反应包括荨麻疹、血管神经性水肿、皮疹等。

6. 用药过程中，每顿药都要确认患者已经服下，防止吐药、藏药等。严重抑郁症患者，在治疗过程中随着病情的缓解，自杀的风险性也会增加，需仔细观察患者表露出的自杀先兆。出现口干、便秘等不良反应时，鼓励多喝水、多食高纤维食物，多在2周内能逐渐适应，不可间断用药或随意删减剂量。

（四）心理护理

1. 进行有效的护患沟通，鼓励患者抒发内心体验

（1）交流中尽量选择一些患者感兴趣、关心的话题，引导他们回忆愉快的经历和体验，激励对美好生活的向往。交谈时，用稳定、温和的态度，适应放慢语速，给患者足够的时间反应和思考；避免简单生硬的语言或无所谓的表情；也不宜过分认同患者的感受，避免强化患者的抑郁情绪。

（2）当抑郁症患者做出自杀选择时，会想尽一切办法、采取一切手段、利用各种工具、寻找各种机会来采取自杀行为。护理人员应主动同患者谈论自杀对个人、家庭和他人的影响，打消、动摇或缓解患者自杀的念头。

（3）重视非语言沟通，通过眼神、手势等表达和传递对患者的关心与支持，或以采取静静的陪伴、关切爱护的目光接触、轻轻的抚摸等非语言沟通方式。

2. 改善患者的消极情绪，建立正确的应对方式

（1）设法减少患者的负性思维，帮助患者认识到“自己的无力、无能造成周围的一切”的想法是负性的、消极的。努力使患者回忆自己的优点、长处、成就，描述患者最成功、最辉煌的经历，增加其正性思维。

（2）积极创造个体和团体人际接触的机会，改善消极被动的交往方式，提高积极健康的人际交往能力，增加社会交往技巧，学习新的应对技巧。

（五）健康指导

1. 疾病相关知识指导　向患者及家属系统讲述疾病相关的知识，如病因、临床特征、治疗手段、用药疗程和不良反应的观察、复发先兆等，促进康复和巩固治疗、预防复发。

2. 生活指导　向患者和家属系统讲述合理的营养、充足的睡眠、稳定的情绪和良好的心境对疾病的作用，鼓励患者积极参加社会娱乐活动，树立乐观的生活态度。

思考题

（1~4 共用题干）　李某，女，28 岁，近 3 周无诱因出现情绪低落，晨重夜轻，兴趣丧失，自觉精力减退、易疲乏，少语、动作迟缓、脑子反应慢，性欲减退，失眠、早醒，称“活着干吗？连累人”，有度日如年的感觉，多次想自杀。

1. 对该患者最合适的诊断为（　　）

A. 精神分裂症　　B. 神经衰弱

C. 情感障碍—抑郁发作　　D. 适应障碍—抑郁发作

E. 抑郁性神经症

2. 针对自杀自伤行为的护理，下列哪项是正确的（　　）

A. 应将患者安排在便于观察的病室内，并与下一班次护士认真交接

B. 为了减少刺激，应让患者单独居住

C. 可让患者单独自由活动

D. 应将患者安排在大病室内，鼓励患者多参加集体活动

E. 应立即隔离患者

3. 患者思维方面的表现是（　　）

A. 思维迟缓　　B. 思维散漫

C. 思维贫乏　　D. 思维剥夺

E. 思维不连贯

4. 患者称“活着干吗，连累人”，其陈述属于（　　）

A. 关系妄想　　B. 自责自罪

C. 被害妄想　　D. 冲动控制障碍

E. 自我评价低

（5~8 共用题干）　刘某，男，30 岁，近 2 周来无明显诱因出现失眠，严重时彻夜不眠，精力充沛，兴高采烈，自觉能力非凡，乱买东西送人，话多语快，别人不易打断，好管闲事，常为一点小事发怒，一会儿又转怒为喜。

5. 对该患者最可能的诊断为（　　）

A. 精神分裂症　　B. 神经衰弱

C. 反应性精神病　　D. 躁狂症

E. 人格障碍

6. 针对患者“有潜在暴力行为”的护理诊断，护士为其制定的短期目标应是（　　）

A. 学会有效控制自己的高涨情绪

B. 能有效疏导自己的焦虑心境

C. 不发生冲动行为

D. 不发生因行为不当造成的躯体或物品损害

E. 患者住院期间，皮肤无擦伤、刮伤

7. 该患者应首先选用的治疗是（　　）

A. 氯丙嗪　　B. 阿米替林

C. 锂盐　　D. 电痉挛疗法

E. 氯氮平

8. 躁狂症患者可能会相当滑稽和幽默，护理人员的正确做法是（　　）

A. 用严肃的面孔对待患者，以防其过度狂躁

B. 与患者同娱同乐

C. 隔离患者，以免影响其他患者

D. 避免牵涉进去，要保持中立态度

E. 执行保护约束护理常规

答案：1. C　2. A　3. A　4. B　5. D　6. E　7. C　8. D

（杨礼芳）

扫码看 PPT　　扫码做练习

第十章

神经症性障碍和游离（转换）障碍患者的护理

学习目标

1. 掌握神经症性障碍的共同特征，各种神经症性障碍和游离（转换）障碍的临床特点、护理措施。

2. 熟悉神经症性障碍和游离（转换）障碍患者的治疗要点和一般护理。

3. 了解神经症性障碍和游离（转换）障碍患者的病因、流行病学和分类。

4. 能对神经症性障碍和游离（转换）障碍患者按护理程序正确实施护理。

5. 具有爱岗敬业精神和严谨求实的工作态度，重视患者的身心健康，保护患者的隐私。

情景导入

赵某，女，33岁，2000年结婚，婚后多年不孕，四处求医，2007年元月做诊断性刮宫，术中无明显不适，术后阴道流血，听同事说有癌症的可能，患者较恐慌、紧张，感心慌、气急。2周后，经处理出血停止。3个月后症状加重，自觉会发疯、变傻，有濒死感，性格急躁易激惹，好强固执、好攻击，心胸狭窄，多疑多虑，做事犹豫不决。既往体健，无明显躯体和精神疾病史。否认家系中有精神疾患和遗传性疾病史。入院诊断为“焦虑性神经症”。

问题：

1. 赵某目前主要的护理诊断有哪些？

2. 为该患者制定护理措施。

第一节　概述

神经症性障碍又称精神神经症，主要包括焦虑症、恐惧症、强迫症、躯体形式障碍、神经衰弱，这些症状在不同类型的神经症性障碍患者身上常常混合存在，虽然临床表现各不相同，但它们都有一些区别于其他精神障碍的特征，正是这些共同的临床特征，所以把这一组疾病统称为神经症性障碍。

（一）神经症性障碍的共同特征

（1）病情的波动常与心理社会因素如应激性的生活事件或无法解决的心理冲突有关。患者多在一定的心理刺激下发病，病情的波动亦与精神压力密切相关，顺利时病情减轻，受挫时病情加重。

（2）病前多有一定的人格基础，神经症性障碍的患者通常都具有某些人格上的特点，成为神经症性障碍的易感素质，但人格障碍并不成为主要的临床相关因素。

（3）患者有相当的自知力，对自己的疾病状况通常都有着良好的判断力，疾病痛苦感明显，大多能自觉或经过适当解释认识到自己所患的是心理障碍，且常有一种夸大疾病严重程度的倾向，有主动反复求治要求。

（4）无任何可证实的器质性基础，神经症性障碍是一种大脑功能失调，至今为止，未发现神经症性障碍患者有任何神经系统器质性改变。

（5）无精神病性的症状。神经症性障碍是一种轻型的精神障碍，患者的思维联想符合逻辑、可以理解，无精神病性的症状，如幻觉、妄想等（癔症除外）。

（6）社会功能相对完好。患者不丧失对外部世界的接触能力，有良好的现实检验能力，行为一般保持在社会规范允许范围之内。

（7）病程大多持续迁延。

（二）流行病学

神经症性障碍是世界公认的一组患病率较高的疾病，据报道，年患病率为 2.4%~12%。1982 年我国 12 个地区的精神疾病流行病学调查显示，神经症性障碍总的时点患病率为 22.21%。1993 年全国 7 个地区流行病学调查显示，神经症障碍时点患病率为 15.11‰。而 2003 年有相关研究报告显示，神经症性障碍患病率达 38.38%，焦虑症为 8.3%，强迫症为 1.04%，疑病症为 2.58%，神经衰弱为 4.67%。神经症性障碍患者女性患病率明显高于男性，以 40~44 岁患病率最高，文化程度低、收入低、家庭气氛不和睦、移居者患病率较高。

（三）分类

在《国际疾病分类》第十版（ICD-10）编码中已经不再有“神经症”这一术语，而代之以“神经症性”，虽然保留了“神经症”的基本框架和内容，但是用“神经症性障碍”一词取代原来的神经症。本章内容以 ICD-10 的诊断分类观点为主来描述这些“神经症”的特点，重点介绍焦虑症、恐惧症、强迫症、躯体形式障碍和神经衰弱等，但其总称仍沿用 ICD-10 的通用名称——神经症性障碍。

根据 CCMD-Ⅲ的分类，将曾属于神经症类别的游离（转换）障碍（又称癔症）独立分离出来，但许多学者持不同看法，因此本教材仍将其列入本章中讲述。

第二节　常见神经症性障碍和游离（转换）障碍患者的护理

一、焦虑症患者的护理

焦虑症是焦虑性神经症的简称，它是一种以焦虑情绪为主的神经症，以广泛和持续性焦虑或反复发作的惊恐不安为主要特征，常伴有头晕、胸闷、心悸、呼吸急促、口干、尿频、尿急、出汗、震颤等自主神经症状和运动性紧张。患者的紧张惊恐程度与现实处境不符。临床分为广泛性焦虑障碍与惊恐障碍两种形式。

（一）护理评估

1. 病因与发病机制　病因未明，不同学派有不同解释。可能与下列因素有关：

（1）遗传因素：在焦虑症的发生中起重要作用，其血缘亲属中同病率为15%，远高于一般居民；双卵双生子的同病率为2.5%，而单卵双生子为50%。有人认为焦虑症是环境因素通过易感素质共同作用的结果，易感素质是由遗传决定的。这种遗传倾向主要见于惊恐发作，而广泛性焦虑障碍不明显。

（2）病前性格特征：自卑、自信心不足，胆小怕事，谨小慎微，对轻微挫折或身体不适容易紧张、焦虑或情绪波动。

（3）心理因素：挫折和不满等精神因素可为诱发因素。行为主义理论认为焦虑是恐惧等某些环境刺激形成的条件反射。动物如果按压踏板就会引起一次电击，使按压踏板成为电击前的条件刺激，从而形成按压踏板—电击—焦虑的条件反射。这一条件反射使动物不再按压踏板以避免电击产生焦虑，这样可使其焦虑程度下降。提示焦虑发作是通过学习所获得的对可怕情景的条件性反射。

（4）生物学因素：焦虑反应的生理学基础是交感和副交感神经系统活动的普遍亢进，常有肾上腺素和去甲肾上腺素的过度释放。躯体变化的表现形式决定于患者的交感、副交感神经功能平衡的特征。

2. 临床表现　临床分为广泛性焦虑与惊恐障碍两种主要形式。

（1）广泛性焦虑：又称慢性焦虑症，是焦虑症最常见的表现形式。主要表现为：

1）精神焦虑：表现为对未来可能发生的、难以预料的某种危险或不幸事件的经常担心，但患者不能自控而颇感苦恼。

2）躯体焦虑：表现为运动性不安与多种躯体症状，如搓手顿足，不能静坐，胸骨后的压迫感，气短，肌肉紧张，严重时出现肌肉酸痛，自主神经功能紊乱以交感神经系统活动过度为主。

（2）惊恐障碍：又称急性焦虑障碍。据统计占焦虑症的41.3%，它的特点是患者在无特殊的惊恐处境时，突然感到一种突如其来的惊恐感，伴濒死感或失控感以及严重的自主神经功能紊乱。惊恐发作一般起病急骤，终止也迅速，一般历时5～20分钟，极少超过1小时，发作期间意识清楚，极度惊厥，发作后仍心有余悸，担心再次发作。

3. 治疗要点

（1）心理治疗：①心理疏导。内容包括对疾病性质的讲解，消除患者的疑虑，指导患者进行一些简单实用的应付焦虑的方法，改变某些不良的生活方式等。②认知疗法。对患者进行全面的评估，帮助患者改变不良认知或进行认知重建。③行为治疗。运用呼吸训练、放松训练、分散注意技术等行为治疗方法常常有效，对于因焦虑或惊恐发作而回避社交的患者，可以应用系统脱敏治疗。

（2）药物治疗：苯二氮䓬类药抗焦虑作用强，起效快。三环类抗抑郁剂如丙米嗪、阿米替林等对广泛性焦虑有较好疗效，治疗作用一般在治疗第 3 周后出现。临床上多采用在早期将苯二氮䓬类与三环类或 5-羟色胺再摄取抑制剂类药物合用，然后逐渐停用苯二氮䓬类药物。β 肾上腺素能受体阻滞剂常用普萘洛尔，用于减轻焦虑症患者自主神经功能亢进所致的躯体症状，如心悸、心动过速、震颤、多汗、气促等。

（二）护理诊断

1. 焦虑　与自身心理及生理受到威胁有关。

2. 个人应对无效　与认知能力受损有关。

（三）护理目标

（1）患者对自身的个性特点、思维方式、情感体验和疾病表现有较客观正确的认识，能正确认识心理因素和社会因素与疾病的关系。

（2）能最大限度地减少惊恐障碍的发作次数，减少焦虑症状的预期恐怖，心理和生理上舒适度增加。

（3）患者社会功能基本恢复正常。

（四）护理措施

1. 一般护理　改善环境对患者的不良影响，创造良好的睡眠环境，尽量排除其他患者的不良干扰。视患者特点而定，尽量满足其合理要求，必要时使用药物帮助其入睡。做好基础护理，帮助选择易消化、富营养和色香味俱全的食物。

2. 对症护理　加强与患者的沟通，护理人员要态度和蔼，注意倾听患者的心声，提问要简单，着重当前问题。对不太合作的患者，护理人员应耐心等候，给患者足够的时间以做调整，以温和的态度面对，或择期再询问；患者愿意诉说时，要及时给予鼓励，逐步深入，帮助患者识别自己的焦虑情绪。此后，再逐步引导他（她）接受自己的负性情绪，共同来寻找出负性情感发生前有关的事件，进一步探讨其应激原和诱因。帮助患者认识自己的负性情绪，也有利于护理人员发现患者的心理问题，制定相应的护理措施。

3. 用药护理　遵照医嘱给予相应的治疗药物，督促患者完成药物治疗计划，注意观察药物疗效和不良反应。给予药物指导，以有效控制神经症的症状。

4. 心理护理　指导放松技巧，督导患者进行放松调适，鼓励患者以语言表达的方式疏泄情绪，鼓励其多参加工娱治疗活动，扩展生活领域及兴趣范围，转移注意力，减轻焦虑情绪。帮助患者认识焦虑时所呈现的行为模式，护理人员要接受患者的病态行为，不加以限制和批评；在良好的治疗关系的前提下，可用说明、解释、分析、推理等技巧使患者认识其病态症状，用明确的态度指出其焦虑行为，使其认知并努力减少焦虑行为。

5. 病情观察　严密观察患者的情绪反应，焦虑患者常坐立不安，不愿独处，可以设专门陪护，以增强其安全感。

（五）护理评价

（1）患者焦虑症状是否减轻或好转。

（2）不良的心理应对方式是否得到矫正。

（3）是否正确认识疾病，采取合适的处理措施和行为。

（4）是否在心理和生理上得到满足。

（5）是否提高了社会适应能力等。

（六）健康教育

根据患者特征，进行个体化的健康教育，并根据患者的知识领域而逐渐给更多的信息，以提高患者及家属对疾病的认识，消除紧张、焦虑情绪。

二、恐惧症患者的护理

恐惧症是以恐惧症状为主要临床表现的神经症。患者对外界某种客观事物或情境产生极不寻常的恐惧和紧张，患者明知这种恐惧反应是过分的或不合理的，但仍反复出现，难以控制。发病时常常伴有明显的焦虑和自主神经紊乱的症状，患者极力回避导致恐惧的客观事物或情境，或是带着畏惧去忍受，因而影响正常生活。

（一）护理评估

1. 病因及发病机制

（1）遗传因素：有证据证明特定恐惧症具有家族聚集性，遗传因素可能起一定作用。通过双生子同病率和家系的研究提示，遗传因素在社交恐惧症的发病具有中等程度的作用，但在场所恐惧症中的作用并无定论。

（2）神经生物化学因素：研究提示，去甲肾上腺素、5-羟色胺、γ-氨基丁酸系统以及下丘脑-垂体-肾上腺轴有可能参与恐惧症的发病。

（3）心理社会因素：部分患者具有内向、胆小、害羞、被动、依赖、焦虑等人格特点。幼年受到母亲过度保护，成年后易患此症。精神动力学派强调患者童年的经历，如羞辱或批评性遭遇、父母的不和、童年丧失父母或与父母分离等，在以后生活事件的诱发下，易出现焦虑与恐惧。行为主义学派强调条件性学习在恐惧症发病中的作用，认为恐惧症是患者通过条件学习和自我强化而固定下来的习惯性行为。认知理论认为恐惧症是患者高估所害怕情景或事物的危险性所致，对所面临的对象或处境给予夸大或歪曲的认知，从而导致恐惧情绪的出现。

2. 临床表现

（1）单纯恐怖症：大多发生于儿时，常持续到成年。主要恐惧对象是一种特定客体，如小动物、尖利物件、黑暗时过桥、登高等。

（2）广场恐怖症：主要对特定的场所产生恐惧，如车站、商场、剧院等。患者出行要人陪伴，甚至常年在家闭门不出。

（3）社交恐怖症：表现对社交场所和活动恐惧，患者害羞、笨拙，局促不安，手足无措，担心当众出丑，而拒绝当众讲话、吃饭，甚至不去公共厕所。常见有对视恐怖——不敢与人对视，赤颜恐怖——认为自己会脸红或脸红已被人看到而不安。

3. 治疗要点

（1）行为疗法：是治疗恐惧症的首选方法。包括系统脱敏疗法、暴露冲击疗法、肌肉松弛训练等。基本原则为两点：一是消除恐惧对象与焦虑反应的条件性联系，二是对抗回避反应。

（2）药物治疗：严格地说并无一种消除恐惧情绪的药物。但地西泮等抗焦虑药和以普萘洛尔为代表的β受体阻滞剂对恐惧症的躯体症状有一定效果，三环类抗抑郁药丙米嗪和氯米帕明及选择性5-羟色胺再摄取抑制剂对恐惧伴有焦虑的患者有一定疗效。

（3）其他：如松弛疗法等也有一定作用。

（二）护理诊断

1. 社交障碍　与社交恐怖有关。

2. 个人应对无效　与没信心、无助感有关。

3. 自尊紊乱　与因恐惧症状而自卑有关。

（三）护理目标

（1）患者对自身的个性特点、思维方式、情感体验和疾病表现有较客观正确的认识，能正确认识心理因素和社会因素与疾病的关系。

（2）能最大限度地减轻恐怖的内心体验，增加心理上的舒适感。

（3）患者自信心和社交能力逐渐恢复，能建立良好的人际关系，能积极配合治疗，情绪稳定。

（四）护理措施

1. 一般护理：提供安全舒适的环境，减少应激原的刺激。在恐惧害怕时，陪伴患者，及时给予安慰、解释和支持。

2. 对症护理：护理人员应镇静、稳重，防止将医护人员的焦虑传给患者，态度和蔼，耐心倾听，对患者当前的应对机制表示认同、理解。鼓励患者按可控制和可接受的方式表达恐惧，允许自我发泄。采取有针对性的认知行为疗法给予心理教育和支持疗法，减轻患者的预期焦虑，鼓励患者重新进入害怕的场所，减少回避行为。

3. 用药护理：遵照医嘱给予相应的治疗药物，注意观察药物疗效和不良反应。

4. 心理护理：建立良好的护患关系，鼓励患者回忆或自述恐惧的感受，讨论和应用正确的应对方式。配合医生使用脱敏疗法，教会患者松弛和舒展的方法，如肌肉放松、深呼吸等，增强患者的应对能力。

5. 病情观察：严密观察患者的情绪反应，患者常害怕独处，可以设专门陪护，以增强其安全感。

（五）护理评价

（1）患者症状是否减轻或好转。

（2）患者对自身的个性特点、思维方式、情感体验和疾病表现是否有较客观正确的认识。

（3）患者是否能正确认识心理因素和社会因素与疾病的关系。

（六）健康教育

指导患者认识到个体特点与疾病的关系，提高患者对健康与疾病知识的认识，指导家属对疾病知识有一定了解，应使家属理解患者的痛苦和困境，配合治疗护理。

三、强迫症患者的护理

强迫症又称强迫神经症，是以不能为主观意志所克制，反复出现的强迫观念、意向和行为为主要临床特征的一种神经症性障碍。

（一）护理评估

1. 病因及发病机制　病因未明，可能与遗传因素、强迫性性格特征及心理社会因素有关。

2. 临床表现　症状多种多样，既可为某一症状单独出现，也可为数种症状同时存在。在一段时间内症状内容可相对固定，随着时间的推移，症状内容可不断改变。

（1）强迫观念：即某种联想、观念、回忆或疑虑等顽固地反复出现，难以控制。常表现为：①强迫联想。反复联想一系列不幸事件会发生，虽明知不可能，却不能克制，并激起情绪紧张和恐惧。②强迫回忆。反复回忆曾经做过的无关紧要的事，虽明知无任何意义，却不能克制，非反复回忆不可。③强迫疑虑。对自己的行动是否正确产生不必要的疑虑，要反复核实。如出门后疑虑门窗是否确实关好，反复数次回去检查，不然则感到焦虑不安。④强迫性穷思竭虑。对自然现象或日常生活中的事件进行反复思考，明知毫无意义，却不能克制，如反复思考“房子为什么朝南而不朝北”。⑤强迫对立思维。两种对立的词句或概念反复在脑中相继出现，而感到苦恼和紧张，如想到“拥护”立即出现“反对”，说到“好人”时即想到“坏蛋”等。

（2）强迫动作：常见有：①强迫洗涤。反复多次洗手或洗物件，心中总摆脱不了“感到脏”，明知已洗干净，却不能自制而非洗不可。②强迫检查。通常与强迫疑虑同时出现。患者对明知已做好的事情不放心，反复检查，如反复检查已锁好的门窗，反复核对已写好的账单、信件或文稿等。③强迫计数。不可控制地数台阶、电线杆，做一定次数的某个动作，否则感到不安，若漏掉了要重新计数。④强迫性仪式动作。在日常活动之前，先要做一套有一定程序的动作，如睡前要按一定程序脱衣、鞋并按固定的顺序放置，否则感到不安，而重新穿好衣、鞋，再按程序脱。

（3）强迫意向：在某种场合下，患者出现一种明知与当时情况相违背的念头，却不能控制这种意向的出现，十分苦恼。如母亲抱小孩走到河边时，突然产生将小孩扔到河里去的想法，虽未发生相应的行动，但患者却十分紧张、恐惧。

3. 治疗要点

（1）心理治疗：以支持性心理治疗为主，对强迫动作可进行行为治疗，以反应阻抑法的疗效较佳。

（2）药物治疗：抗焦虑药对强迫症的精神病理现象无多大治疗效果，但劳拉西泮对部分患者的强迫症状有较好的疗效。抗抑郁药常用于治疗本症，三环类抗抑郁药，特别是氯丙米嗪的疗效方法为佳；多塞平、丙米嗪、阿米替林也有一定疗效。部分患者的强迫症状对舒必利等抗精神病药有较好反应。

（3）电抽搐治疗：适用于强迫观念强烈，并伴有浓厚消极情绪者，对症状顽固、久治无效、极端痛苦的患者，可试用精神外科治疗。

护理评估时应注意的问题是：病前性格、患者受教育程度、强迫症状对日常生活和社交活动有何影响、患者对患病的看法等。

（二）护理诊断

1. 焦虑　与强迫观念和强迫动作有关。

2. 社交障碍　与强迫症状所致活动受限有关。

3. 生活自理能力下降　与强迫行为有关。

4. 有皮肤完整性受损的危险　与强迫行为有关。

（三）护理目标

（1）患者对自身的个性特点、思维方式、情感体验和疾病表现有较客观、正确的认识。

（2）患者能正确认识心理因素和社会因素与疾病的关系。

（3）患者能最大限度地降低强迫观念和强迫动作发生的频率，减轻因强迫观念或动作而产生的矛盾和痛苦的内心体验，减轻焦虑，增加心理上的舒适感。

（4）保持皮肤的完整性。

（5）患者自理能力逐渐恢复，基本生理需要得到满足。

（四）护理措施

1. 心理护理　以支持性心理护理为主要内容，坚定患者的治疗信心。护理人员不要过分迁就患者的强迫行为，可在患者的病情有所改善时，及时予以肯定、鼓励患者，让患者看到希望和光明，对疾病的康复抱乐观的态度。

2. 对症护理

（1）行为治疗：对强迫行为的效果较好，常用的治疗方法为模拟法、自控法、意向逆转法、松弛法等，护理人员应督促患者坚持治疗和练习。

（2）配合认知领悟治疗的护理：强迫症状是过去或幼年期的恐怖在成人心理上的再现，患者对其行为的幼稚和幼年儿童的行为模式不能自知。护理人员可通过解释、分析、互相讨论的方式，启发患者深入思考，使其认识到病态行为的幼稚性，领悟到成人不应再保持的幼稚的心理行为模式，症状就会逐渐消失。

（3）配合森田疗法治疗的护理：强迫症患者病前性格多不健全，表现为拘谨、忧郁、节俭，过分注意细节，要求十全十美，护理人员可组织患者反复学习，细心体会森田疗法的基本概念和原理，使患者认识并改正个性上的不足，养成顺应自然的人生态度。

3. 用药护理　遵照医嘱给予氯丙米嗪治疗，对以强迫思维为主要症状的强迫症效果较好，护理人员一定要按医嘱督促患者按时按量服药，注意观察药物疗效和不良反应，本类药物的不良反应常有口干、便秘、头晕、视物模糊、体位性低血压等，剂量大时还可出现癫痫、共济失调、意识障碍以及心脏方面的不良反应等，一旦发生，应及时向医生报告，及时处理。

4. 病情观察　有些患者由于强迫症状带来的痛苦，甚至产生悲观情绪和自杀行为，护理人员应严密观察病情变化，准确记录病情变化，严格交接班，对重点患者进行重点监护，以免发生意外。

（五）护理评价

（1）患者是否能对自身的个性特点、思维方式、情感体验和疾病表现有较客观正确的认识。

（2）患者是否能降低强迫观念和强迫动作发生的频率，减轻因强迫观念或动作而产生的矛盾和痛苦的内心体验。

（3）患者是否减轻了焦虑情绪，增加心理上的舒适感。

（4）皮肤的完整性有无受损。

（5）患者自理能力是否逐渐恢复，基本生理需要是否得到了满足。

（六）健康教育

向患者家属宣讲疾病知识，帮助患者及家属正确认识疾病和对待疾病，密切配合医疗护理，预防疾病复发。

四、躯体形式障碍患者的护理

躯体形式障碍是一种以长时间的担心或相信各种躯体症状的优势观念为特点的神经症性障碍。

（一）护理评估

1. 病因与发病机制

（1）心理社会因素：可能易患因素有：①年幼时受到父母过度的照顾，儿童期患病经历、创伤、长期与慢性疾病患者共同生活、生活中存在的现实冲突等；②继发性获益；③敏感、多疑、固执，过度关注躯体不适的症状和自身的健康状况等“神经质”性个性特征。

（2）生物学因素：躯体形式障碍的家族聚集性可以受到遗传、环境因素或两者共同的影响。

2. 临床表现　患者对自身健康状况或身体的某一部分功能过分关注，怀疑患了某种严重的躯体或精神疾病，与其实际健康状况不符，但患者反复就医，各种医学检查的阴性结果和医生的再三解释均不能消除其担心。这种躯体症状被认为是心理冲突和个性倾向所致。躯体形式障碍包括躯体化障碍、疑病障碍、躯体形式自主神经紊乱、躯体形式疼痛障碍。

（1）躯体化障碍：是以多种多样、经常变化的躯体症状为主要特征的神经症。症状可涉及身体的任何系统和器官，常为慢性波动性病程。可归纳为以下几个症状：①胃肠道症状；②皮肤症状和疼痛症状；③呼吸、循环系统症状；④泌尿、生殖系统症状。

（2）疑病障碍：患者担心或相信自己患有某种严重的身体疾病，反复就医，反复的医学检查阴性和医生的解释都不能打消其顾虑。

（3）躯体形式自主神经紊乱：是一种由自主神经支配的器官系统发生躯体形式障碍所指的神经症样综合征。如部位不定的疼痛、烧灼感、紧束感。经检查均不能证明这些症状确系相关的症状器官或系统发生障碍所致。常见的有心脏神经症、胃神经症、心因性腹泻、过度换气症、心因性尿频等。

（4）躯体形式疼痛障碍：是一种不能用生理过程解释或躯体障碍予以合理解释的持续、严重的疼痛。情绪冲突或心理社会因素直接导致疼痛的发生，经检查不能发现相应主诉的躯体病变。患者服用镇静剂、镇痛剂往往无效。

3. 治疗要点

（1）心理治疗：目的在于让患者逐渐了解所患疾病的性质，改变其错误的观念，解除或减轻精神因素的影响，使患者对自己的身体情况与健康状态有一个相对正确的评估，逐渐建立对躯体不适的合理性解释。对医学检查结果合理的解释，适当地做出承诺和必要的保证也具有一定的治疗作用。目前常用的心理治疗有认知疗法、行为疗法、精神分析、森田疗法等。

（2）药物治疗：对伴有抑郁和焦虑的患者可选用抗焦虑药物及三环类、5-羟色胺再摄取抑制剂、去甲肾上腺素摄取抑制剂等抗抑郁药物治疗，对有偏执倾向的患者可使用小剂量非经典抗精神病药治疗。

（二）护理诊断

1. 有自杀的危险　与抑郁情绪有关。

2. 营养失调，低于机体需要量　与抑郁情绪、食欲差有关。

3. 生活自理能力下降　与抑郁情绪、无力感、无兴趣有关。

4. 睡眠型态紊乱　与因“患病”而焦虑，或抑郁情绪有关。

（三）护理目标

（1）患者对自身的个性特点、思维方式、情感体验和疾病表现有较客观正确的认识。

（2）患者能正确认识心理因素和社会因素与疾病的关系。

（3）患者能最大限度地减轻因疑病障碍而产生的痛苦的内心体验，减轻抑郁情绪，增加心理上的舒适感。

（4）患者自理能力逐渐恢复，基本生理需要得到满足。

（四）护理措施

当患者主诉躯体不适时，应做到准确的体格检查、客观评估，即使找不到器官的病理性证据来解释症状的存在，也应理解其所诉的疼痛不适是真实存在的，患者并非是无病呻吟。护理人员应以一种接受的态度倾听，并选择适当的机会，结合检查的正常结果，使患者相信其障碍并非器质性病变所致。给予暗示治疗、行为治疗、反馈治疗等；帮助患者正确认识自身的个性特点、思维方式、情感体验和疾病表现，减轻患者的抑郁情绪，改善睡眠环境，调节饮食，增加营养等。

（五）护理评价

（1）患者是否有较客观正确的认识。

（2）患者是否能正确认识心理因素和社会因素与疾病的关系。

（3）患者焦虑、抑郁情绪是否减轻，睡眠是否改善，体重是否增加等。

（六）健康教育

指导患者认识到个体特点与疾病的关系，客观、正确地认识疾病，指导家属对疾病知识有所了解，使家属理解患者的痛苦和困境，配合治疗护理。

五、神经衰弱患者的护理

神经衰弱是指大脑由于长期的精神压力和紧张情绪，精神活动能力减弱的神经症，其主要特点是精神易兴奋和脑力易疲乏，心情紧张，经常伴有情绪不稳、睡眠障碍、易激惹、头痛、多种躯体不适等生理功能紊乱症状。起病大多缓慢，症状时轻时重，病程常迁延。

（一）护理评估

1. 病因及发病机制

（1）精神因素：是诱发神经衰弱的重要原因。凡能引起神经活动过度紧张并伴有不良情绪的情况都可能是神经衰弱的致病因素。如亲人死亡、家庭不和、事业失败、人际关系紧张、生活节律颠倒及长期心理矛盾得不到解决时均可能诱发本症。

（2）性格特征：敏感、多疑、胆怯、主观、自制力差。性格特征明显者可因一般性精神刺激而发病，性格特征不显著者则须较强烈或较持久的精神刺激之后才发病。

（3）躯体因素：各种躯体疾病或能削弱躯体功能的各种因素，均可诱发本症。

2. 临床表现

（1）脑力易疲劳：是本病的基本症状。患者自感精力不足，脑力迟钝，工作不能持久，精力不易集中，脑力劳动效率下降，常说错话，做事丢三落四。

（2）精神易兴奋：患者对指向性思维感到吃力，而非指向性思维却很活跃，如看报纸、看电视时，不由自主地联想和回忆增多且杂乱，患者感到注意力不集中且无法控制；另一方面表现为对声、光的感觉过敏。

（3）情绪障碍：主要表现为易烦恼和易激惹。患者常感现实问题困难重重，为无法解决而烦恼；另一方面自控能力下降，遇事易激动，好发脾气，但事后又后悔，或伤感、落泪。约1/4的患者有焦虑情绪。约40%的患者在病程中出现短暂、轻度的抑郁情绪，但抑郁量表分数多在10分以下，一般不产生自杀意念或企图。

（4）睡眠障碍：这是患者主诉较多的症状。最常见的是入睡困难，患者感到疲乏、困倦，但上床后又觉兴奋，辗转难眠。其次是多梦、易醒，或自感睡眠浅。还有一些患者缺乏真实睡感，即睡醒后否认自己入睡过。

（5）其他方面：患者可有紧张性疼痛，以头痛最多见，有的诉腰背酸痛或四肢肌肉疼痛。另外自主神经功能紊乱也较多见，如头昏、眼花、心悸、气短、多汗、腹胀、尿频、腹泻或便秘、阳痿、早泄或月经不调等，这些症状常是患者求治的主要原因。

3. 治疗要点　原则上以精神治疗为主，辅以必要的药物治疗，加强身体锻炼、调整生活规律也有重要意义。

（1）精神治疗：在认真听取患者的陈述和详细查体之后，向患者讲解发病原因、临床特点、演变规律、防治措施，使患者认识到疾病的本质，消除对疾病的恐惧心理，主动配合医生的治疗，调整自己的生活规律，注意劳逸结合，坚持身体锻炼，增强体质和中枢神经系统功能的稳定性。

（2）药物治疗：主要是对症治疗。对焦虑症状和兴奋、易激惹者可先用地西泮、阿普唑仑、艾司唑仑；失眠严重者可予以氟西泮、劳拉西泮、三唑仑或催眠药；抑郁症状可选用小剂量三环类抗抑郁药。亦可在中医辨证论治的基础上选用中药方剂或中成药治疗。

（3）物理治疗：温泉疗法、水疗、直流电离导入等。

（二）护理诊断

1. 睡眠型态紊乱　与焦虑有关。

2. 疼痛　与患者有躯体不适、疼痛的主诉有关。

3. 营养失调，低于机体需要量　与食欲缺乏、消瘦有关。

4. 情境性自我贬低　与患者自觉做事效率减低、能力不足有关。

5. 个人应对无效　与心理卫生知识的不足有关。

（三）护理目标

（1）患者对自身的个性特点、思维方式、情感体验状况有较客观的认识，因而能领悟到心理社会因素与疾病的关系。

（2）患者能应用有效的心理应付方式应对应激原。

（3）患者的紧张、焦虑、抑郁等负性情绪减轻或消失。

（4）睡眠改善，躯体的不适感减轻或消失。

（5）营养不良状况得以改善。

（四）护理措施

1. 调整生活形态　与患者共同制定符合其具体情况的作息制度和健康的生活型态，并耐心地指导患者逐步完成。取得一定成效时，要鼓励患者，以增强其主动完成计划的自信心。

2. 心理护理　一方面护理人员要以自己健康的行为生活方式、良好的心理素质去影响患者，另一方面对患者情绪及行为的正性方面要及时给予鼓励。

3. 睡眠护理　神经衰弱患者绝大部分有睡眠障碍，且均为睡眠问题而焦虑，护理人员应尽量给患者提供适当的睡眠环境，如不和其他精神运动性兴奋患者同一病室。并指导患者进行睡前准备，如喝热牛奶、不喝咖啡、睡前不做剧烈运动等。

4. 放松治疗　缓解其精神压力，帮助患者学会放松治疗。增进放松的方法很多，如听舒缓音乐、静坐、练气功、慢跑、练太极拳以及利用生物反馈以训练肌肉放松等。

5. 用药护理　遵照医嘱给予相应的治疗药物，但要注意尽可能少量短时间用药，以免患者产生对药物的依赖性，注意观察药物疗效和不良反应。

（五）护理评价

（1）患者是否能正确认识心理因素和社会因素与疾病的关系。

（2）患者是否能应用有效的心理应付方式应对应激原。

（3）患者焦虑、抑郁情绪是否减轻，睡眠是否改善，躯体的不适感是否减轻或消失。

（4）患者营养不良状况是否得以改善等。

（六）健康教育

指导患者认识到个体特点与疾病的关系，客观、正确地认识疾病，树立战胜疾病的信心，消除不必要的顾虑；劳逸结合，注意用脑卫生和睡眠卫生；适当参加体力劳动或体育锻炼；在医生的指导下给予药物治疗。指导家属对疾病知识有所了解，使家属理解患者的痛苦和困境，配合治疗护理。

六、游离（转换）障碍患者的护理

游离（转换）障碍又称癔症，俗称“歇斯底里”，其共同特点是部分或完全丧失了对过去的记忆、身份意识、躯体感觉以及运动控制四个方面的正常整合。是由明显心理社会因素作用于易感个体、暗示或自我暗示所导致的精神障碍，主要表现为各种各样的躯体症状，意识范围缩小，选择性遗忘或情感爆发等精神症状。

（一）护理评估

1. 病因及发病机制

（1）遗传因素：临床遗传流行病学研究较少且结果颇不一致。

（2）心理因素：对应激性事件的经历和反应是引发本病的重要因素，如人际关系问题、生活和工作中的各种挫折均可引发本病。童年期的某些创伤经历也是成年后发病的重要原因之一。在人格方面具有暗示性、情感性、自我中心性、表演性、幻想性特征的个体，为游离（转换）障碍发生的重要人格基础。

（3）社会文化因素：社会文化及其变迁对游离（转换）障碍的患病率和症状的表现形式有较大的影响。

2. 临床表现

（1）游离症状：又称游离性障碍，起病时通常有明显的精神因素，发作常有利于患者摆脱困境、发泄被压抑的情绪、获取别人同情或得到支持和补偿。主要表现为发作性意识范围狭窄，具有发泄特点的急剧情感爆发，选择性遗忘或自我身份识别障碍。主要表现为：

1）游离性蒙眬状态：在精神因素作用下忽然发病。主要表现为意识范围的狭窄，以蒙眬状态或昏睡较多见，患者时空感知局限，言行多只反映其精神创伤内容，而对外界其他事物却反应迟钝。此种状态常突然发生，历时数十分钟，然后自行终止。

2）游离性情感爆发：在精神刺激之后忽然发作，表现为大哭狂笑或时哭时笑、捶胸顿足、呼天喊地、吵闹不安，有的自伤、伤人、毁物，有明显的发泄情绪的特征，有人围观时表现得更明显。

3）游离性漫游：患者在觉醒状态下，突然离开住所或工作岗位，无目的和无计划地漫游。漫游过程中患者意识范围变窄，但能保持基本生活能力和简单的社会交往能力。历时数小时至数天，清醒后对发病经过不能完全回忆。

4）游离性遗忘：又称阶段性遗忘或选择性遗忘。其遗忘往往能达到回避的目的。表现为遗忘了某阶段的经历或某一性质的事件，而那一段事情往往与精神创伤有关。

5）游离性木僵状态：患者在长时间内保持固定姿势，没有言语和随意动作，对外界刺激没有反应。

6）游离性身份障碍：又称双重或多重人格，主要表现为患者存在两种或多种完全不同的身份状态，患者突然失去了自己原来的身份体验，而以另一种身份进行日常活动。

7）游离性痴呆：为假性痴呆的一种。表现为对简单的问题给予近似回答（甘瑟综合征）或明显的幼稚行为（童样痴呆）。

（2）转换症状：或称转换性障碍。具体的表现为：①游离性运动障碍。表现为痉挛发作，四肢无规律乱动，局部肌肉抽动或阵挛，肢体瘫痪，行走不能，呼之不应，或作怪声等，痉挛发作与癫痫大发作十分相似，但无口舌咬伤，跌伤及大、小便失禁，持续时间也较长，抽动幅度大，多发生于有人在场时。部分患者在受到意外刺激后可出现言语运动障碍，表现为失音、沉默等。②游离性感觉障碍。包括游离性感觉过敏、游离性感觉缺失（局部或全身的感觉缺失，缺失范围与神经分布不一致）、游离性感觉异常（如咽部阻塞感、异物感，又称癔症球；头部紧箍感，心因性疼痛等）、游离性失明与管视、游离性失聪等。

知识拓展

游离（转换）障碍与癫痫患者抽搐的区别

癫痫全面强直阵挛发作时意识丧失，发作时间短暂，痉挛时四肢有规律地抽搐，可出现咬破唇舌、摔伤及二便失禁，事后完全不能回忆。发作与周围环境无关，脑电图检查可有异常改变。而游离（转换）障碍患者抽搐时无口舌咬伤、跌伤及二便失禁，持续时间也较长，抽动幅度大，多发生于有人在场时。

（3）特殊表现形式：①流行性游离性障碍。即游离性障碍的集体发作，多发生于有相同生活经历、观念基本相似的集体中。通过暗示和相互暗示，可短期内呈现爆发性流行。发作一般历时数天，症状相似，女性居多。②赔偿性游离性障碍。在工伤、交通事故或医疗纠纷中，受伤害者往往显示、保留或夸大症状，如处理不当，这些症状往往可持续很久。

3. 治疗要点　游离（转换）障碍的症状是功能性的，因此心理治疗有重要作用。药物治疗主要是适当服用抗焦虑药，以增强心理治疗疗效。

（1）暗示治疗：是消除游离（转换）障碍的有效方法。实施暗示治疗，患者必须要有对暗示的易感性和依从性。环境安静，无关人员离开治疗现场。患者对医生信赖的程度往往是决定暗示治疗成败的关键。在言语暗示的同时，应针对症状采取相应的措施，如吸氧，针刺，给予注射用水等注射，静脉推注钙剂及电兴奋治疗。也可采用诱导疗法，以乙醚0.5mL静脉注射，暗示患者闻到特殊气味后症状即可发作；待发作高峰期过后，用适量蒸馏水胸前皮内注射，言语暗示病已根除，发作即可停止。此法主要是利用了患者的易受暗示性，使其信服医生能“呼之即来，挥之即去”，可取得好的疗效。

（2）催眠疗法：在催眠状态下，可使被遗忘的创伤性体验重现，受压抑的情绪获得释放，从而达到消除症状的目的。适合于治疗游离（转换）障碍患者的遗忘症、多重人格、缄默症、木僵状态，以及情绪受到伤害或压抑的患者。

（3）行为治疗：多采用系统脱敏法循序渐进、逐步强化地对患者进行训练，适用于肢体或言语有功能障碍的慢性病例。

（4）其他心理治疗：可采用解释心理治疗，主要目的在于引导患者正确评价精神刺激因素，说理开导，鼓励宣泄，让患者充分了解疾病的性质，帮助其克服个性缺陷，加强自我锻炼，促进心身健康。

（5）药物治疗：游离性蒙眬状态、精神病状态或痉挛发作者，不易接受暗示治疗，可用氯丙嗪或合用盐酸异丙嗪或地西泮肌内注射，使患者深睡，不少患者醒后症状即消失。

（6）物理治疗：中药、电针或针刺等治疗可收到较好的疗效，在治疗时如能加以言语暗示，则效果更佳。痉挛发作、蒙眬状态、昏睡状态、木僵状态的患者，可针刺人中、合谷、内关穴位，均用较强刺激或通电加强刺激。对瘫痪、挛缩、呃逆、呕吐等症状，以直流感应电兴奋治疗或针刺治疗。对失音、耳聋症等，也可用电刺激、电兴奋治疗。

（二）护理诊断

1. 有暴力行为的危险　与发作时意识活动范围狭窄有关。

2. 有受伤的危险　与漫游时意识障碍有关。

3. 个人应对无效　与心理卫生知识的不足有关。

（三）护理目标

（1）游离（转换）障碍发作期间，患者在监护下无伤人及自伤行为发生。

（2）患者能客观评价自身性格缺陷。

（3）患者能正确认识和对待疾病。

（四）护理措施

1. 生活护理　游离（转换）障碍患者可以出现功能性癔症性瘫痪症状。若长时间得不到有效治疗或伴有躯体诱因时，可严重地影响患者的正常活动。应加强日常生活料理，防止出现躯体并发症如压疮、便秘、泌尿系感染等，帮助患者定期训练肢体功能活动；为患者提供高纤维素类的食物，多饮水，做腹部按摩，防止便秘；保持良好的睡眠环境，做好睡前的心理护理，必要时遵医嘱给予安眠药物以保证充足的睡眠。

2. 心理护理　与患者说话时要讲究语言的使用。语言既要有威慑力让患者听从，明白自己行为的错误之处，又不对患者心理构成恶性刺激。正确使用暗示性语言，允许患者自我发泄，但不可过分地关注患者。协助医生运用药物诱导、物理治疗、良性语言暗示等方法和技巧治疗患者。

3. 对症护理　游离（转换）障碍发作时，如突然的情感爆发，哭闹，撕扯衣物、头发，抓、咬别人等伤害自己和他人的行为时，应将患者与其他患者隔离，避免众人围观，避免嘈杂，以减轻患者发作的程度，也有利于治疗护理的顺利进行。若情感爆发或痉挛发作时，应安排在安静的房间，必要时遵医嘱给予保护性约束，专人看护。对住院患者，要严格控制探视，尤其是要限制可能会对患者构成不良刺激的有关人员的探视，以利于病情的尽快康复。对极度兴奋、躁动、有强烈情绪反应的患者，要严密监护，必要时用适量的镇静药。

4，病情观察　密切观察病情，做好安全护理，尽可能不在患者居住的房间内放置危险物品，以减少安全隐患。对有漫游症表现的患者，不让其独居一室，晚上房门上锁，住院患者要限定其活动范围，为患者佩戴可以表明身份的证件，以防走失后意外发生等。

（五）护理评价

（1）游离（转换）障碍发作的次数和频率是否减少。

（2）患者是否发生了攻击行为，有无伤害自己或他人。

（3）患者是否能使用恰当的心理防御机制和应对方式。

（六）健康教育

帮助患者正确认识和对待疾病，充分认识自己，锻炼和纠正人格缺陷。向患者家属宣讲疾病知识，使其了解疾病的特点，端正对患者的态度，密切配合医疗护理，预防患者疾病复发。应使家属理解患者的痛苦和困境，既要关心和尊重患者，又不能过分迁就或强制，帮助患者合理安排工作、生活。

思考题

1. 下列哪项不是神经症性障碍的共同特征（　　）
   A. 起病与心理素质、人格特征和社会心理因素均有关
   B. 病程多迁延
   C. 社会功能可明显受损
   D. 自知力存在，有求治要求
   E. 症状表现多样，包括精神病性症状

2. 下列关于恐惧症的描述中，哪一项是正确的（　　）
   A. 恐惧症是一种持续存在的焦虑反应
   B. 恐惧症是对具体对象出现恐惧，但可以控制，无回避行为
   C. 恐惧症是对非具体对象出现恐惧，但可以控制，无回避行为
   D. 恐惧症是对具体对象出现恐惧，但无法控制，有回避行为
   E. 恐惧症是对非具体对象出现恐惧，但无法控制，有回避行为

3. 惊恐障碍的特点不包括下列哪项（　　）
   A. 呈发作性，一般持续 5~20 分钟
   B. 突然的惊恐体验，伴濒死感、窒息感或失控感
   C. 发作时可有轻度意识障碍，事后不能回忆
   D. 有回避行为
   E. 系焦虑症的一种类型
4. 周某，女，20 岁。近 3 周无诱因担心自己会从窗口跳下或跳进河里，整日陷于这两种担忧中，希望自己待于没有窗户的房间里，免得有冲动之举。该患者具有何种症状（　　）
   A. 强迫观念　　B. 强迫意向
   C. 强迫行为　　D. 强迫恐惧
   E. 妄想知觉
5. 神经衰弱的常见症状不包括（　　）
   A. 易兴奋　　B. 易疲劳
   C. 食欲减退　　D. 躯体不适症状
   E. 易激惹
6. 神经衰弱的核心症状为（　　）
   A. 精神易疲劳　　B. 易兴奋
   C. 易紧张　　D. 紧张性头痛
   E. 睡眠多梦
7. 神经衰弱的病程特点为（　　）
   A. 逐渐加重　　B. 逐渐减轻
   C. 进展性加重　　D. 发作性
   E. 波动性
8. 下列哪一种症状不属于游离性障碍（　　）
   A. 意识障碍　　B. 运动障碍
   C. 情感爆发　　D. 假性痴呆
   E. 癔症性遗忘
9. 下列哪一种症状不属于转换性障碍（　　）
   A. 痉挛发作　　B. 偏瘫
   C. 癔症球　　D. 癔症性失聪
   E. 童样痴呆
10. 癫痫局部发作与转换性障碍最主要的鉴别要点是（　　）
    A. 有意识障碍　　B. 脑电图有异常放电波
    C. 局部肌肉抽动　　D. 无心理社会因素作为诱因
    E. 发作性病程
11. 转换性障碍的首选治疗方法是（　　）
    A. 抗焦虑药　　B. 催眠疗法

C. 行为治疗　　D. 暗示治疗
E. 物理治疗

12. 癔症性痉挛和癫痫大发作，下列哪一条不能作为鉴别要点（　　）
A. 夜间入睡后是否有发作　　B. 幼年是否即有发作
C. 发作时有无角弓反张　　D. 发作时有无二便失禁
E. 发作时瞳孔是否散大，对光反射消失

13. 某癔症患者，女，30岁。被人殴打后发病，兴奋、话多，行为幼稚，穿鞋时左右脚反穿，反持梳子梳头，但能打毛衣、与人打牌，问其今年几岁，答“25岁”，问其“100-7等于几”，答“90”。该患者具有何种症状（　　）
A. 错构　　B. 作态
C. Ganser综合征　　D. 童样痴呆
E. 易暗示性

答案：1. C　2. D　3. C　4. B　5. C　6. A　7. E　8. B　9. E　10. B　11. D　12. C　13. C

（王荣俊）

扫码看 PPT　　扫码做练习

第十一章 心理因素相关生理障碍患者的护理

学习目标

1. 掌握心理因素相关生理障碍患者的护理。
2. 熟悉心理因素相关生理障碍的临床特点。
3. 了解心理因素相关生理障碍的病因和发病机制。
4. 能对心理因素相关生理障碍患者正确实施护理程序。
5. 具有严谨求实的工作态度，具有关心、爱护、体贴患者的职业道德，能保护患者的隐私。

心理因素相关生理障碍是指一组与心理、社会因素有关的，以进食、睡眠及性行为异常为主的精神障碍。

睡眠、进食和性是人类的基本生理功能，这些生理功能受个体心理活动的影响。心理社会因素的影响常常引起睡眠、饮食、性行为等生理功能发生紊乱，出现相应的功能障碍。本章主要介绍进食障碍和睡眠障碍。

第一节 进食障碍患者的护理

情景导入

王某，女，16 岁，学生。因食欲不振、消瘦 1 年就诊。患者 1 年前开始减肥，只进食水果和蔬菜。3 个月前，体重下降至 35kg，并伴有闭经、双下肢浮肿。

既往体健，无特殊病史。

体格评估：身高 165cm，体重 31kg，血压 90/60mmHg，脉搏 100 次/分。身体极度消瘦，皮下脂肪菲薄，面色灰暗，毛发稀疏，皮肤弹性差，乳房萎缩，舟状腹，双下肢轻度浮肿。

精神评估：神清语明，接触被动，无幻觉、妄想等精神症状。自认父母家教严格、过度关注自己。自认为自己很胖，减肥前体重 50kg。否认自己有病，父母带她来看病。承认最近情绪不太好，常因小事和家人吵闹。病前性格：胆小、听话、敏感，非常关注他人对自己的评价，缺乏主见。

诊断：神经性厌食症。

问题：

请为该患者制定护理程序。

进食障碍是以摄食行为异常和心理紊乱为特征，伴发显著的体重改变和生理功能紊乱的一组精神障碍。主要包括神经性厌食症、神经性贪食症和神经性呕吐。

进食障碍多发生在青少年和成年早期人群中，尤其是女性群体，患病率大约为 4%，男、女比例为 1∶(6~10)。神经性厌食症发病率为 0.3%~3.7%，高峰年龄在 13~20 岁，以舞蹈演员和运动员多见。神经性贪食症发病率为 1%~4%，高峰年龄在 18~25 岁。大部分神经性贪食症患者由神经性厌食症发展而来。进食障碍的预后不理想，有 40%~60%的患者有复发的倾向。

一、护理评估

（一）病因与发病机制

进食障碍的病因及发病机制尚未完全阐明，可能与社会因素、心理因素、生物学因素均有关系。

1. 社会文化因素　该因素在发病中起着重要的作用。

（1）现代社会文化把女性的体形苗条作为举止文雅、自我约束、有吸引力的象征，因而使众多女性追求苗条。

（2）社会竞争的加剧，女性为了适应社会要求，对自身形体要求提高，促进该病的发生。

（3）家庭教育方式不当、家庭过度保护和干涉、对父母过于依赖、家庭破裂、家庭中有节食减肥酗酒抑郁者，或家庭中存在过多谈论减肥和体形美的环境。童年早期的不幸经历，尤其是性心理发育上的创伤性经历在发病中也有一定作用。

2. 心理因素　怕胖的恐惧心理使患者具有“以瘦为美”的观念，并且在此基础上形成了对体形感知的特定歪曲。

3. 生物学因素　与进食行为有关的神经内分泌中枢功能失调则可能是进食障碍的生物学基础，如下丘脑—垂体—性腺轴等系统异常。此外，神经递质例如 5-羟色胺和去甲肾上腺素以及免疫调节功能在进食障碍患者中也可能存在异常。可能和遗传因素也有关。

（二）临床表现

1. 神经性厌食症　神经性厌食是以患者对自身体像的感知有歪曲，担心发胖而故意节食，以致体重显著下降为主要特征的一种进食障碍。

（1）恐惧肥胖，体像障碍：本病的核心症状是对肥胖的强烈恐惧和对体型、体重的过度关注。多数患者为自己制定了明显低于正常的体重标准。有些患者即使已经骨瘦如柴仍认为自己太胖，或认为身体的某一部位过于肥胖，如臀部太大、腿太粗等，即使他人解释百般劝说也无济于事，这种现象称为体像障碍。有些患者虽否认有怕胖的心理，但即使自己体重已很低，仍不肯进食和改善健康状况。

（2）采取措施，控制体重：根据限制热量摄入的方式不同，分为两种亚型：限制型与暴食—导泻型。①限制型。为达到自己理想中的体重，患者严格限制饮食。多数患者对各种食物的热量了如指掌，对食谱有严格的要求。患者发展至完全避免食用高糖分或高蛋白的食物，常以清水煮菜叶充饥。②暴食—导泻型。患者采用进食后立即用手指刺激咽后壁进行引吐或服用大量泻药、利尿剂和减肥药的方式避免体重增加。这种行为常常隐蔽地进行，需要注意观察才能发现。或者是采用过度运动以避免体重增加。活动强度多与体力极不相称，使人感到患者是在自我折磨、自我惩罚。

（3）生理功能紊乱：由于长期热量摄入不足，导致各种生理功能改变，出现一系列的躯体并发症。轻者表现为消瘦、皮肤干燥、脱发、代谢减慢、便秘、闭经、畏寒、头痛、多尿和睡眠障碍等；严重者表现为器官功能低下、水电解质紊乱。当严重营养不良、水电解质失衡不能纠正时，可导致死亡。在各种躯体并发症中，性功能异常是最常见的症状。女性患者常表现为闭经、月经稀少或初潮不来。约20%的女性患者，其闭经出现在体重下降之前，所以常因闭经就医，而非治疗进食障碍。除月经紊乱外，性欲减退、第二性征发育停滞等症状及特征也较常见。男性常出现痔和无性欲。在患者体重低于正常体重60%以下时，死亡率较高。本病的病死率为10%~15%，死因主要是营养不良及其并发症，包括肺炎、心律失常、心衰和肾功能衰竭，或自杀，也可由于水、电解质失衡而发生猝死。

（4）心理障碍：2/3的厌食症患者合并一种或多种精神障碍，其中最常见的是抑郁症状，表现为情绪低落，情绪不稳，易冲动，严重者有自杀观念。其次为焦虑症状或惊恐发作，恐惧也较常见。部分患者存在强迫观念和行为，表现为一定要说服别人，强迫他人进食，或进食时按特定顺序和要求进行。

知识拓展

> 法国模特伊莎贝尔·卡罗，身高1.65m，28岁去世时体重32kg。生前，她与厌食症进行着斗争，并于2007年为意大利拍摄的一组以反对厌食症为主题的宣传广告在世界各地都引起了不小的争论。照片上的她虽然赤身裸体，但是却毫无美感可言，形似骷髅，令人无不感到震惊。

2. 神经性贪食症　神经性贪食是以反复出现的强烈进食欲望和难以控制的、冲动性的暴食，以及有惧胖的超价观念为主要特征的一种进食障碍。

（1）不可控制的暴食：不可控制的发作性暴食是本病的主要特征。暴食常常在不愉快的心情下发生。暴食发作时，患者有无法自控的、大量进食的强烈欲望。表现为进食时患者吃得又多又快，甚至来不及咀嚼就咽下，其进食量远高于一般人的平均水平，且进食时伴失控感，每次均吃到腹部胀痛或恶心时才能停止。所进之食多为高热量的松软甜食和含油多的食物。在食物不充足时，个别患者见到可食之物就往嘴里放，甚至是自己的呕吐物。患者进食时常常避开他人，在公共场所则尽量克制进食。

（2）避免体重增加：为抵消暴食引起的体重增加，患者常采用自我诱吐、导泻、过度运动的方法以清除摄入的热量。自我诱吐是借催吐剂、饮水或用手指刺激咽后壁发生，因此患者手背上常带有特征性的损伤。随着病程的发展，部分患者甚至可以不借助任何方法而随心所欲地吐出食物。患者的体重虽有波动，但大多处于正常范围内。

（3）生理功能受损：频繁的呕吐和泻药、利尿剂的滥用，或引起脱水、水电解质酸碱平衡紊乱，胃酸和呕吐物所致的牙釉质腐蚀，少数病例可发生胃、食道黏膜损伤。

（4）心理障碍：贪食症患者的心理障碍较厌食症患者突出。暴食前，患者通常会有抑郁情绪或因进食冲动所致的内心紧张、焦虑。暴食可以帮助患者缓解这种紧张感，但过后患者会感到更加抑郁，甚至悔恨、内疚。

二、护理诊断

1. 营养失调，低于机体需要量　与限制或拒绝进食或代偿行为有关。
2. 营养失调，高于机体需要量　与不可控制的暴食有关。
3. 体液不足　与摄入不足或过度运动、引吐导泻行为导致消耗过多有关。
4. 应对无效　与感觉超负荷、支持系统不得力、对成长过程的变化缺乏心理准备有关。
5. 自我形象紊乱　与对自身体像不满有关。
6. 活动无耐力　与饮食不当引起的能量供给不足有关。
7. 有感染的危险　与营养不良导致机体免疫力下降有关。
8. 家庭应对无效、妥协或无能　与家庭关系矛盾有关。

三、护理措施

（一）生活护理

1. 环境　为患者设置舒适的环境，密切观察饮食与排泄情况并及时记录，指导或协助患者做好清洁护理。

2. 饮食　饮食护理是进食障碍患者的护理重点，目的是保证营养，恢复并维持正常体重。

（1）制订饮食方案：①评估患者达到标准体重和正常营养状态所需的热量。②与营养师一起制订饮食计划和体重增长计划，确定目标体重和每日应摄入的最低限度、热量以及进食时间。摄入热量一般从每天 3 346~6273 千焦（800~1 500kcal）开始，每 2~3 天增加 836~1 255 千焦（200~300kcal），逐渐增加至正常。对厌食严重者，需从最小量开始，逐步缓慢增量，食物性质也应以液体、半流质、软食、普食的顺序过渡，以每周增加 0.5~1kg 为宜，通常目标体重宜为标准体重的 85%~90%，以防患者过度关心体型，而抗拒治疗。食物种类宜选择高热量、清淡、高纤维素食物。

（2）执行饮食计划：①向患者讲解低体重的危害，并解释治疗目的，以取得患者配合。②鼓励患者按照计划进食。如果患者严重缺乏营养又拒绝进食，在劝其进食的基础上可辅以胃管鼻饲或胃肠外营养。③每日定时使用固定体重计测量患者体重，并密切观察和记录患者的生命体征、出入液量、心电图、实验室检查结果（电解质、酸碱度、血红蛋白等），直至以上项目指标趋于平稳为止。同时评估皮肤和黏膜的色泽、弹性和完整性。如有异常，及时向医生反馈。④进食时和进食后需严密观察患者，以防患者暴食、呕吐、导泻、过量运动、药物滥用等清除行为。

（二）心理护理

心理护理是围绕进食的行为与心理进行的，通常需要行为治疗与认知疗法密切结合。

1. 认知疗法，纠正体像障碍　尊重、接纳、理解患者，建立相互信任的治疗关系是认知疗法的基础。鼓励患者表达对体像的看法。运用自我审查技术、现实检验等使其认识到自我认知的偏差，纠正体像障碍。

2. 行为治疗，重建正常的进食模式　主要利用正强化和负强化，帮助患者恢复正常的饮食行为模式。当患者体重增加或主动进食时，给予一定奖励；对于餐后的异常行为，或体重减少，或拒绝进食、过度运动、诱吐时，则取消或收回奖励作为惩罚。指导患者自我控制，记录每次进食量，以监控自己的进食次数和进食量。想暴食时，让患者用散步、看电视或读书等方式分散注意力，以减少进食次数。由护理人员或家属监督进食过程，密切观察其有无藏匿食物、有无假进食，包括只咀嚼不吞咽趁人不注意时吐掉等行为。餐后检查餐桌、桌布、口袋等部位有无藏匿食物。

3. 家庭治疗　存在家庭矛盾冲突的患者应配合家庭治疗，尤其对于发病年龄早的病例有一定效果。主要帮助患者家属正确认识该病的发病原因，避免对患者进食问题的过分关注和不安，纠正对患者不恰当的处理方式，以解决家庭矛盾。

（三）用药护理

要监督患者及时用药，仔细观察药物的不良反应。进食障碍的治疗以心理治疗为主，辅以药物治疗和营养支持治疗。目前尚无确切有效的药物治疗进食障碍。米氮平在缓解厌食症患者焦虑、抑郁情绪的同时还有增加食欲的作用，舒必利对单纯厌食者效果较好，丙米嗪、阿米替林对伴有暴食诱吐者效果较好，氟西汀对伴有抑郁症状者效果较好。还可以用其他心境稳定剂。

第二节　睡眠障碍患者的护理

情景导入

刘某，女，70岁，睡眠差、多梦5年余。患者于5年前因丈夫患病，为照顾丈夫睡眠规律被打乱。1年后丈夫去世，留下自己，生活失去目标，整日一个人待在家里，晚上躺床上很长时间不能入睡，夜间易醒，凌晨两三点即醒来，早晨起来感觉夜晚几乎没有睡觉，白天无精打采，干什么事情都没有精力。早晨脑子里的第一件事是昨晚未睡好觉，下午四五点钟就开始想晚上睡觉如果睡不着怎么办，睡觉之前还觉得很疲乏，但头一挨枕头就精神起来了，大脑里浮想联翩，一直睡不着，越睡不着越着急，后来一看到床就有些紧张，总是担心又是睡不着觉。自认为失眠对自己的影响太大，导致自己的生活不如别人，很少参与外界活动，整日为失眠而犯愁。

问题：

1. 分析该患者失眠的原因。
2. 制定该患者的心理护理措施。

睡眠是大脑的一种高级功能，人类的睡眠和觉醒是与自然界昼夜变化大致同步的一种生物节律。这种昼夜节律的变化是人体生物体系的重要功能之一，它为个体提供了恰当的生理及心理环境。如果正常睡眠的启动和调节过程发生障碍，就会产生各种睡眠障碍。

常见的睡眠障碍包括失眠症、嗜睡症、发作性睡病、梦魇和睡行症等。

一、护理评估

（一）病因与发病机制

睡眠障碍的原因复杂，主要有：

1. 心理、社会素质　敏感、多疑，做事要求完美，生活过于严谨，容易情绪化，性格急躁的人容易罹患失眠。各种生活事件（包括正性与负性事件）等引起焦虑、抑郁时容易发生失眠。

2. 环境、生理因素　外界环境的影响，如声响、环境的改变、光线刺激等；躯体的病痛，如疼痛、瘙痒、频频咳嗽、夜尿、吐泻、饥饿等；频繁变动的夜班和白班引起生物钟节律紊乱等；大脑弥散性病变，如慢性中毒、内分泌疾病、脑动脉硬化等。

3. 药物因素　如甲状腺素、咖啡因、氨茶碱等可引起失眠。停用药物后失眠消失。

（二）临床表现

1. 失眠症　是指原发性失眠，表现为持续相当长时间对睡眠的质和量的不满意，是最常见的睡眠障碍，一般人群中的患病率为10%~20%。主要表现为入睡困难、睡眠不深，易惊醒、自觉多梦，早醒、醒后不易再睡、醒后感到疲乏或缺乏清醒感。最常见的症状是难以入睡，其次是早醒和维持睡眠困难，如经常早醒、醒后不易再睡、多梦等。有些患者出现睡眠知觉障碍（也叫主观性失眠、矛盾性失眠、睡眠感缺失），患者主诉严重失眠，但没有客观睡眠异常的证据，脑电监测与旁人观察均显示处于睡眠状态。

2. 嗜睡症　是指日间睡眠过度，或反复短暂睡眠发作，或觉醒维持困难的状况，无法用睡眠不足来解释，且影响到患者的正常社会功能。睡眠过多是本病的核心症状。主要表现为白昼睡眠时间延长，要达到完全觉醒状态非常困难，醒来后常有短暂意识模糊，呼吸及心率加快，常伴有抑郁情绪。

知识拓展

常见的睡眠障碍除了失眠症、嗜睡症外，还有发作性睡病、梦魇和睡行症等。

1. 发作性睡病　也叫睡眠—觉醒节律障碍，是指在日常活动中从相对清醒状态突然地（1~2 分钟内）进入深度睡眠状态，如果正在站立则会出现猝倒，时间持续数分钟至十几分钟。每天均可发作数次，发作后自然醒来或被他人唤醒，清醒后常有持续数小时的精神振奋。多导睡眠监测图（PSG）显示患者从清醒直接进行快速眼动睡眠（REM）期。发作性睡病可以在无任何诱因的情况下发作，焦虑、恐惧等负性情绪也可诱发该病。

2. 梦魇　是指在睡眠过程中被噩梦所惊醒，梦境内容通常涉及对生存、安全的恐惧事件，如被怪物追赶、攻击或伤及自尊的事件。儿童在白天听恐怖故事、看恐怖影片后，常可发生梦魇。成人在应激事件后，如遭遇抢劫、强暴等灾难性事件后可经常发生噩梦和梦魇。睡眠姿势不当和服用某些镇静催眠剂也可以引起梦魇发生。患者醒后对梦境中的恐惧内容能清晰回忆，伴有心跳加快和出汗，但患者能很快恢复定向力，处于清醒状态，部分患者难以再次入睡。PSG 显示梦魇多发生在 REM 期。

3. 睡行症　俗称梦游症，是睡眠和觉醒现象同时存在的一种意识模糊状态。主要表现为患者在睡眠过程前 1/3 的深睡期突然起身下床徘徊数分钟至半小时，或进食、穿衣出家门等，一般不言语，问之不答。一般历时数分钟，少数持续 0.5~1 小时，继而自行上床或随地躺下入睡，次日醒后对所有经过不能回忆。若在睡行期内强行将其唤醒，患者可感到恐惧。儿童期偶有睡行发作者，大多于青少年时期自行停止。成年人若经常出现睡行发作，则需要排除精神运动性癫痫的可能。

（三）评估量表

（1）匹兹堡睡眠质量指数量表（PSQI）：用来评定被试者最近一个月的睡眠质量。该表由 19 个自评条目和 5 个他评条目组成。通过此表可以了解患者的睡眠质量、睡眠潜伏期、睡眠持续时间、睡眠效率、睡眠紊乱、服用药物情况和白天功能状态。

（2）主观睡眠质量评估表：用来辨别患者入睡前出现在大脑中特别严重影响情绪的非理性思想念头。此表由 30 个问题及 5 个分量表组成。分量表分别为：引起失眠原因的细微概念、诱发或加重失眠后果的不良原因、对睡眠的不现实期望、对知觉控制减弱以及对帮助睡眠的方法的不正确信念和认识。

（3）必要时可用焦虑自评量表（SAS）和抑郁自评量表（SDS）评估。

（四）辅助检查

用多导睡眠监测仪在患者睡眠状态下连续并同时记下多个参数，形成 PSG，可以显示常用的睡眠参数，如卧床时间、运动时间、总睡眠时间、入睡后觉醒时间、睡眠期时间、睡眠效率、睡眠潜伏期、REM 潜伏期。还可以显示眼电、肌电、呼吸等指标，客观评价患者睡眠质量、进入睡眠时间、睡眠效率及睡眠各期的情况。

二、护理诊断

1. 睡眠型态紊乱　与社会心理因素刺激、焦虑、睡眠环境改变、药物影响等有关。

2. 疲乏　与失眠、异常睡眠引起的不适状态有关。

3. 焦虑　与睡眠形态紊乱有关。

4. 恐惧　与异常睡眠引起的幻觉、梦魇有关。

5. 个人应对无效　与长期处于失眠或异常睡眠有关。

三、护理措施

对嗜睡症、发作性睡眠、睡行症等睡眠障碍患者无特殊性的护理措施。主要任务是保证患者症状发作时的安全，消除或减轻发病的诱发因素以减少发作次数，以及消除患者和家属的恐惧心理。

对失眠症的护理，主要是通过心理护理，帮助患者认识失眠，纠正不良的睡眠习惯，重建睡眠模式。

1. 消除诱因　帮助或指导患者消除引起失眠的原因。为患者提供有利于睡眠的病房环境，护理人员尽量避免夜间操作，操作时要做到“四轻”。

2. 心理护理　心理护理的重点在于建立良好的护患关系，加强护患间的理解和沟通，了解患者深层次的心理问题。

（1）支持性心理护理：帮助患者缓解不良的情绪，指导患者学会自行调节情绪，正确面对、消除失眠诱因。

（2）认知疗法：失眠持续存在的原因多数是形成了失眠—焦虑—加重失眠的恶性循环。认知疗法帮助患者了解睡眠的基本知识，使患者重塑睡眠质量观，知道睡眠质量的高低不在于睡眠时间的长短，了解失眠的原因和根源。

（3）森田疗法：森田正马认为“人对某种感觉如果注意集中，则会使该感觉处于一种过敏状态，这种感觉的敏锐性又会使注意力越发集中，并使注意固定在这种感觉上，这种感觉和注意相结合的交互作用，就越发增大其感觉，这一系列的精神过程，称为精神交互作用”。顺其自然就是接受失眠症状的出现，把心思放在应该去做的事情上。例如失眠症患者的焦虑与恐惧是非常正常的心理反应，如果不去关注自己的情绪或者不把它转化为努力睡觉的动力，它很快就会消失。而倘若患者认为自己不应该出现失眠，对睡眠越加关注，那么失眠就会越来越严重。只要不去关注它，由于失眠引起的情绪就会在规律化生活的过程中不知不觉地消失了，睡眠也就逐渐恢复正常。

（4）行为治疗：行为治疗可以帮助患者重建规律、有质量的睡眠模式。①刺激控制训练。目的是帮助失眠患者减少与睡眠无关的行为和建立规律性睡眠—觉醒模式。躺在床上如果没有了睡意就转移地点，直到有困意才上床，无论夜间睡眠质量如何，都必须按时起床；避免白天睡觉，目的是形成对床的条件反射。②睡眠限制。失眠患者往往认为自己睡眠时间不足，常常在床上待很长时间，希望能弥补一些失去的睡眠，但结果往往适得其反。因此睡眠定量疗法的主要目的是使失眠者减少在床上的非睡眠时间，增加有效的睡眠时间。③矛盾意向训练。也是行为疗法的一种，主要是说服患者强迫自己处于清醒状态。如果失眠者试着不睡，减少了为入睡做出的过分努力，其紧张焦虑情绪会因此逐渐减轻，失眠症状也就随之改善。

3. 其他疗法　可用放松疗法，指导患者进行渐进性肌肉放松、生物反馈、想象放松等。还可以根据患者失眠的情况，运用暗示疗法，通常选用某些营养药物作为安慰剂，配合暗示性语言，诱导患者进入睡眠。

4. 用药指导　镇静催眠药可作为治疗失眠症的辅助手段，但应避免长期用药。一般以1~2周为宜。失眠患者常常自行用药，造成药物耐受和药物依赖。指导患者在专业人员的指导下用药，切忌自行选药和随意停药。用药不可同时饮酒，否则会增加药物成瘾的危险性。

知识拓展

其他睡眠障碍的治疗和护理：

1. 嗜睡症　首先消除诱因，适当给予中枢神经兴奋剂如哌甲酯、苯丙胺等。药物应从小剂量开始，症状改善后及时停药。辅以支持疗法和疏导疗法。白天主动安排短时小睡，也可减少甚至终止嗜睡发作。

2. 发作性睡病　发作性睡病尚无特效疗法，主要的治疗方法是减少症状发作，常用药物为中枢神经兴奋剂，如哌甲酯、右旋安非他明和匹莫林。还可用其他抑制REM睡眠的药物，如抗抑郁药。

3. 梦魇　消除或减轻发病的诱发因素。发作频繁者，可用苯二氮䓬类药物加深睡眠。

4. 睡行症　对睡行症的治疗包括减少发作次数和防止发作时意外事故的发生。确保其睡眠环境的安全性，如睡前关好门窗，收拾好各种危险物品，清除障碍物等，以防患者睡行发作时外出走失或引起伤害自己及他人的事件。偶尔少数几次发作者无须治疗。发作频繁者，可用苯二氮䓬类药物加深睡眠。

5. 健康指导

（1）睡眠知识宣教：向患者讲解睡眠周期相关知识，做梦是深睡眠的表现，以此引导患者认识睡眠，以正确的态度对待失眠。教育患者对睡眠过高的期望会影响睡眠，不给睡眠施加压力。不把白天发生的不愉快都归咎于失眠，对短期内的睡眠不好，不要悲观，学会承受睡眠缺失的后果。

（2）睡眠卫生：教育患者养成良好的睡眠习惯：①生活规律，将三餐、睡眠、工作的时间尽量固定。②睡前2小时避免易兴奋的活动，如看紧张刺激的电视节目、长久谈话、进食等。避免浓茶、咖啡、巧克力、可乐等兴奋剂。③白天多在户外活动，接受太阳光照。④用熟悉的物品或习惯帮助入睡，如听音乐、用固定的被褥等。⑤睡前使用诱导放松的方法，包括腹式呼吸、肌肉松弛法等，使患者学会有意识地控制自身的心理生理活动。⑥营造最佳的睡眠环境，避免光线过亮或直射脸部，维持适当的温度和湿度，保持空气流通，避免噪音干扰，选择舒适的寝具，等等。⑦镇静催眠药物的正确应用。

思考题

1. 下列哪种睡眠障碍最常见（　　）
   A. 失眠症　　B. 嗜睡症
   C. 睡行症　　D. 睡眠—觉醒节律障碍
   E. 夜惊
2. 下列哪一条是护理人员帮助患者促进睡眠的最主要方法（　　）
   A. 房间温度适宜　　B. 睡前吃大量食物
   C. 定时睡眠　　D. 睡前增加活动量
   E. 睡前不宜喝咖啡、浓茶、饮酒及服用兴奋性药物
3. 下列哪项护理诊断最适合于失眠症患者（　　）
   A. 恐惧　　B. 家庭应对无效
   C. 感知觉障碍　　D. 有受伤的危险
   E. 自尊紊乱
4. 张某，男，22 岁，未婚，近 2 年一直被失眠困扰，看了不少医生，服了很多药，每服一种新药，开始都有些疗效，但不能持久。做过很多检查，未发现任何器质性问题，为此常感痛苦不堪，忧心忡忡。最近病情又加重，发展为一上床就担心失眠，并且开始对床铺产生恐惧。护理人员评估患者病情时，最先评估的是（　　）
   A. 询问既往健康状况　　B. 询问对失眠恐惧的程度
   C. 询问引起失眠的主要原因　　D. 询问出现失眠的伴随症状
   E. 询问曾服用了哪些药物

答案：1. A　2. E　3. D　4. C

（杨礼芳）

扫码看 PPT　　扫码做练习

第十二章 人格障碍与性心理障碍患者的护理

学习目标

1. 掌握人格障碍与性心理障碍患者的护理。
2. 熟悉人格障碍与性心理障碍的临床特点。
3. 了解人格障碍与性心理障碍的病因和发病机制。
4. 能对人格障碍与性心理障碍患者正确实施护理程序。
5. 具有严谨求实的工作态度，具有关心、爱护、体贴患者的职业道德，能保护患者的隐私。

第一节　人格障碍患者的护理

情景导入

刘某，女，28岁。大专文化，已婚。5岁父母离异，随母改嫁，母亲与继父常年争吵不休。上学后表现疑心重，不合群。同学多看她一眼，就认为别人另有深意；不看她又觉得瞧不起她，故意孤立她。老师了解实情后向其解释，她非但没有解除对同学的怀疑，反而觉得老师偏袒维护同学，忽视自己。学习用功，成绩较好，自称要超过所有人。参加工作后，表面上对同事很热情，但不久就怀疑领导和同事看不起自己，常与同事为了一点小事争论，认为别人在工作上占了自己的便宜，耿耿于怀，为此与同事关系日益紧张。同事在一起小声交谈，认为是在议论自己；大声说笑，又认为是对自己的嘲笑。对领导提出调动工作岗位的要求，未获同意，又记恨领导故意刁难。婚后，紧张丈夫的一言一行，电话短信要查，晚上出门要跟踪，丈夫不堪其扰，提出离婚。

诊断：偏执型人格障碍。

问题：

1. 给出主要的护理诊断。
2. 制定该患者的护理措施。

人格由人格倾向性和人格心理特征两方面构成。是一个人固定的行为模式及在日常活动中处事待人的习惯方式。

人格障碍是指行为方式明显偏离正常且根深蒂固，其人格在内容上、质上或整个人格方面异常，具有适应不良的性质。人格的异常妨碍了患者的情感和意志活动，常使患者或他人遭受痛苦，或给个人或社会带来不良影响。人格障碍多在童年、青少年或成年早期形成，并持续至成年甚至终生。社会学习过程、社会化过程以及其他成熟过程使部分人格障碍患者在成年后有所缓解。有研究发现反社会型人格障碍在18~30岁患病率为2.3%，而到了65岁患病率低于0.05%，总体减少了98%。

人格障碍不同于人格改变，后者常指一个人原本人格正常，在严重或持久的应激、严重的精神障碍及脑部疾病或损伤之后发生的人格偏离正常。

关于人格障碍的流行病学调查，资料较少。欧美国家调查结果表明，人格障碍的患病率多数在2%~10%。我国尚未有权威性报道，从有限的资料来看，我国人格障碍的发病率与西方国家相比似乎特别低，这应是中西方对人格障碍的理解和诊断工具的不一致及文化差异造成的。偏执型人格障碍、分裂样人格障碍、分裂型人格障碍、冲动型人格障碍、反社会型人格障碍和强迫型人格障碍，男性多于女性；边缘型人格障碍、表演型人格障碍、自恋型人格障碍以及依赖型人格障碍，女性多于男性。

一、护理评估

（一）病因和发病机制

人格障碍的病因与发病机制至今尚未完全阐明，主要由以下因素引起。

1. 环境因素

（1）缺乏爱：儿童时期父母离异、父爱或母爱被剥夺，或父母脾气不好，打骂虐待孩子，致不能发展人际之间温暖、亲密的关系，不能发展对他人的共情，逐渐在情感上变得冷漠，形成反社会型人格。

（2）教育方式不当：父母教育态度不一致，好恶反复无常，奖惩没有原则，使孩子生活在矛盾的牵制中，无所适从，不能发展明确的自我同一性感觉，致成年后概念紊乱，可能形成边缘型人格。

（3）家庭社会因素：家庭的不和谐、恶劣的社会环境、不合理的社会制度、家长不良行为的“示范”作用等，均对儿童的人格发育有不利影响。

2. 生物学因素

（1）遗传因素：在双生子研究中，单卵双生子人格障碍的同病率平均高达67%，双卵双生子的同病率则为31%。部分具有攻击和冲动特点的人格障碍，已证实与遗传有关，如反社会型人格障碍、冲动型人格障碍、边缘型人格障碍。双生子与寄养子研究发现，攻击的遗传可能性在成人中为44%~72%。

（2）病理生理因素：50%人格障碍者的脑电图发现有慢波出现，与儿童脑电图近似。故有学者认为人格障碍是大脑发育成熟延迟的表现。一定程度上说明其冲动控制和社会意识延迟。人格障碍者到中年后情况有所改善，可能是大脑皮质成熟程度增加的结果，这与临床观察相一致。大脑发育不成熟的原因可能与感染、中毒、孕期及婴幼儿的营养不良，特别是缺乏充分蛋白质、脂类和维生素的供应，出生时或婴幼儿时的脑损伤和传染病等有关。

（3）神经生化因素：分裂样人格障碍患者的认知缺陷，可能和前额叶皮质的多巴胺和去甲肾上腺活性降低有关；边缘型人格障碍和反社会型人格障碍的冲动攻击性阈值较低，可能和杏仁核过度反应、前额叶抑制降低、前额叶控制的5-羟色胺释放减少有关；情绪不稳定型人格障碍对环境情绪刺激反应和敏感性增加，可能和边缘系统的γ-氨基丁酸、谷氨酸、胆碱环路的过度反应有关。

（二）临床表现

根据ICD-10分类，常见人格障碍的主要临床表现如下：

1. 偏执型人格障碍　以多疑、敏感和偏执为特点，男性多于女性。表现为：

（1）敏感多疑：对挫折和拒绝过分敏感，总认为周围的人对自己别有用心，认为他人不怀好意，把他人对自己无意的行为误解为敌意，满怀怨恨，长久记仇，有强烈的报复心，导致人际关系紧张。常毫无根据地怀疑配偶的忠诚，限制对方和异性的交往。

（2）自负好斗：自我评价过高，过于自信，对他人的过错不能宽容，容易与他人发生争辩、对抗，固执地追求不合理的利益或权力。

2. 分裂型人格障碍　以情感冷漠、脱离社会及人际关系差为特点，男性略多于女性。表现为：

（1）情感冷漠：对任何事情漠不关心，几乎没有可体验到愉悦的活动。对他人表达体贴或愤怒情绪的能力有限。

（2）性格孤僻：缺乏热情和幽默感，喜欢独处，回避社交，与社会脱节。

3. 反社会型人格障碍　又称社交紊乱型人格障碍。以对抗社会或有犯罪行为为特点。表现为：

（1）缺乏责任感：待人冷酷无情，对家庭亲属缺乏爱与责任心，无视社会规范与义务，常违纪乱法。

（2）缺乏内疚感：以自我为中心，缺乏道德准则，对做违背道德的事没有内疚感。

（3）易冲动：易责怪他人，常以暴力行为对他人实施挑衅和报复，扰乱社会秩序。

（4）生活层次低下：常从小沾染说谎、偷窃、吸烟、酗酒、赌博、斗殴等恶习，无视家教、校规和社会道德礼仪。

4. 情绪不稳型人格障碍　包括冲动型人格障碍和边缘型人格障碍两类。

（1）冲动型人格障碍：以情绪不稳定和难以控制的冲动为特点，伴暴力或威胁性行为的爆发，男性多于女性。表现为：自控能力极差，行事缺乏预见性、目的性和计划性，常因微小事件引发暴力攻击或自杀、自伤行为。

（2）边缘型人格障碍：以情绪不稳定、人际关系不稳定和情感脆弱、承受压力无能为特点。边缘型人格障碍者有时会有短暂的应激性的精神病性症状，此症状的发作与精神分裂症不同，一般较轻微，历时短暂，易被忽略，多发生在频繁的对真正的或想象的被抛弃的恐惧中，持续几分钟到几小时，表现为真实感和个体认同出现偏离所致的人格解体和非真实感，但同时现实检验能力又相对保存。亦有部分患者出现偏执症状和分离症状。这种短暂的精神病性症状难以归类，若对此认识不足，则易将边缘型人格障碍误诊为精神分裂症、心境障碍或神经症性障碍。

5. 表演型人格障碍　又称癔症性人格障碍。以过分的感情用事、夸张言行吸引他人的注意为特点。表现为：情绪不稳定，暗示性、依赖性强，易受他人或环境的影响。行事夸张、做作，缺乏庄重、沉稳，追求以自己为注意中心的社交活动。患者的表现风格可能和长期受压抑、被否定、与社会脱节有关。

6. 强迫型人格障碍　以过分的谨小慎微、严格要求、追求完美、无安全感为特点。男性发病为女性的2倍。表现为：对要实施的计划反复核查，过分关注细节，犹豫不决，唯恐出错，逐渐丧失决策能力。对任何事物追求完美，过分看重工作成效而不顾情感上的乐趣。刻板和固执，不合情理地要求他人严格按自己的方式行事。具体表现如洁癖、过分节俭，严重者可出现强迫行为或强迫思维。

7. 焦虑（回避）型人格障碍　以紧张、焦虑、无安全感为特点。表现为：缺乏自信，为人处事总担心被人指责或拒绝，对他人的批评或评论非常敏感。习惯夸大日常生活中的事件或情境，没有安全感，总想回避某些日常活动。生活求稳，害怕改变与创新。

8. 依赖型人格障碍　以缺乏自信，过分依赖，害怕被抛弃和决定能力低下为特点。表现为：

（1）决定能力低下：依赖他人为自己生活中大多数重要事情做决定。

（2）自尊低下：过分顺从他人的意志，因为害怕影响和他人的关系或被抛弃，宁愿放弃自己的兴趣、爱好、人生观，委曲求全。

（3）过分依赖：日常决定的能力有限，过分指望别人照顾自己，独处时总觉得很无助。

知识拓展

人格、个性和性格

“人格”与“个性”都是对西方心理学著作中Personality的翻译。美国著名医学心理学家奥尔波特（G. W. Allport，1897—1967）在1937年考证得出Personality又源自拉丁文的persona，开始是指演员所戴的面具，后来指演员——一个具有特殊性格的人。

1949年后，我国受苏联心理学体系的影响，用苏联心理学中的Личност取代了西方心理学中Personality的位置，并将Личност（指能力、气质、性格等个体心理差异）这个词恰如其分地翻译为“个性”。但改革开放以来，尤其是苏联解体以后，我国的心理学研究又重新接受了西方的心理学体系，也重新开始了对于Personality的研究，从这时起对Personlity的翻译就出现了“人格”与“个性”混用的现象。

多数人认为人格就是个性。但也有少数学者提出将个性和人格加以区别，认为个性即个体性，指人格的独特性；人格是一个复杂的内在组织，它包括人的思想、态度、兴趣、气质、潜能、人生哲学以及体格和生理等特点。两者并不是完全相同的，只是互相交错在一起，共同影响着人的行为，人格的形成更多地是由教育决定的。

性格（nature；disposition）是指人对现实的态度和行为方式中较稳定的个性心理特征。它是个性的核心部分，最能表现个别差异。也有人将性格称为个性或人格。奥尔波特认为“性格”这个术语有些含糊，因为它意味着人们对某人的道德判断。例如当我们说某个人具有“良好的性格”时，就含有这种道德判断。奥尔波特更愿意“把性格定义为加以评定的人格，而把人格定义为不加以评定的性格”。

（三）治疗与预后

人格障碍治疗的目的之一是要帮助患者建立良好的行为模式，矫正不良习惯。主要采用精神心理疗法，帮助患者认识自身人格缺陷所在，鼓励其改变自己的行为模式，并对其出现的积极变化予以肯定和强化。

一般而言，药物难以改变人格结构，但在出现异常应激和情绪反应时少量用药可有帮助。如具有攻击行为者给予少量碳酸锂，有焦虑表现者给予少量苯二氮䓬类药物或其他抗焦虑药物。不主张长期应用和常规使用。

人格障碍治疗效果有限，预后欠佳，因此，在幼年时期培养健全的人格非常重要。

二、护理诊断

1. 焦虑　与内心空虚、自尊低下和过度紧张有关。
2. 有对他人施行暴力行为的危险　与不能控制冲动、充满敌意和情感不成熟有关。
3. 有自杀的危险　与性情不稳定、易冲动和自我认识扭曲有关。
4. 个人应对无效　与易冲动、冷漠自私、人际关系不良有关。
5. 社交功能障碍　与缺乏自信、不能正确自我评价和缺乏人际沟通技巧有关。
6. 自我认同紊乱　与缺乏自信有关。

三、护理措施

（一）偏执型人格障碍、反社会型人格障碍和边缘型人格障碍患者的护理

这类患者对社会秩序和日常生活的影响较大，主要的护理措施有：

1. 对多疑敏感的护理　与患者建立良好的医患关系，充分地理解患者、尊重患者，认真听取偏执型人格障碍患者带有多疑情感的陈述，切忌直接反驳患者掩盖自己多疑感受的借口，用表情和言行展示出护理人员是随时可依赖的人，但不可过分热情，以免引起患者的多疑。护理人员可以教给患者一些必要的社交技巧，使患者能参加必要的活动，增加与社会的联系。

2. 对冲动攻击的护理　边缘型人格障碍与反社会型人格障碍患者行事草率，欠缺考虑，易冲动发生攻击及恐怖行为。护理人员要帮助患者查找诱发冲动的因素，沟通冲动行为带给自己、他人及社会的危害与痛苦，讨论冲动时的替代方式，如用语言表达感受，发

泄挫折感，而非采用进攻行为。如患者仍无法控制自己的冲动攻击行为，可考虑隔离或约束患者，亦可据医嘱使用镇静药物。

3. 对社交隔离的护理　分离是指患者内心活动和外在表现所造成的人际关系分离。反社会型人格障碍者多与亲属、社会关系疏远，感情冷漠，有偏离正常轨道的人生观与价值观，常发生扰乱社会秩序和触犯法律的行为。护理人员应帮助患者与他人建立互相信任的关系，认识到沟通的意义，提高沟通的技巧，从而增强自信心。纠正行为异常可采用群体疗法、榜样效应和行为限制等方法。

4. 对自伤自残的护理　护理人员应在边缘型人格障碍患者的自伤行为的间歇期评估患者的自伤史及自伤方式。探究患者在自伤前的心理活动，帮助患者回忆自伤时的情境。与患者共同探讨如何疏导愤怒情绪，鼓励患者用语言或其他社会上能够接受的行为方式来缓解焦虑和压力。每班护理人员都应观察患者的行为变化，积极预防。一旦患者有自伤行为发生，在积极抢救患者生命的同时，应重点关注导致患者自伤的想法和感觉，而不是过分关注伤口情况。必要时应预防患者自杀。

（二）分裂型人格障碍患者的护理

1. 对社交隔离的护理

（1）为患者制定一个包括治疗计划和日常起居的日程表。

（2）有条件地为患者提供一对一的护理治疗。

（3）为患者提供相同的医护人员，以利于与患者建立良好的护患关系。

（4）鼓励患者参加小组活动，由互动较少的活动逐渐过渡到言语沟通较多的活动。

（5）鼓励患者说出自己的需要，一起制订护理计划及设定护理目标。

2. 对语言沟通障碍的护理　为患者安排有关时事、社交技巧、娱乐活动等多种话题的语言沟通活动，应避免引起紧张和焦虑的话题，每天 3~6 小时。

（三）表演型人格障碍患者的护理

护理人员应专业地对待患者，理性看待患者夸张、富有戏剧性的言行，真正地理解患者，教患者在各种情境中与他人相处的技能，用合适的方式表达自己。表演型人格障碍患者的情感非常脆弱，故应评估患者在遇到危机时是否有自伤、自残行为的可能。

（四）强迫型人格障碍患者的护理

1. 心理护理　护理人员应及时察觉患者的焦虑情绪，鼓励患者用语言表达感情。帮助患者找出哪些情况下容易产生焦虑情绪，以及如何去应对。

2. 纠正行为　确定患者每次强迫行为的持续时间，与患者达成协议，逐渐缩短患者在这些活动上的时间。开展一些能使患者喜欢的文体或娱乐活动，但不强迫他们参加，以免患者焦虑情绪加重。与患者讨论其实现预期护理目标的情况，评价自己的新变化，与最初的评估水平相比较。

护理强迫型人格障碍患者不可操之过急。患者长期形成的人格特征，是适应内心焦虑情绪的防卫机制。护理人员应在短时期内暂时接受患者的强迫观念和强迫行为，并对患者加强心理辅导，使其适当增加体育锻炼，以减轻精神紧张，改善强迫紧张的生活方式。

（五）依赖型人格障碍患者的护理

（1）指导患者家属支持患者独立，鼓励患者与他人融洽相处，保持健康的人际关系，增强自尊心及自信心。

（2）在顾及患者自尊的前提下，限制患者的过多要求。

（3）委婉地告知患者他（她）的过多要求给家属及他人带来的强烈的情感反应。

（4）鼓励患者多提问题，获取信息，制定决策，合理安排生活。

（六）健康教育

人格障碍的发生、形成以及预防和干预都与家庭有着密不可分的关系。

（1）使患者家属了解该疾病的特点，了解患者人格障碍的形成与患者早期所受的社会和家庭环境的影响有关。患者的异常观念和行为难以让人接受，但患者自己的内心也是极度的痛苦、脆弱、恐惧和无助。所以家属要积极配合医护人员的治疗和护理，清楚自己在应对患者的行为方面应起的作用和责任，帮助患者恢复人格。

（2）患者给家庭和社会带来的影响是巨大的、持久的，家属要有充分的思想准备。虽然患者的行为让人难以理解，但家属不能只是接受患者的行为而不接受他（她）本人，因此，创造舒适的家庭环境，与患者保持正常的人际关系是家庭护理的核心。

（3）家属应学会与患者沟通的技能，既可限制患者的异常行为，又不激惹患者。应学会早期发现患者冲动的征兆，采取有效措施，防止焦虑升级而导致冲动攻击行为。

第二节　性心理障碍患者的护理

情景导入

吴某，男，31岁，无固定工作。某小区住户频频发生入室盗窃事件，小偷无视住户家中的贵重金银首饰与手机等物品，只窃取女性的内衣内裤，令小区内女性住户忧心忡忡，气恼不已。为捕捉盗贼，小区物业增加了巡逻力度，个别住户家中甚至为此安装了摄像头，在盗贼再次偷盗的时候拍摄到现场画面，警方依此抓获了利用“万能钥匙”入室偷窃的吴某，并在吴某家中搜出了近2 000件女性的内衣内裤。

诊断：性心理障碍（恋物症）。

问题：

（一）请给出患者的主要的护理诊断。

（二）给患者制定相应的护理措施。

性心理障碍又称为性欲倒错，指两性性行为的心理和行为明显偏离正常，并以此作为性兴奋、性满足的主要或唯一方式为主要特征的一组精神障碍，旧称为性变态。常包括三种类型：性身份障碍（如易性症）、性偏好障碍（如恋物症、露阴症、性施虐症和性受虐症）、性取向障碍（如同性恋等）。

性心理障碍患者在寻求性对象及满足性欲的方式方面与常人有别，但多数适应社会生活良好，个性内向、害羞、安静或孤僻，不具备人格障碍所具有的特征。

性心理障碍患者具备正常的道德伦理观念，对寻求性欲满足的异常行为方式有充分的辨认能力和削弱的控制能力，事后多有愧疚之心，想改变但又力不从心。

一、护理评估

（一）病因及发病机制

形成原因尚无一致结论，考虑与以下因素有关：

1. 心理因素　在性心理障碍的病因学中占主导地位。

（1）精神动力学理论认为，患者在其性心理发展过程中遇到挫折，退行到儿童早期幼稚的性心理发育阶段。表现为一种幼稚的、不成熟的儿童性取乐行为，如玩弄生殖器、暴露阴茎、偷看异性洗澡等。

（2）行为学理论认为，某些无关刺激通过某种偶然机会与性兴奋结合，由于性快感的强烈体验，使其主动回忆相关场景时仍会出现性快感，这些性幻想强化了无关刺激，因而形成了条件联系。

（3）家长对子女的性教育失当与社会不良影响对本病的产生也具有重要作用。

2. 社会因素　不正确的性生物学知识教育，不同价值体系社会的性伦理、性道德和性社会学知识的不当教育均可促成性心理障碍的发生。

（二）临床表现

1. 性身份障碍　主要指易性症，患者对自身性别的认定与解剖生理上的性别特征呈持续厌恶的态度，有改变本身性别的解剖生理特征以达到转换性别的强烈愿望，对异性没有任何兴趣。发生率约为 1/10 万，以男性多见，男女之比约为 3∶1。

异性症患者常为自己的性别痛苦不已，渴望通过激素或手术治疗改变自己的性器官。女性患者厌恶女装，否认自己的女性解剖结构，不愿意乳房发育或月经来潮；男性患者厌恶阴茎和睾丸或认为其即将消失，期望自己变成女性。约有 1/3 男性患者结婚，但离婚比例较高。

2. 性偏好障碍

（1）恋物症：因强烈的性欲望和性兴奋的驱使，反复收集异性所使用的贴身物品，手淫或在性交时嗅闻抚摸这类物品以获得性满足，即所恋物体成为性刺激的重要来源或获得性满足的基本条件。

本症常于青少年性成熟期初发，个别起源于儿童期。几乎仅见于男性，又多见于单身或孤独者。有人只将迷恋的物品作为以正常方式获得性兴奋的一种手段，不能视为恋物症；只有当迷恋的物品成为性刺激的重要来源或是达到性满足的必备条件或作为激发性欲的惯用和偏爱的方式，方可诊断为恋物症。

恋物症患者迷恋的物品多为女性使用过的胸罩、内衣、内裤、鞋袜、饰物和手绢等，对未曾使用过的物品兴趣不大。患者会采取各种手段甚至冒险偷窃此类物品收藏，作为性兴奋的激发物，但对异性本身并无特殊兴趣，一般不会出现攻击行为。

（2）异装症：是恋物症的一种特殊形式，表现对异性衣物特别喜欢，反复出现穿戴异性衣物的强烈欲望并付诸行动而引起性兴奋。当此行为受到抑制时，可引起明显的不安情绪。

异装症患者对自身性别的认同无障碍，也并不会要求改变自身性别的解剖生理特征，性取向正常。患者穿戴异性服装是将其作为性唤起物并取得性满足，性满足后便会换掉异性服装，不同于同性恋。同性恋穿异性服装是一贯倾向，认为这样才符合他们的性取向和内在性格。

（3）露阴症：以反复多次在陌生异性毫无准备的情况下暴露自己的生殖器以达到性兴奋的目的，部分患者会继以手淫，但无进一步性侵犯行为。几乎仅见于男性，但如在中老年首次出现，应怀疑器质性原因。多数露阴者性功能低下或缺乏正常性功能，有的明确表示对性交没兴趣。

患者多性格内向，露阴前有逐渐增强的紧张焦虑体验，多选择在傍晚，并与对方保持安全距离，以方便逃脱。从对方的震惊、恐惧或耻笑辱骂中得到性满足。若某些年龄较大的女性对露阴症患者的露阴行为表现冷淡和无动于衷，露阴者便会大为扫兴。

（4）窥阴症：偏爱以反复多次窥视他人性生活、亲昵行为或异性裸体作为性兴奋方式，在窥视当时手淫或事后通过回忆手淫，达到性满足。以男性多见。

患者多数通过厕所、浴室或卧室窗户孔隙进行窥视，并不企图与被窥视者性交，一般不会有进一步的攻击和伤害行为。他们对窥视有强烈追求，即便环境肮脏，害怕被发现，但仍难以控制冲动，铤而走险。窥阴症患者多不愿与异性交往，甚至害怕异性，害怕性交，与性伴侣的活动难以成功，部分患者伴有阳痿。

因偶然的机会偷看异性洗澡、上厕所不属于本症，看色情影片、画册时伴有性兴奋或作为增强正常性活动的一种手段也不能诊断为本症。

（5）摩擦症：多指男性在拥挤的场合或乘对方不备，伺机以身体的某一部分摩擦和触摸女性身体的某一部分以达到性兴奋的目的。患者没有暴露生殖器的愿望，也没有与摩擦对象发生性交的要求。有进一步的性侵犯行为甚至企图强奸对方是流氓犯罪行为，而不是摩擦症。

（6）性施虐症与性受虐症：在性生活中，向性对象同时施加肉体上或精神上的痛苦，作为达到性满足的惯用和偏爱方式者为性施虐症。反之，要求对方施加痛苦给自己，作为达到性满足的惯用与偏爱方式者为性受虐症。国外报道较多。多数见于男性，部分性施虐症患者童年有虐待动物史。很少有一对配偶同时出现本症，往往是应对方要求而被迫配合。

3. 性取向障碍　主要指同性恋。因各国文化、法律、制度等的差异，对同性恋的评判标准差别很大。目前普遍认为，同性恋作为特殊的性体验与性行为，不属于精神障碍范畴。ICD-10 没有列出同性恋的诊断标准，DSM-Ⅳ取消了同性恋这一诊断类别。

二、护理诊断

1. 自我认同紊乱　与自身性别的认定障碍有关。
2. 自我形象紊乱　与性格内向，自卑心理有关。
3. 家庭应对无效，失去能力　与社会、家庭认同有关。
4. 焦虑　与内心冲突，自我不和谐的性体验，事后的愧疚有关。
5. 无效性角色行为　与性心理障碍有关。

三、护理措施

（一）心理护理

性心理障碍患者的内心脆弱，比普通人更容易受到伤害，自卑感强，性格内向，护理人员应尊重患者，鼓励患者宣泄、调整情绪，倾听患者内心的苦闷，使不良情绪得以发泄，缓解长期压抑的心理状态。帮助患者回顾自身的心理发展过程，理解在何时、何阶段、哪些因素导致其走向歧途，使患者正确领悟并进行自我心理纠正，帮助患者强化自我意识，控制不良性行为，建立正面的自我形象和健康的生活方式。

（二）健康教育

正确的性心理教育是预防性心理障碍的最重要的社会措施。父母应对儿童的性教育进行适当的引导和科学的解释，不可性封闭或放纵与诱惑，不可随自己喜好将男孩打扮成女孩或将女孩打扮成男孩。

思考题

1. 分裂型人格障碍患者具备下列哪个特点（　　）
   A. 以自我为中心，强求他人满足自己意愿
   B. 性格内向，离群独处
   C. 关注他人对自己的看法
   D. 易激惹，可有攻击性行为
   E. 常合并智能障碍
2. 关于性心理障碍患者的说法，哪项是正确的（　　）
   A. 违法，可不追究其责任　　B. 多合并有人格障碍
   C. 社会适应困难　　D. 对自己的行为缺乏充分的辨认能力
   E. 多数性欲低下，甚至不能进行正常的性生活，家庭关系多不和谐
3. 关于反社会型人格障碍，哪项说法不正确（　　）
   A. 缺乏道德观念
   B. 对家庭亲人缺乏爱和责任心，待人冷酷无情
   C. 极端自私与以自我为中心，以恶作剧为乐
   D. 行为不符合社会规范，甚至违法乱纪
   E. 罪行特别严重、作案手段残酷、犯罪情节恶劣的犯人均属于反社会型人格障碍
4. 关于人格障碍，哪项说法不正确（　　）
   A. 人格障碍一般始于未成年时期
   B. 人格障碍没有明确的起病时间，一旦形成就会持续到成年甚至终生
   C. 人格障碍可能是精神障碍发生的因素之一
   D. 部分人格障碍患者其症状程度在成年后有所减轻
   E. 部分人格障碍患者是成年后的社会应激所造成

（5~6 题共用题干）　李某，男，17 岁。常逃学、撒谎、斗殴、欺负弱小，初中勉强毕业，现无固定工作，在外偷窃、赖账，情绪不稳定，易怒，屡教不改。

5. 该患者应诊断为（　　）
   A. 焦虑型人格障碍　　B. 分裂样人格障碍
   C. 偏执型人格障碍　　D. 反社会型人格障碍
   E. 品行障碍

6. 该患者没有下列哪项护理诊断（ ）

A. 社交功能障碍　　B. 自理缺陷

C. 焦虑　　D. 抑郁

E. 有对他人施行暴力行为的危险

答案：1. B　2. E　3. E　4. E　5. D　6. B

（李　婕）

扫码看 PPT　　扫码做练习

第十三章

儿童及少年期精神障碍患者的护理

学习目标

1. 掌握儿童与少年期精神障碍患者的护理。
2. 熟悉儿童与少年期精神障碍的临床特点。
3. 了解儿童与少年期精神障碍的病因和发病机制。
4. 能对儿童与少年期常见的精神障碍正确实施护理程序。
5. 具有严谨求实的工作态度，具有耐心、细心、关爱患者的职业道德，能保护患者的隐私。

第一节　精神发育迟滞患者的护理

情景导入

小玉，女，8岁，小学二年级学生。因学习困难就诊。患儿在校上课安静不吵闹，尊敬老师，遵守纪律，和同学们相处和睦，在家性格温顺，能做简单家务。但反应慢，记忆力差，常不能独自完成课堂与家庭作业，需老师或家长辅导才能完成。患儿出生时有脐带绕颈，2岁学步，2岁半喊爸爸、妈妈，4岁进幼儿园，但自理能力不如其他同龄儿童。无重大疾病史，无精神或神经病家族史。躯体检查无阳性体征。父母非近亲结婚。精神检查时合作，回答问题时认真但语言表达简短。韦氏儿童智力测验智商64，言语智商62，操作智商65。

诊断：轻度精神发育迟滞。

问题：

1. 请给出患儿的主要的护理诊断。
2. 给患儿制定相应的护理措施。

精神发育迟滞是指个体在中枢神经系统发育成熟（18 岁）以前，因先天或后天的各种不利因素导致精神发育停滞或受阻，以智力低下和社会适应不良为临床特点的精神障碍。

世界卫生组织（WHO）1985 年报道，精神发育迟滞患病率轻度占 3%，中、重度占 0.3%~0.4%，美国的发病率为 1%，其中 85%为轻度精神发育迟滞。1993 年我国 7 省、市 9~14 岁精神发育迟滞流行病学调查显示，患病率约为 2.84%。不同国家和地区采用的诊断标准、方法和工具的不同，使得患病率和发病率存在较大的差异。

一、护理评估

（一）病因

目前已明确的病因有以下几方面：

1. 遗传因素

（1）染色体异常：染色体的倒位、易位、缺失、重复、环形染色体和等臂染色体等结构异常。常见原因如唐氏综合征（先天愚型）是因 G 组第 21 对染色体三体型，先天性睾丸发育不全是因男性染色体数目增多，先天性卵巢发育不全是因女性缺少 1 条 X 染色体。

（2）基因异：DNA 分子结构异常使机体代谢所需酶的活性不足或缺乏，致遗传代谢性疾病，可有精神发育迟滞的临床表现。常见于戈谢病、家族性黑蒙性痴呆、苯丙酮尿症、半乳糖血症、脑蛋白营养不良、脂质沉积症等。

（3）先天性颅脑畸形：如先天性脑积水、家族性小脑畸形、神经管闭合不全等疾病均可导致精神发育迟滞。

2. 围生期有害因素

（1）感染：母孕期各种病毒、细菌、寄生虫、螺旋体感染等。

（2）药物：很多药物在母孕期使用可导致精神发育迟滞，尤其是作用于中枢神经系统、内分泌系统和代谢系统的药物，以及抗肿瘤和水杨酸类药物。

（3）毒物：食物、环境和水被铅、汞等有害物质污染。

（4）放射性和电磁波。

（5）妊娠期疾病和并发症：如糖尿病、甲状腺疾病、妊娠高血压、严重贫血、先兆子痫等。

（6）分娩期并发症：如脐带绕颈、前置胎盘、产程过长、胎儿宫内窘迫、早产等使胎儿颅脑损伤或缺氧。

（7）母亲妊娠年龄偏大、抽烟、饮酒、营养不良、遭受强烈或长期的心理应激产生持续的情绪抑郁、焦虑等都可能与精神发育迟滞有关。

3. 出生后不良因素

（1）脑损伤：中枢神经系统感染如脑膜炎、脑炎等，颅脑外伤，颅内出血，脑缺氧如一氧化碳中毒、溺水、癫痫等，甲状腺功能低下，重度营养不良等。

（2）家庭社会因素：父母文化水平低、贫困或听觉、视觉障碍导致儿童缺乏文化教育的机会，也可导致精神发育迟滞，但一般不严重，一旦有接受文化教育的机会，智力水平可提高，提高程度与患者年龄和受损程度等相关。

（二）临床表现

智力低下和社会适应不良为本病主要表现。WHO 根据智商将精神发育迟滞分为以下 4 个等级：

1. 轻度　约占精神发育迟滞病例的 85%，智商在 50~69，成年以后可达到 9~12 岁的心理年龄。患者在幼儿期即可表现出智能发育较同龄儿童迟缓，如语言发育延迟，词汇不丰富，理解能力和分析能力差，抽象思维不发达。就读小学后学习困难，学习成绩经常不及格，只能勉强完成小学学业。患者能进行日常的语言交流，但对语言的理解和使用能力差。通过职业训练能从事简单非技术性工作，有谋生和家务劳动能力，但工作缺乏主动性。

2. 中度　约占精神发育迟滞病例的 10%。智商在 35~49，成年后可达到 6~9 岁的心理年龄。患者从幼年开始智力和运动发育都明显较正常儿童迟缓，语言发育差，表现为发声含糊不清，虽能掌握日常生活用语，但词汇贫乏、词不达意。能计算个位数的加、减法，但不能适应普通小学的就读。适当训练后，能完成某些简单劳动，但质量差、效率低。在指导和帮助下能学会简单生活自理。

3. 重度　占精神发育迟滞病例的 3%~4%。智商在 20~34，成年以后可达到 3~6 岁的心理年龄。患者在出生后即可出现明显的发育延迟，训练后能学会简单语句，但不能进行有效语言交流。不会计数、不会劳动、不会学习、生活不能自理、无社会行为能力。可伴有明显的脑部损害。

4. 极重度　占精神发育迟滞病例的 1%~2%。智商在 20 以下，成年后可达到 3 岁以下的心理年龄。完全没有语言能力，不会躲避危险，不认识亲人及周围环境，仅会以尖叫和哭闹来表示需求，生活完全不能自理，合并严重的脑部损害，伴有躯体畸形。

（三）预防与治疗

精神发育迟滞一旦发生，难以逆转，故预防重于治疗。预防的重要措施有检测遗传性疾病、做好围生期保健、避免围生期并发症、防止和尽早治疗中枢神经系统疾病等。对病因明确者，若能及时采用病因治疗，可以阻止智能损害程度的进一步加重。

精神发育迟滞的治疗原则是以教育和康复训练为主，辅以心理治疗，少数患儿需用药物对症治疗伴随的精神症状。

二、护理诊断

1. 营养失调，高于或低于机体需要量　与智力水平低下所致食欲亢进或减退及消化不良有关。

2. 有受伤的危险　与认知功能障碍有关。

3. 生活自理缺陷　与智力水平低下有关。

4. 社会交往障碍　与智力低下、语言能力缺失、社会行为能力丧失有关。

5. 语言沟通障碍　与智力发育障碍有关。

6. 父母角色冲突　与智力水平低下、需要过多照顾有关。

三、护理措施

（一）生活护理

对于轻、中、重度的精神发育迟滞患者，护理人员主要是协助加强患者的基本生活技能的训练，密切观察患者生活自理的情况，发现问题及时进行护理干预。

极重度精神发育迟滞由于无法实施任何教育和康复训练，护理人员要密切观察患儿的进食情况、睡眠情况、大小便情况是否正常，照顾好患儿基本的生活需求，并对发现的问题进行护理干预。要照顾好患儿的个人卫生状况，做好晨晚间护理，包括定期给患儿洗澡、更衣、理发、修剪指（趾）甲等，保持患儿的清洁卫生。

（二）安全护理

患儿居住环境应简单实用，房间窗户应有相应的安全措施，随时检查有安全隐患的物品如锐器、药品、火柴等。禁止患儿攀爬、打闹，以免出现危险。

（三）用药护理

患儿对药物不良反应及症状表达能力差，护理人员应在药物治疗过程中，密切观察病情演变，及时处理不良反应。

（四）教育训练

对精神发育迟滞的患儿具有很大的实际意义。需要家长、教师、康复训练师和临床治疗师相互配合进行。医护人员和家长应有耐心，坚持不懈地对患儿进行教育和训练，使他们能较好掌握语言应用能力，逐渐适应周围环境，能掌握简单的劳动技术，具备基本的道德品质，以达到基本能生活自理。在教育与训练过程中，不可操之过急。各程度精神发育迟滞患者的教育训练内容如下：

1. 轻度精神发育迟滞患者　教师和家长应采用形象、生动、直观的方法，对同一内容反复强化，培养和训练患儿辨认钱币、打电话、乘坐公共交通工具、购物、基本的劳动技能、回避危险和处理紧急事件的方法，成年后进行职业训练，使其成年后具有独立生活、自食其力的能力。

2. 中度精神发育迟滞患者　主要训练患儿的生活自理能力和社会适应能力。如洗衣、换衣、正确表达自己的要求和愿望，人际交往中的行为举止和礼貌，并加强人际交流中需要的语言训练。

3. 重度精神发育迟滞患者　应训练患者与护理人员或照料者之间的协调配合能力、简单生活能力和自卫能力。如进餐、如厕、简单语言交流以表达饱饿、冷暖，避免受外伤等。可将一种技能分解成几个步骤，再逐步反复强化训练。

4. 极重度精神发育迟滞患者　几乎无法实施任何教育和康复训练。

（五）健康教育

重点针对家长和老师进行健康教育，使他们正确地认识本病特征，清楚可能的预后。从患儿的实际发展水平出发，鼓励患儿多与外界接触，多说话，多联系，及时表扬和强化，提高患儿的学习兴趣和信心，切忌歧视、辱骂甚至殴打，不可操之过急。此外，应对围产期保健措施与产前诊断等本病的预防知识进行宣传。

第二节　儿童孤独症患者的护理

情景导入

小明，男，6岁。因语言表达能力差就诊。围生期及身体发育正常。3岁时还不会说完整的句子。喜欢独处，不喜欢参与幼儿园的集体游戏，说话吐字不清，无法与人正常交流，不愿抬眼注视他人。对数字特别感兴趣，心算能力特别强。在纸上随意写上两位数的加减乘除，小明看着纸，一会儿就能写出正确答案。但如口述问他："1根香蕉和3根香蕉放一起是几根？"小明却一脸茫然地答不上来。妈妈拿着水果、动物卡片一个词一个词反复地教，可刚教过的词再问还是记不住。

诊断：高功能型儿童孤独症。

问题：

1. 请给出患儿的主要的护理诊断。
2. 给患儿制定相应的护理措施。

儿童孤独症主要表现为不同程度的人际交往障碍、语言发育障碍、兴趣狭窄和行为方式刻板，约3/4的患者伴有精神发育迟滞，预后差；少数患者在智力普遍低下的背景下，智力的某一方面相对较好或非常好。常起病于婴幼儿时期。

国外20项流行病学调查儿童孤独症患病率为0.048%，国内区域性流行病学调查患病率为0.1%~0.2%。孤独症患病率有增高趋势，2007年美国疾病预防控制中心根据14个州的数据公布最新孤独症患病率为0.66%。本病以男孩多见，男、女患者比例为（2.3~6.5）：1。

一、护理评估

（一）病因

孤独症的病因尚未阐明，考虑和以下因素有关：

1. 遗传　遗传因素对孤独症的作用已明确，目前已发现常染色体10个以上孤独症易感基因。孤独症患者母亲再分娩第二胎孤独症的患病危险率为5%。
2. 围生期因素　产伤、宫内窒息等围生期并发症较正常对照组多。
3. 其他　感染和免疫系统异常，神经生化及神经解剖学方面的因素等。

（二）临床表现

1. 社会交往障碍　患者不能与他人建立正常的人际交往方式。缺乏期待父母及他人拥抱、爱抚的目光、表情或姿态，甚至拒绝父母的拥抱和爱抚，在得到他人的关爱时也没有流露出愉快和满足感。分不清人与人之间的亲疏关系，不能与父母建立正常的依恋关系，遇到不愉快的事或受到伤害时不会寻求父母的安慰。与同龄儿童间不能建立正常的伙伴关系，喜欢独处，不关注也不参与同伴的游戏或其他活动。被迫与同伴一起玩耍时，不会主动接触他人，更不能全身心地投入集体活动中。

2. 语言交流障碍　语言发育明显落后于同龄儿童是多数患者就诊的主要原因。患儿2、3岁时还不能说出有意义的单词和最简单的句子，不能用语言进行人际交流。4、5岁时开始说单词、简单的句子，但不会使用代词，尤其是你、我、他等人称代词。患儿可能突然说出一些语句，但内容与当时的情境无关，患儿也不在意是否有人在听，似自言自语。说话时语句单调平淡，缺乏抑扬顿挫和感情，很少注视对方的目光。常有模仿语言或刻板语言，如重复别人刚说过的话，或反复询问同一个简单的问题。

3. 兴趣狭窄、行为刻板　患儿对正常儿童所喜爱的活动、游戏、玩具都不感兴趣，却迷恋非玩具的物品，如旋转锅盖，可关注数十分钟甚至几小时而不厌倦。经常固执地保持日常活动的程序，如每天吃同样的饭菜，只用同样的被褥枕头，上学走相同的路线等，若活动程序被改变，患儿会焦虑不安、哭闹甚至有反抗行为。部分患儿有刻板行为，如重复拍手、跺脚、转圈、舔墙等。

4. 智能障碍　75%~80%的患儿伴不同程度的精神发育迟滞。智能损害模式具有特征性，即智能的各方面发展不平衡，操作智能高于言语智能，部分患儿具有良好的机械记忆、空间视觉能力，如对日历、公交车时刻表、车牌号码等记忆力很好。患儿的最佳能力与最差能力间的差距非常大，但多数患儿的最佳能力仍然低于正常同龄儿童。智力水平正常或接近正常者称为高功能型孤独症，有明显智能损害者称为低功能型孤独症。

5. 精神神经症状　多数患儿有注意缺陷和多动症状，约20%合并抽动症状，其他可合并强迫行为，自伤行为，攻击和破坏行为，违拗，拔毛发行为，偏食、拒食、异食行为，焦虑，恐惧，睡眠障碍等。30%患儿脑电图异常，12%~20%患儿伴癫痫发作，以大发作类型居多，低智能型孤独症患儿发生率较高。

知识拓展

儿童孤独症又称为自闭症。1943年，来自美国密西西比州费雷斯特的一个名叫唐纳德的10岁孩子被确诊患有自闭症，他被称为“第一病例”，简称“Donald T”。当年的一篇文章首先提到他，宣布发现了“一种前所未有的疾病”“一种复杂的神经紊乱症”。

美国医生Kanner报道了11例患者，并命名为“早期婴儿孤独症”（early infantile autism）。他当时描述这个类群的患者特征如下：严重缺乏与他人的情感接触；怪异的、重复性的仪式性行为；缄默或语言显著异常；高水平的视觉——空间技巧或机械记忆能力与在其他方面学习困难形成对比；聪明、机敏且具有吸引力的外貌表现。

最初，Kanner报道的这类患者被认为是儿童精神分裂症的一个亚型而未受重视。在20世纪40~60年代，又有数人描述了与Kanner报道相似的病例，并冠以各种各样的名称。当时的国际及美国精神病分类与诊断标准将这类患者归入“儿童分裂样反应”类别中。对于孤独症的病因学，当时普遍认为是父母养育方式不当造成了孤独症的发生。Kanner将孤独症患儿的父母描述成一群高学历的、事业心很强但又冷漠无情的人，这一观点在当时似乎很少有异议。

20世纪60~70年代，Rutter的研究指出，孤独症的行为如果被认为是从出生到童年早期的发育障碍所致则更为合情合理。由此，逐渐把孤独症看作为是一种躯体性的、与父母抚育方式无任何关联的发育障碍。在此时期，Lotter发表了新的孤独症诊断标准，强调把社会交互作用、言语与交流和重复性活动三个方面作为基本标准，并舍弃了Kanner诊断标准中关于"特殊技能"和"吸引人的外貌"两项。以后，在Lotter标准的基础上，开展了广泛的流行病学调查研究。现在所普遍接受的"孤独症发病率(4~5)/1万"是当时最重要的研究成果。

20世纪80年代，关于孤独症的研究进入全新阶段。人们开始抛弃所谓"父母抚养方式不当"的病因假说，从生物学领域探索孤独症的病因，并在临床症状的识别和临床诊断方面将孤独症与精神分裂症彻底分开。Kolvin的研究表明，孤独症同成年精神病性障碍，尤其是成年精神分裂症没有关系。1980年出版的《DSM-Ⅲ》首次将童年孤独症视为一种广泛性发育障碍。之后，随着对孤独症研究的深入，人们逐步认识到孤独症是一种在一定遗传因素作用下，受多种环境因子刺激导致的弥漫性中枢神经系统发育障碍性疾病。在此认识的基础上，开展了从分子遗传到神经免疫、功能影像、神经解剖和神经化学等多方面的研究，人们试图从这些研究中找到孤独症的致病原因。但直至目前，仍没有任何一种假说能从根本上完美地解释孤独症的病因。

进入20世纪90年代，自闭症患者激增，平均每110个孩子中就有1个表现出自闭症症状。随着统计发病率的不断增高，这一疾病逐渐开始引起人们的正视。

2007年12月，联合国大会通过决议：从2008年起，将每年的4月2日定为"世界自闭症日"，以提高人们对自闭症和相关研究与诊断以及自闭症患者的关注。

2010年，著名演员李连杰和文章主演了讲述自闭症家庭故事的电影《海洋天堂》，更进一步地唤起了普通民众对于自闭症群体的关注。

（三）治疗

目前还缺乏能够改变孤独症的病程、改善核心症状的药物。国内外公认康复训练是改善儿童孤独症核心症状、提高患者生活质量的最有效方法。目标是促进患儿的语言发育，提高社交能力，掌握基本生活技能和学习技能。主要的康复训练和教育方法有应用行为分析法、具有结构化教育特点的孤独症以及相关障碍患儿治疗和教育课程、人际关系发展干预法。

心理治疗方面多采用行为治疗，目的是强化已经形成的良好行为，对患儿的异常行为予以矫正。家庭治疗可以使患儿的父母了解患儿存在的问题，与治疗人员相互支持和协作，全力参与治疗。

二、护理诊断

1. 营养失调，低于机体需要量　与自理缺陷、行为刻板有关。
2. 有自伤的危险　与认知功能障碍有关。
3. 有对他人施行暴力行为的危险　与情绪不稳有关。
4. 社交障碍　与社交功能缺陷有关。

5. 个人自理缺陷　与智力低下、认知功能障碍有关。

6. 语言沟通障碍　与言语发育障碍有关。

7. 家庭运作过程失常　与疾病知识缺乏有关。

三、护理措施

（一）生活护理

要保证患儿正常的生活需求和良好的个人卫生状况。由于患儿存在认知功能障碍、语言发育障碍，且患儿发病年龄较小，难以将自身的不适及需求主动提出，故护理人员要密切观察患儿的进食、睡眠、大小便的次数、性质及量是否正常，并对所出现的问题进行护理干预，督促、指导患儿定期洗澡、更衣、理发、修剪指（趾）甲。

（二）安全护理

由于患儿的认知功能障碍及情绪不稳，可能出现暴力行为、自伤行为。护理人员要密切观察患儿的活动内容及情绪变化，排除不安全的隐患，必要时专人护理，控制活动的区域，避免患儿接触危险物品。若患儿处于激动、兴奋状态，应将其安置于安静环境中，护理人员保持耐心、和蔼，减少对患儿的不良刺激，给予适当的引导，转移其注意力，及时了解引起激动兴奋的原因，以免重蹈覆辙。

（三）教育训练

1. 生活自理能力训练　根据患儿智力及现有生活技能状况，制订一个明确具体的训练计划。将每种生活技能的训练计划分解成具体训练的若干步骤，如穿衣，分解为披衣、穿袖、扣纽扣、翻衣领、整理等几个步骤进行。每天训练要达到的标准根据患儿接受和掌握的程度而定，每次计划实施后要对患儿接受训练的情况进行记录。训练过程中，对患儿的每个小小进步及时给予言语、行动、表情及物质上的奖励，以强化训练效果。鼓励患儿持续完成每一项训练内容，直到掌握并固定下来，不可半途而废。

2. 语言能力训练　语言沟通障碍是孤独症患儿的特征之一，可显著影响患儿的社会适应能力。言语训练应个体化，根据患儿言语能力的水平制订计划，从认物、命名到表述，从简单的音节到完整的句子，锻炼患儿用语言表达自己的需要，当达到一定程度时，让患儿参加语言交流的游戏。

3. 人际交往能力训练　可改善患儿对社会的适应能力，帮助患儿自立。

（1）训练注意力：用患儿感兴趣的教材，要求其注意并正视说话者的脸，并逐渐延长注视时间，反复强化，使患儿对对方的存在、言语、目光等有所注意。

（2）模仿动作：让患儿模仿他人动作，如广播体操等，从而意识到他人的存在。

（3）姿势性语言的学习和表情动作的理解：给患儿做姿势性语言的示范，如点头、摇头等，要求其模仿，反复训练至患儿能理解为止。用实际动作或镜子训练患儿理解身体动作及表情，强化患儿的正确回答，逐渐减少提示，直至患儿能正确辨别和理解为止。

（4）提高语言交往能力：利用情景或患儿提出要求时进行，反复训练患儿在想满足某种要求时，能用语言表达自己的愿望。或让患儿进行传话训练，传话语句由短逐渐延长，使患儿在提高语言能力时能主动与他人建立关系，改善交往。

（5）利用游戏改善交往：先与患儿建立亲密关系，观察和关心其兴趣、爱好，做患儿感兴趣的事给他（她）看，再逐步扩大患儿交往范围，待患儿能参加集体游戏时，游戏内容逐步加入购物、乘车等日常活动，让患儿扮演不同角色，掌握各种角色的行为方式，学习各种社会规范，以学会如何与人进行交往，完成日常活动，为成年后的自立打好基础。

4. 行为矫正训练　针对不同行为，采用不同的矫正方法，具体措施有：

（1）刻板或不良习惯的矫正：在患儿的日常生活中有意识到做些小变动，使其在不知不觉中慢慢习惯常规生活的变化，不可一味迁就患儿。培养患儿多种兴趣，积极参与一些建设性的活动，如画画、写字、做家务等，有助于改善其刻板和强迫行为。

（2）孤独行为的矫正：父母应熟悉患儿的喜好和需要，尽量融入患儿的生活，使其能逐渐接受大人的帮助，接受外周的世界，同时配合言语能力和社会交往能力的训练，帮助患儿走出孤独。

（3）发脾气和尖叫行为的矫正：查找原因，或带患儿离开原环境，或采取不予理睬的态度，在患儿自己平息后，立刻给予关心和爱抚，对其自己停止发脾气或尖叫予以表扬和称赞。

（4）自伤、自残行为的矫正：应立即制止，或给患儿戴上手套和帽子，或要求患儿学习“把手放在桌子上”“把手背在身后”等行为，以减少自伤的发生。

（四）用药护理

护理人员应耐心劝导患儿服药，服药后检查口腔，确保药物服下。要保证患儿按时服药，确保剂量的准确性，以免发生严重的不良后果。服药后观察患儿的反应，出现严重不良反应，立即汇报医生，进行相应处理，安抚患儿，避免其过分紧张。

（五）健康教育

帮助家长认识疾病的性质，讲解可能的病因，减少家长对疾病的恐惧和对孩子患病的自责与内疚感。使家长冷静、理智地看待本病，树立信心，积极与专业人员配合，一起训练和教育孩子。对患儿的训练需长期坚持进行，应将训练方法、注意事项教给家长，使家长能独立操作完成。

第三节　注意缺陷与多动障碍患者的护理

注意缺陷与多动障碍主要临床表现为明显的注意力不集中和注意持续时间短暂，活动过多和冲动，影响学习效率和人际交往。

国内调查本病患病率为1.5%~10%，国外报道学龄儿童中患病率为3%~5%，男性多于女性，男、女之比为（4~9）：1。美国儿童少年精神病学会（AACAP）最近的流行病学研究结果显示患病率在小学生中男性为10%，女性为5%。

一、护理评估

（一）病因

本病的病因和发病机制尚未阐明，可能为多种因素相互作用所致。相关因素有遗传、神经递质功能异常、神经解剖和神经生理异常、神经发育异常以及家庭和心理社会因素等。

（二）临床表现

1. 注意障碍　是本病最主要的症状。表现在听课、做作业或其他活动时注意力难以持久，容易因外界刺激而分心，或常常从一种活动转向另一种活动。患儿在活动中注意不到细节，与成人交谈时心不在焉，日常生活中容易丢三落四。常回避或不愿意从事需要较长时间持续集中注意力的任务，不能按时完成家庭作业或指定的其他任务。

2. 活动过多和冲动　患儿表现为小动作不断，在教室不能静坐，常擅自离开座位或教室，难以参与安静的活动或游戏，采取行动前缺乏思考，不估计后果，仅凭一时兴趣行事，为此常和同伴发生打斗或纠纷，造成不良后果。讲话不注意场合，在别人讲话时插嘴或打断别人的谈话。情绪不稳，易过度兴奋，也容易因受挫折而情绪低沉或出现反抗和攻击性行为。要求必须立即满足，否则易哭闹、发脾气。

3. 学习困难　因为注意缺陷和多动症状影响了患儿在课堂上的听课效果、完成作业的速度和质量，导致其学业成绩低于其智力所应该达到的水平。

4. 神经、精神发育异常　患儿的精细动作、协调运动、空间位置觉等发育较差。如对指运动、系鞋带等动作都不灵便，分辨左右困难。少数患儿伴有语言发育延迟、语言表达能力差等问题。智力测验显示部分患儿的智商偏低，言语智商高于操作智商，注意集中分量表得分较低。

5. 其他　注意缺陷与多动障碍和品行障碍的共患率达 30%～58%。表现为攻击性行为，如辱骂、伤人、破坏物品等，或一些不符合道德规范及社会准则的行为，如说谎、逃学、偷盗及对异性的猥琐行为等。另外，共患焦虑障碍者 31%、抽动障碍者 11%、心境障碍者 4%。

（三）治疗原则

药物治疗能短期缓解部分症状，但对于疾病给患儿及其家庭带来的一系列不良影响更多地要依靠教育训练、心理与行为治疗方法，故要根据患儿及其家庭的特点制订综合性治疗方案。

1. 药物治疗　药物能改善注意缺陷，减轻活动过多症状，在一定程度上提高学习成绩，短期内还能改善患儿与家庭成员及同伴的关系。常用药物为中枢神经兴奋剂如哌甲酯或苯异妥因，也可小剂量使用抗抑郁剂、α 受体拮抗剂。

2. 心理治疗　主要采用行为治疗和认知行为治疗。行为治疗利用操作性条件反射的原理，及时对患儿的行为予以正性或负性强化，使患儿学会适当的社交技能，用新的有效的行为来替代不适当的行为模式。认知行为治疗主要解决患儿的冲动性问题，让患儿学习如何去解决问题，预计自己行为带来的后果，克制自己的冲动，识别自己行为是否恰当，选择恰当的行为方式。心理治疗形式有个别治疗和或小组治疗，小组治疗的环境对患儿学会适当的社交技能更为有效。

3. 家长培训及学校干预　给父母提供良好的支持性环境，让他们学习和掌握解决家庭问题、与孩子共同制定明确的奖惩协定、有效避免与孩子间的矛盾和冲突等技巧，掌握使用正性强化方式鼓励孩子的良好行为、负性强化方式消除孩子不良行为的正确方法。

教师应针对患儿的特点进行教育，避免歧视、体罚或其他粗暴的教育方式，恰当地运用表扬和鼓励的方式提高患儿的自信心和自觉性，通过语言或中断活动等方式否定患儿的不良行为，安排课程时应考虑给患儿充分的活动时间。

（四）预后

约半数患儿在 4 岁前起病，多数因就读小学后学习困难或出现严重的行为问题而就诊。约30%患者在青春期后症状逐渐消失，大部分患者的症状将持续至成年期，成年患者中20%~30%不仅有临床症状，且合并反社会行为、物质依赖、酒依赖等问题。父母离婚、家庭不和睦、父母有精神障碍者和反社会行为等不良社会心理因素的患儿预后差，且易于并发品行障碍。

二、护理诊断

1. 营养失调，低于机体需要量　与活动过多有关。
2. 有自伤的危险　与情绪不稳、活动障碍有关。
3. 有对他人施行暴力行为的危险　与情绪不稳有关。
4. 生活自理缺陷　与活动过度、注意缺陷有关。
5. 社会交往障碍　与注意缺陷、多动有关。

三、护理措施

（一）生活护理

护理人员应观察患儿的进食、睡眠、大小便的自理情况，根据存在的问题进行护理干预。培养患儿按时进食的习惯，给予高热量、高维生素的食物，保证每日水的入量。对年龄较小或生活自理能力较差的患儿，做好其日常生活护理，如加减衣物、定期洗澡、修剪指（趾）甲等。合理安排作息时间，保证患儿睡眠充足，培养良好的生活习惯与规律。

（二）安全护理

护理人员要注意稳定患儿的情绪，保障患儿的安全。可控制患儿的活动区域，避免接触危险物品。密切观察患儿情绪的变化，发现征兆及时处理，在患儿情绪激动时，避免激惹，耐心、和蔼地给予引导，使患儿的愤怒与不满以正当的方式去疏泄。避免患儿参与竞争性较强或冒险的游戏，并向其讲解活动中存在的危险性。

（三）教育训练

1. 生活自理能力的训练　护理人员应督促患儿严格遵守作息时间，注意个人卫生，培养饭前、便后洗手，早晚洗漱的良好习惯等。

2. 注意力的训练　通过游戏比赛等形式对注意力进行训练，使患儿集中注意力的时间逐渐延长，改善注意障碍。指导父母根据孩子的情况制订计划，计划应比孩子能保持的“最高水平”长几分钟，使患儿稍微努力就能达到目标。目标设定太高，会让孩子看不到希望，不利于训练。训练过程中，计划依患儿症状的改善做相应的调整。为了避免孩子不停看表，可以借助定时器。

（四）健康教育

让家长和老师清楚患儿所患疾病的性质，不可歧视、粗暴对待患儿。对患儿应严格管理，建立简单的规矩，培养做事一心一意、有始有终的良好习惯。训练中应耐心，不断给予强化鼓励。加强家庭、学校间的联系，共同教育。

第四节　青少年品行障碍患者的护理

品行障碍是指儿童少年反复出现的持久的违反与其年龄相应的社会道德规范和行为规

范，侵犯他人或公众利益的行为。这些行为较正常儿童的调皮或少年的逆反行为更为严重。

国内调查发现患病率为1.45%~7.35%，男性多于女性，男、女之比为9：1，患病高峰年龄是13岁。美国18岁以下人群中男性患病率为6%~16%，女性患病率为2%~9%。英国调查显示10~11岁儿童患病率约为4%。城市患病率高于农村。

一、护理评估

（一）病因

品行障碍由生物学因素、家庭因素和社会环境因素相互作用导致。

（二）临床表现

1. 反社会行为　指一些不符合道德规范和社会准则的行为。表现为偷窃贵重物品和大量钱财；勒索和抢劫他人钱财；强迫他人和自己发生性关系或有猥亵行为；虐待或伤害他人躯体；经常逃学，离家出走，不顾父母禁令而整夜不归家；故意纵火；参加社会上的犯罪团伙，从事犯罪行为等。

2. 攻击性行为　表现为对他人的人身或财产进行攻击。如经常挑起或参与斗殴，采用打骂、折磨、骚扰或威胁等手段欺负他人；虐待弱小、残疾人和小动物；故意破坏他人或公共财物等。男性多表现为躯体性攻击，女性多表现为言语性攻击。

3. 对立违抗性行为　指对成人，尤其是对家长所采取的明显不服从、违抗或挑衅行为，多见于10岁以下儿童。表现为不是为了逃避惩罚而经常说谎，暴怒或好发脾气，怨恨他人，常记仇，爱报复，不服从、不理睬成人的要求或规定，常与父母、老师对抗，故意违反校规或集体纪律，不接受批评等。

4. 合并问题　常合并注意缺陷与多动障碍、抑郁、焦虑、情绪不稳或易激惹。可伴有发育障碍，如阅读困难、语言表达和接受能力差等。

品行障碍患者一般以自我为中心，好指责或支配别人，故意招人注意，为自己的错误辩护，自私自利，缺乏同情心。

（三）治疗原则

采用心理治疗以及家庭、学校和社区共同参与的心理社会干预为主的综合性个体化治疗方案。只有尽量在儿童少年出现品行障碍早期及时发现家庭和社会的相关危险因素，采用积极的干预措施才能取得良好效果，否则疗效较差。

（四）预后

多数患者预后不良。部分患者的行为问题持续到成年期，致使就业、婚姻、人际关系等困难，其中约半数患者发展为成年期违法犯罪行为或人格障碍。

二、护理诊断

1. 有感染的危险　与攻击性行为及使用毒品有关。

2. 有对他人施行暴力行为的危险　与反社会行为及攻击性行为有关。

3. 社会交往障碍　与对抗性行为有关。

4. 照顾者角色紧张或有照顾者角色紧张的危险　与家庭破裂或采取不正确的教育方式有关。

三、护理措施

（一）心理护理

护理人员应以耐心、关爱、包容的态度与患儿建立良好的护患关系，取得患儿的信任与合作。帮助患儿建立正确的人生观和价值观，通过事例、榜样，特别是现身说法来影响和教育患儿，努力转变其不正确的观念。

（二）症状护理

1. 创造良好的训练环境　利用各种机会让患儿与他人相处，引导患儿正确与同伴交往，使其体会各种交往方式的不同感受，促使其改善交往方式；鼓励患儿参与有一定约束力的集体活动，让其共同参与制定活动规则，并要求其严格执行，通过正性强化训练其自我控制能力。

2. 说谎的矫正　家长应注意教育方法，给孩子创造讲真话的环境。在有严格纪律的同时也给孩子一定程度的自由，避免孩子为了逃避惩罚而选择说谎。当发现孩子没有说谎的时候，及时给予表扬。

3. 攻击行为的矫正　将患儿放在团结友爱、文明礼貌的学生集体中，给其起良好习惯的示范作用；患儿的攻击行为有时是为了引起旁人注意。对此，我们应暂不理会其攻击行为，使他们得不到他人的注意。同时，及时表扬患儿有积极意义的行为，并强化鼓励；引导患儿学会忍让，尽力用非武力解决问题。

4. 不良习惯的矫正　让患儿参与制定计划和目标，并做好记录，达到目标要及时表扬和鼓励。也可用替代性反应法，即选择一个适当的行为来替代自己某种坏习惯，直到坏习惯消除。

（三）健康教育

讲解疾病的性质，使家长对患儿病态的行为有正确的认识，并清除家庭环境对患儿发病的重要影响，同时掌握正确的教育方式，引导患儿学会正确的社会规范和行为准则，树立正确的是非观念和道德观念，学会正确地处理个人与他人、个人与家庭、个人与社会的关系。

第五节　儿童少年期情绪障碍患者的护理

儿童少年期情绪障碍可划分为两类：第一类是与成人相同的情绪障碍，如心境障碍、强迫障碍、惊恐障碍、广泛性焦虑障碍等；第二类特发于儿童期，或具有儿童患者特征的情绪障碍，如分离性焦虑、恐惧焦虑障碍、社交焦虑障碍等。本节主要介绍第二类。

国内调查儿童少年各类情绪问题发生率为17.7%，女性多于男性，城市患病率高于农村。

一、护理评估

（一）病因

遗传易感因素，幼儿期养成的胆怯、敏感、过分依赖的心理特点，家长对孩子过分保护或过分严厉、苛责、粗暴等不当家庭教育方式，儿童患躯体疾病等因素均使儿童易发生情绪问题。当儿童遇到心理应激因素，如初次上幼儿园、转学、学习负担过重、父母离异等促使发病。

（二）临床表现

1. 儿童分离性焦虑障碍　儿童与所依恋的对象分离时产生过度的焦虑情绪，并影响患儿的正常生活、人际交往和学习。依恋对象多为患儿母亲，也可是祖父母、父亲、其他扶养者或照管者。

多起病于6岁前，主要表现为与依恋对象离别时过分的焦虑、惊恐不安，担心亲人遭受意外、自己会走丢，甚至害怕再也见不到亲人。也可表现为头痛、恶心、呕吐或烦躁不安、哭闹、发脾气、社会性退缩等症状。患儿在没有依恋对象陪同的情况下不外出活动，晚上不愿意上床就寝或反复出现与分离有关的噩梦，夜间多次惊醒。

2. 儿童恐惧焦虑障碍　儿童持续性或反复发生对日常生活中某些客观事物和情景产生异常的恐惧情绪，并竭力回避这些事物和情境，影响患儿正常的生活、学习和社交活动。

多发生在学龄前儿童，过分害怕并不具有危险性的某些事物和情境，或者虽然具有一定危险性，但患儿所表现的恐惧大大超过了客观存在的危险程度。恐惧的内容包括黑暗、风暴、隧道、电梯、飞行等特殊事件或场景，蜘蛛、蟑螂、狗等动物，受伤、出血等身体损伤。表现为极度恐惧的行为，或哭闹、发脾气，可伴有心跳加速、面色苍白、出汗、小便不受控制等自主神经功能紊乱，并竭力迅速远离恐惧对象。

3. 儿童社交焦虑障碍　患儿对新环境或陌生人产生焦虑、恐惧情绪和回避行为。在新环境中，或与陌生人包括同龄人交往时，持续性紧张不安，过分害羞、尴尬，过分关注自己的行为。或进入新环境时过分纠缠父母、与父母寸步不离，或哭闹、不语、退缩、冷漠。可伴有出汗、面红、心悸、尿频等躯体焦虑，或头痛、身体不适等躯体症状。但患儿与家人或熟悉者在一起时社交关系良好。

患儿有上述表现之一，病程持续1个月以上，达到严重干扰患儿的正常生活、学习和社交活动的程度，排除广泛性发育障碍、精神分裂症、心境障碍、广泛性焦虑障碍及其他原因所致焦虑和恐惧情绪，即可做出相应诊断。

（三）治疗原则

治疗原则是以心理治疗为主，一般不需要药物治疗。主要有支持性心理治疗、家庭治疗和行为治疗。

1. 支持性心理治疗　应耐心倾听患儿诉说自己的内心体验，对患儿的痛苦适当表示同情，指导患儿去适应环境，增强克服情绪障碍的信心。尽量消除环境中的不良因素，避免过多的家庭和学校环境变迁。

2. 家庭治疗　目的是让父母尽量给予患儿更多感情上的交流和支持。要了解家庭结构和功能，评估引起焦虑的家庭动力学原因，纠正患儿与父母间的不良关系，改变家庭成员的不良教养方式，鼓励父母强化患儿的独立行为。

3. 行为治疗　对于特定性恐惧障碍和社交焦虑障碍可选用暴露治疗、系统脱敏治疗、示范学习治疗、阳性强化治疗等行为治疗方法。对于年长儿童可配合认知治疗，通过纠正患儿对恐惧事物或情境不恰当的认知，缓解焦虑情绪。

二、护理诊断

1. 焦虑　与和亲人分离有关。
2. 恐惧　与对客观事物的害怕有关。
3. 有对他人施行暴力行为的危险　与情绪异常有关。
4. 应对无效　与不能进行有效沟通有关。
5. 社会交往障碍　与对社交产生的焦虑情绪有关。
6. 知识缺乏　与缺乏本病相关知识有关。

三、护理措施

（一）心理护理

护理人员对待患儿应有耐心、爱心、同情心，和蔼可亲地取得患儿的信任，使其愿意倾诉自己的痛苦和烦恼。指导患儿如何去适应环境，增强其克服情绪障碍的信心。

（二）症状护理

创造良好的训练环境，尽量避免过多的环境变迁造成对患儿的刺激。环境有可能发生变化时，提前告知患儿。与学校联系，了解患儿有无学习困难等情况，取得校方的理解，创造一个良好的学习环境，尽可能解除患儿精神压力，促进患儿建立自尊心和自信心。

（三）健康教育

向患儿父母宣讲正确的教育方法，不要以离别来要挟孩子，对待孩子惧怕上学不可打骂和责怪。对孩子微小的进步要给予充分肯定，锻炼孩子的独立社交能力，切忌过分溺爱或恐吓。培养孩子健全的人格，鼓励孩子多参加集体活动，不在他人面前训斥孩子，以免增加逆反心理。切忌将患儿独自关闭在家中与社会隔绝。

思考题

1. 关于精神发育迟滞的描述正确的是（　　）
   A. 发病率城市高于农村
   B. 以智力低下和社会适应困难为临床特点
   C. 智商在35~49间为重度精神发育迟滞
   D. 对重度精神发育迟滞患儿几乎无法实施任何教育与训练
   E. 精神发育迟滞难以预防，重在治疗
2. 下列不属于儿童孤独症的临床表现的是（　　）
   A. 社会交往障碍　　B. 语言交流障碍
   C. 兴趣范围广泛　　D. 动作行为刻板
   E. 智能障碍
3. 多动障碍患儿学习成绩差是因为（　　）
   A. 智力发育障碍　　B. 父母教养方式不当
   C. 注意缺陷与多动　　D. 品行障碍
   E. 言语发育障碍

4. 轻度品行障碍的临床表现不包括（　　）

A. 说谎　　B. 逃学

C. 斗殴　　D. 退缩

E. 心存报复

（5~6 题题干）　患儿，男，11 岁。在某特殊学校就读，最近 1 个月上课时到处走动，乱写乱画，下课后有攻击同学行为。对问话不能理解，回答不出简单问题，睡眠差，生活不能自理，智商检测为43。入院诊断为中度精神发育迟滞。

5. 该患儿的护理诊断不包括（　　）

A. 语言沟通障碍　　B. 社会交往障碍

C. 有受伤的危险　　D. 有对他人施行暴力行为的危险

E. 自我认同紊乱

6. 对该患儿的护理描述中，错误的是（　　）

A. 保证营养供给和充足睡眠　　B. 进行基本生活自理训练

C. 指导家长教育方式，配合治疗方案　　D. 患儿没有进步时应严厉批评

E. 与患儿多交流提高语言功能

答案：1. B　2. C　3. C　4. C　5. E　6. D

（李　婕）

扫码看 PPT　　扫码做练习

第十四章 精神障碍患者的社区护理和家庭护理

学习目标

1. 掌握精神障碍社区护理的概念，社区精神障碍的护理工作范围，精神障碍家庭护理的措施。

2. 熟悉精神障碍家庭评估的内容，精神障碍患者社区护理的特点。

3. 了解社区护理的发展趋势。

社区护理是精神科护理学的一个分支，是应用社会精神医学与其他行为科学的理论和技术，是对一定地域内人口的精神障碍进行预防、治疗、康复、护理和社会适应的指导及管理。

家庭护理是以家庭为单位，在家庭这个特殊的环境中进行心理治疗、康复治疗及护理的过程。

第一节 精神障碍患者的社区护理

一、社区护理的发展趋势

（一）我国社区精神卫生现状

我国的精神卫生工作是从 1958 年全国精神病防治工作会议以后开始起步的，会议提出积极防治、就地管理、重点收容、开放治疗的方针，把社区精神卫生服务列为工作重点。20 世纪 70 年代以后，由卫生、民政、公安部门为骨干组成精神病防治小组，在城乡建立精神疾病三级防治网。20 世纪 80 年代，根据不同条件，在城乡建立不同类型的具有中国特色的社区精神卫生服务模式。其中城市三级精神疾病防治网采用上海模式，北京建立了城郊社区精神病防治模式，山东建立了农村社区精神病防治模式。《精神卫生工作“八五”计划要点》提出，在“八五”期间每 10 万人口争取有 1 名社区精神卫生人员。

1991年，《全国精神病防治康复工作“八五”实施方案》把精神病防治康复工作纳入国家发展计划，这一决定无论在国外还是在国内都是创举。1995年，成立了中国康复医学会精神病康复专业委员会。1996年，国务院批准了《中国残疾人“九五”计划纲要》，提出对120万重型精神障碍患者进行社会化、开放式、综合性的康复工作。目前主要的精神卫生防治和康复组织有：市、区（县）级精神卫生保健所，街道或乡镇级基层专科，工娱疗站，福利工厂，家庭病床和群众看护网等。

（二）我国社区精神卫生发展趋势

WHO精神卫生规划中指出，目前正在进行精神卫生工作政策上的转变，即把住院服务转向社区服务。社区精神卫生服务是以居民健康为中心，把预防、保健、诊疗、护理、康复、健康教育等融为一体的综合性服务。近年来社区精神卫生工作日益受到各级政府与各界人士的关注。《中共中央国务院关于卫生改革与发展的决定》做出了积极发展社区卫生服务的重大决策，使精神卫生工作在深度和广度上都有了新的进展。开展了心理保健知识教育、心理咨询或治疗服务，对社区慢性精神病患者及康复期精神病患者进行治疗、管理、预防复发及康复的全方位服务，组织家访小组、工娱疗站、街道福利工厂、弱智学校、学前儿童智力康复班等，起到加速精神障碍患者的康复、早日回归社会的重要作用。

随着社会的飞速发展，家庭结构、人口结构的改变，生活事件和各种心理卫生问题增多，要求精神卫生服务必须拓展到社区，只有社区精神卫生服务事业得到充分发展，才能满足群众对社区精神卫生服务多方面、多层次的需求。精神障碍社区防治和康复，无论在国际还是在国内，都是一项正在发展、有待完善的新的管理模式。

二、社区精神障碍护理工作的特点

1. 系统的、持续的、全方位的护理服务　护理人员与精神科医生、社会工作者、心理工作者分工合作，从事社区精神卫生工作。患者不同的护理问题性质和种类特点，决定了护理人员要提供系统的、持续的、全方位的护理服务。

2. 防治结合与健康教育为一体的护理服务　社区精神卫生工作强调群众性，调动患者和家庭成员积极参与，他们既是护理服务的对象，又是护理计划的制订者和执行者。为他们提供咨询和指导，通过进行防治疾病教育来完成慢性精神障碍患者的社区护理工作。

3. 康复护理是贯穿于整个过程的护理服务　护理工作之一是从事残疾患者的康复工作，将促进患者生活功能和社会功能水平的提高，要将康复护理措施贯穿于护理服务全过程。

4. 调动和利用各种资源于护理活动中　积极取得社区基层保健机构、学校团体、患者单位及亲友家属等各种资源的支持，妥善利用人力、物力，调动其参与护理服务，是护理慢性精神病患者不可缺少的工作内容。

三、社区精神障碍护理工作的范围和要求

精神障碍护理学的发展是随着精神医学的进步及社会的变迁而逐步演进的。当前精神病学发展的趋势是把探讨精神障碍的有关社会因素与预防和治疗精神障碍的社会措施相结合，创建各种社会的方法来预防、治疗和护理这些精神障碍。这种发展趋势，势必会促进精神障碍的社区护理，使精神障碍的护理服务从对精神障碍的防治扩大到精神卫生保健服

务。社区护理人员的工作从预防和减少心理问题及行为障碍的发生，扩展到满足人群对预防保健的需求。根据预防保健的要求，社区精神障碍的护理工作范围和要求如下：

（一）一级预防保健工作中精神障碍护理服务范围及特点

一级预防，为病因学预防。是在发病前采取措施，从病因上预防危险因素，防止精神健康问题的发生。护理服务对象是心理健康者，即精神障碍、心理问题发生前的人群。护理目标是预防精神障碍、心理障碍、精神障碍的发生。这级预防中社区护理人员的服务范围是：

1. 增进精神健康的保健工作　大力宣传保持精神健康、情绪稳定的重要意义，将预防、保健、诊疗、护理、康复、健康教育融为一体，加强社区服务对象自我精神健康的保健，开展心理、社会及环境精神卫生工作，为服务对象创造良好的工作和劳动条件，注意营养及科学的生活方式等。

2. 特殊防护和预防工作　积极开展疾病监测、预防工作，减少各种精神障碍的发生，减少心理因素导致的各种精神障碍，提高个体及家庭成员的适应能力，对高危人群进行重点防护。

3. 健康教育及心理咨询　加强各生理阶段的精神卫生指导，注重从青春期到老年期的心理卫生教育；培养个体的应激及适应能力；各综合医院、精神卫生专科医院应开展各阶段的精神卫生、心理咨询工作，如青少年心理咨询、高危儿童咨询、家庭咨询、婚姻咨询、父母咨询等；还应为某些教育者、社会方案制订者开设咨询服务。

（二）二级预防保健工作中精神障碍护理的范围及特点

二级预防又称临床早期预防，此期为疾病发生前或发展期的护理工作。即早期发现、早期诊断、早期处理精神卫生健康问题，阻断精神障碍的发展。护理服务对象是精神健康危害发生前及发病早期的患者。护理对象是照护问题家庭、社会心理因素引起的情绪障碍者及急性期重度精神障碍者。这级预防中社区护理人员的服务范围是：

1. 定期对社区居民进行精神健康的检查

（1）定期对社区居民进行精神检查，确认引起精神障碍的危险因素和相关因素。

（2）指导居民按社区护理人员的要求进行自我精神健康的评估。

（3）早期发现精神障碍边缘状态者及精神障碍者。

（4）主动和住院医生联系、协作，联系会诊、转诊，及时给予治疗及护理，使服务对象早日返回家庭及社区。

2. 重点护理患有精神障碍的患者

（1）在家中的患者，社区护理人员要根据症状的严重程度联系会诊、转诊。指导患者及时就诊、明确诊断、接受治疗。

（2）假出院或出院的患者，社区护理人员要定期进行家庭访视，提供精神卫生咨询及相应的护理干预，指导患者坚持治疗、合理用药。

（3）教会家庭成员观察病情变化，防止暴力行为及意外事件发生，并教会应对措施。

（4）为家庭成员提供预防精神障碍发生、缓解情绪障碍的一般医疗常识。

3. 对问题家庭要宣传精神卫生知识

（1）帮助家庭成员分析问题的症结，寻求解决问题的途径，共同制定情绪宣泄的方法。

（2）与有关部门协作，争取社会支持系统的帮助，减少疾病发生的危险因素。

（三）三级预防保健工作中精神障碍护理服务范围及特点

三级预防即临床预防，是对临床期及康复期患者采取各种治疗和康复措施，以防止病情恶化、防止残疾出现的一种长期照护，是对精神障碍患者的连续性护理活动。护理对象是：需要康复和长期照顾的患者。如精神障碍后期、慢性和康复期的精神病患者。护理目标是帮助患者最大限度地恢复社会功能，指导患者正确对待所患疾病，协助患者减轻痛苦，提高生活质量。社区护理人员需要定期进行家庭访视，督促患者按时服药，鼓励患者在力所能及的情况下参与家务劳动或社会活动，以帮助患者恢复社会功能，延缓人格衰退。这级预防中社区护理人员的服务范围是：

1. 巩固治疗，防止疾病恶化　为做到患者在家庭、社会生活中能够继续进行治疗，对慢性精神障碍或老年患者，社区护理人员要定期进行家庭访视，指导患者坚持治疗，督促患者按时按量服药，给予患者心理及精神上的支持，必要时与社区主管行政部门联系，解决其实际困难，为患者创造良好的治疗、生活环境，使患者情绪稳定，配合疾病的治疗和康复，提高生命质量，延缓衰退。

2. 预防残疾　社区护理人员在实施护理过程中应尽可能采取适当措施以减轻病残发生，使患者最大限度恢复社会功能，恢复自理能力，预防疾病复发，减少后遗症及并发症。

3. 康复护理　坚持做好康复护理工作，使患者早日恢复家庭生活，早日回归社会。社区护理人员对本区患者实行终身健康服务并协助建立各种工娱治疗站、作业站、娱乐站，对患者进行生活自理与生活技能和职业技能的训练。帮助患者与家人、社会成员建立良好的人际关系，同时增设健康教育、精神康复、疾病咨询等服务内容。

4. 做好管理工作　包括做好康复之家、患者公寓、环境设置、设施装备、医疗护理文书书写等医疗机构的管理工作，帮助患者充分享受社会生活，从而预防疾病复发，减轻医院及家庭负担。同时应用专业知识，分析社区服务对象的精神健康问题，针对个体不同情况，制定出比较完善的社区护理管理内容及制度，使患者在家中及在社区都能得到优质的服务。

第二节　精神障碍患者的家庭护理

家庭是个体接触最密切、最长久的群体，是患者支持系统最主要的来源之一，稳定和睦的家庭气氛是患者康复的基础。家庭护理是以家庭为单位，在家庭这个特殊的环境中进行心理治疗、康复治疗及护理的过程。其具体做法是以护理人员为主体，直接实施和指导，借助家庭内沟通与互动方式的改变，协助患者家属实施对患者的护理。

一、护理评估

（一）对患者的评估

1. 一般资料　患者的一般人口学资料、文化背景、职业角色、工作经历、个人爱好、宗教信仰等。

2. 健康史　患者的生命体征、营养状况、排泄情况、饮食睡眠状况、日常活动状况、曾患有哪些急性或慢性躯体疾病、精神障碍病史、用药情况等。

3. 精神症状　意识、感知觉、思维、情感、认知功能、意志、行为等有无障碍及障碍类型，对自身疾病有无认识能力，是否愿意接受治疗，注意社会性退缩、懒散、不修边幅、不讲卫生等症状。

4. 社会功能　生活自理能力、学习和工作能力、语言交流能力、社交活动能力、压力应对能力、自我控制与保护能力。

5. 患者在家庭作用改变前后的情况　患者的家庭角色、与家庭其他成员的关系、在家庭结构中的位置等。

（二）对家庭的评估

1. 家庭功能　能否满足患者生存、成长、安全等生理、心理、社会方面的基本需要。

2. 家庭结构　家庭结构是否健全，每位家庭成员在家庭中的位置、角色、承担的责任，家庭规范和价值观对患者的影响。

3. 家庭气氛　家庭成员对疾病的认知、对患者的态度，对疾病治疗和护理的态度，有无现存的或潜在的家庭矛盾和危机，有无不恰当的家庭养育方式。

4. 家庭支持　家庭成员文化背景与知识水平，对精神障碍知识和技能掌握的程度，对病情的观察、判断能力和预测能力，家庭经济状况。

5. 家庭成员精神健康水平。

二、护理措施

（一）一般原则

（1）护理人员、患者和家庭照料者要保持密切联系并建立起良好的护患关系。

（2）定期家访，还可以通过打电话等方式对家属进行随时指导。

（3）观察患者病情变化，督促治疗康复计划的实施。

（4）定期评估家庭护理的效果，协同医生与患者及家属一起修改康复治疗计划。

（5）对患者和家属进行健康教育，传播有关精神障碍的防治知识。

（二）护理要点

1. 心理护理

（1）针对患者：由于患者自身对疾病的认识以及社会对疾病的偏见，不少患者会感到巨大的心理压力，甚至无法面对现实。应给予患者表达情感的机会，教会患者应付应激的技巧，学会正确处理负面情绪。

（2）针对家属：患者发病期间表现出来的各种异常行为不仅影响社会，更严重地影响了家庭的正常生活秩序。患者家属面对精神障碍的诊断，往往表现出否认和怀疑。而且由于首发精神障碍的患者家属缺乏精神病相关知识，加之社会对精神障碍患者的偏见和歧视等均成为家庭成员的应激原，引起主要照顾者出现心理问题。患者家属，尤其是初发病的患者家属，常表现为紧张、焦虑或压抑、痛苦，不敢面对社会，对患者则表现为过分地怨恨谴责或过分地溺爱。患者与家属接触密切，家属可以进行细致的观察，也容易察觉患者的异常精神症状，在家庭护理中起着重要作用。因此首先应帮助患者家属正确认识精神障碍，以平等的态度关怀鼓励患者，保持家庭和睦的气氛，及时发现患者可能存在的心理问题并加以疏导，培养患者业余爱好，鼓励患者表达情感及参加社交活动。

2. 病情监测　观察病情是家庭护理中不可忽视的重要环节。患者受病情的影响，对躯体症状缺乏相应的主诉。家属要密切观察病情，如发现病情变化，应及时就医。

（1）自知力：完整的自知力是重型精神障碍治愈的重要指标之一，自知力下降往往也是精神障碍复发的征兆，是否主动服药也可作为观察自知力指标之一。

（2）睡眠：睡眠习惯的改变，睡眠质与量的下降，睡眠过多或过少，睡眠节律颠倒，可能是复发的早期表现。

（3）情绪：如果近期患者频繁出现烦躁、焦虑、易激惹、兴奋、抑郁等表现，尤其是无明显原因的情绪变化，必要时及时就诊。抑郁有时不易为旁人察觉，应加以注意。

（4）整体功能下降：生活能力减退，工作效率下降，生活被动、懒散，做事有始无终、效率下降，个人卫生差，不遵守作息时间，生活失去规律性，工作不负责任，纪律松懈，孤僻、疏远亲人，兴趣减少等，可能是疾病复发的先兆。

（5）精神症状复现：如出现幻觉、妄想、言行异常等，大多与过去发病时类似，一旦发现上述疾病复发的早期迹象，应立即求医复诊。

（6）躯体不适：患者如出现躯体不适症状，应判断其原因。是躯体疾病引起，还是药物的不良反应，或疾病复发的先兆。

当患者出现上述某一症状和某些症状时，应提高警惕，判断是否旧病复发并提出相应的处理措施。家属应给予患者更多的关怀，观察患者是否出现严重的症状，及时陪伴患者去专科医院看病。以明确诊断，早期得到治疗。

（三）日常生活护理

督促或协助患者做好个人卫生，定时沐浴与更衣，注意仪表整洁，保证进食量，注意营养搭配，创造良好的睡眠环境，避免强光和噪音刺激。鼓励患者自己完成日常生活活动，培养健康的生活习惯。

（四）维持用药

药物维持治疗是预防某些重型精神障碍复发的主要措施之一，社会和家庭的支持与鼓励对提高患者服药依从性有着积极的作用。应帮助家属了解有关药物治疗的知识、药物使用的相关注意事项，督促患者按时服药，注意用药安全，如发现患者有明显药物不良反应时应与医护人员密切联系。指导家属认识患者藏药服毒的危险性，妥善保管药品，不能让患者自取。

（五）安全防范

患者的行为受精神症状影响，所以必须注意安全防范，时刻警惕。居室布置要力求安全、安静、简洁、大方，避免患者独居或将患者禁闭。室内不放可能造成自伤或伤人的危险品，加强危险物品的保管，防止患者自伤及伤人。有自杀、他杀、自伤、他伤倾向者，应24小时监护或返院治疗。

（六）意外事件的紧急处理

家属应了解意外事件的急救和处理技术。遇有外伤、自伤、吞食异物、服毒、出走等意外事件时，切勿慌乱，应立即通知急救站或附近医院，迅速进行现场抢救。

（七）进行生活技能训练

对于康复期患者，应鼓励其加强生活技能的训练，帮助患者制定适宜的作息时间表，逐步开始有规律的生活，做一些力所能及的家务，参加一些健身活动。

（八）人际交往训练

先从简单的社交训练入手，参加社区文娱活动，教会患者利用公用设施，循序渐进地提高社交技能。

三、健康教育

（1）通过多种方式大力开展精神卫生知识宣传，定期组织患者及家庭成员间的疾病防治知识活动，消除他们对疾病的某些偏见与误解，并增进家庭成员与患者之间的相互理解和支持。

（2）督促患者继续治疗，进行精神康复训练，鼓励患者和家属主动参与。

（3）关怀、疏导、支持和鼓励患者，促进患者社会功能的恢复。

（4）帮助家属识别不安全因素，避免意外事件的发生。

思考题

1. 下列关于精神障碍三级预防中第一级预防的描述错误的是（　　）
   A. 是最积极、最主动的预防措施
   B. 旨在增进精神健康
   C. 内容包括对患者的心理咨询工作
   D. 包括开展疾病监测、减少心理因素所致的疾病、减少致病因素、保护高危人群
   E. 重点护理精神障碍患者
2. 关于精神障碍第二级预防的说法错误的是（　　）
   A. 第二级预防的目标是早期发现、早期诊断和早期治疗精神障碍
   B. 定期对社区居民进行精神健康调查，确认引起精神障碍的危险因素和相关因素
   C. 对有或疑有精神障碍的人群，指导其及时就诊，明确诊断，接受治疗
   D. 注重从儿童期到老年期的心理卫生教育，针对个体发育的不同阶段给予相应的精神卫生指导和社会技能训练
   E. 对问题家庭宣传精神卫生知识
3. 关于精神障碍第三级预防的说法错误的是（　　）
   A. 第三级预防的目标是做好精神残疾者的康复，减少功能残疾，延缓疾病衰退的进程，减轻患者的痛苦，提高生活质量等
   B. 对患者给予及时的治疗和护理，缩短住院时间，使患者早日返回家庭及社区，是第三级预防的重要内容之一
   C. 其内容包括防止疾病恶化，防止病残等
   D. 调整出院患者的生活环境，做好出院后的康复工作，是第三级预防的重要内容
   E. 巩固治疗，防止疾病恶化

4. 精神障碍预防中三级护理目标是（　　）

A. 早期诊断与治疗

B. 帮助患者最大限度地恢复社会功能

C. 照护社会因素引起情绪障碍的高危人群

D. 防止精神障碍的发生

E. 增进精神健康

答案：1. E　2. D　3. B　4. B

（焦传安）

扫码看 PPT　　扫码做练习

附 录

附录一 中华人民共和国精神卫生法

（2012年10月26日第十一届全国人民代表大会常务委员会第二十九次会议通过）

第一章 总 则

第一条 为了发展精神卫生事业，规范精神卫生服务，维护精神障碍患者的合法权益，制定本法。

第二条 在中华人民共和国境内开展维护和增进公民心理健康、预防和治疗精神障碍、促进精神障碍患者康复的活动，适用本法。

第三条 精神卫生工作实行预防为主的方针，坚持预防、治疗和康复相结合的原则。

第四条 精神障碍患者的人格尊严、人身和财产安全不受侵犯。精神障碍患者的教育、劳动、医疗以及从国家和社会获得物质帮助等方面的合法权益受法律保护。有关单位和个人应当对精神障碍患者的姓名、肖像、住址、工作单位、病历资料以及其他可能推断出其身份的信息予以保密；但是，依法履行职责需要公开的除外。

第五条 全社会应当尊重、理解、关爱精神障碍患者。任何组织或者个人不得歧视、侮辱、虐待精神障碍患者，不得非法限制精神障碍患者的人身自由。新闻报道和文学艺术作品等不得含有歧视、侮辱精神障碍患者的内容。

第六条 精神卫生工作实行政府组织领导、部门各负其责、家庭和单位尽力尽责、全社会共同参与的综合管理机制。

第七条 县级以上人民政府领导精神卫生工作，将其纳入国民经济和社会发展规划，建设和完善精神障碍的预防、治疗和康复服务体系，建立健全精神卫生工作协调机制和工作责任制，对有关部门承担的精神卫生工作进行考核、监督。乡镇人民政府和街道办事处根据本地区的实际情况，组织开展预防精神障碍发生、促进精神障碍患者康复等工作。

第八条 国务院卫生行政部门主管全国的精神卫生工作。县级以上地方人民政府卫生行政部门主管本行政区域的精神卫生工作。县级以上人民政府司法行政、民政、公安、教育、人力资源社会保障等部门在各自职责范围内负责有关的精神卫生工作。

第九条　精神障碍患者的监护人应当履行监护职责，维护精神障碍患者的合法权益。禁止对精神障碍患者实施家庭暴力，禁止遗弃精神障碍患者。

第十条　中国残疾人联合会及其地方组织依照法律、法规或者接受政府委托，动员社会力量，开展精神卫生工作。村民委员会、居民委员会依照本法的规定开展精神卫生工作，并对所在地人民政府开展的精神卫生工作予以协助。国家鼓励和支持工会、共产主义青年团、妇女联合会、红十字会、科学技术协会等团体依法开展精神卫生工作。

第十一条　国家鼓励和支持开展精神卫生专门人才的培养，维护精神卫生工作人员的合法权益，加强精神卫生专业队伍建设。国家鼓励和支持开展精神卫生科学技术研究，发展现代医学、我国传统医学、心理学，提高精神障碍预防、诊断、治疗、康复的科学技术水平。国家鼓励和支持开展精神卫生领域的国际交流与合作。

第十二条　各级人民政府和县级以上人民政府有关部门应当采取措施，鼓励和支持组织、个人提供精神卫生志愿服务，捐助精神卫生事业，兴建精神卫生公益设施。对在精神卫生工作中做出突出贡献的组织、个人，按照国家有关规定给予表彰、奖励。

第二章　心理健康促进和精神障碍预防

第十三条　各级人民政府和县级以上人民政府有关部门应当采取措施，加强心理健康促进和精神障碍预防工作，提高公众心理健康水平。

第十四条　各级人民政府和县级以上人民政府有关部门制定的突发事件应急预案，应当包括心理援助的内容。发生突发事件，履行统一领导职责或者组织处置突发事件的人民政府应当根据突发事件的具体情况，按照应急预案的规定，组织开展心理援助工作。

第十五条　用人单位应当创造有益于职工身心健康的工作环境，关注职工的心理健康；对处于职业发展特定时期或者在特殊岗位工作的职工，应当有针对性地开展心理健康教育。

第十六条　各级各类学校应当对学生进行精神卫生知识教育；配备或者聘请心理健康教育教师、辅导人员，并可以设立心理健康辅导室，对学生进行心理健康教育。学前教育机构应当对幼儿开展符合其特点的心理健康教育。发生自然灾害、意外伤害、公共安全事件等可能影响学生心理健康的事件，学校应当及时组织专业人员对学生进行心理援助。教师应当学习和了解相关的精神卫生知识，关注学生心理健康状况，正确引导、激励学生。地方各级人民政府教育行政部门和学校应当重视教师心理健康。学校和教师应当与学生父母或者其他监护人、近亲属沟通学生心理健康情况。

第十七条　医务人员开展疾病诊疗服务，应当按照诊断标准和治疗规范的要求，对就诊者进行心理健康指导；发现就诊者可能患有精神障碍的，应当建议其到符合本法规定的医疗机构就诊。

第十八条　监狱、看守所、拘留所、强制隔离戒毒所等场所，应当对服刑人员，被依法拘留、逮捕、强制隔离戒毒的人员等，开展精神卫生知识宣传，关注其心理健康状况，必要时提供心理咨询和心理辅导。

第十九条　县级以上地方人民政府人力资源社会保障、教育、卫生、司法行政、公安等部门应当在各自职责范围内分别对本法第十五条至第十八条规定的单位履行精神障碍预防义务的情况进行督促和指导。

第二十条　村民委员会、居民委员会应当协助所在地人民政府及其有关部门开展社区心理健康指导、精神卫生知识宣传教育活动，创建有益于居民身心健康的社区环境。乡镇卫生院或者社区卫生服务机构应当为村民委员会、居民委员会开展社区心理健康指导、精神卫生知识宣传教育活动提供技术指导。

第二十一条　家庭成员之间应当相互关爱，创造良好、和睦的家庭环境，提高精神障碍预防意识；发现家庭成员可能患有精神障碍的，应当帮助其及时就诊，照顾其生活，做好看护管理。

第二十二条　国家鼓励和支持新闻媒体、社会组织开展精神卫生的公益性宣传，普及精神卫生知识，引导公众关注心理健康，预防精神障碍的发生。

第二十三条　心理咨询人员应当提高业务素质，遵守执业规范，为社会公众提供专业化的心理咨询服务。心理咨询人员不得从事心理治疗或者精神障碍的诊断、治疗。心理咨询人员发现接受咨询的人员可能患有精神障碍的，应当建议其到符合本法规定的医疗机构就诊。心理咨询人员应当尊重接受咨询人员的隐私，并为其保守秘密。

第二十四条　国务院卫生行政部门建立精神卫生监测网络，实行严重精神障碍发病报告制度，组织开展精神障碍发生状况、发展趋势等的监测和专题调查工作。精神卫生监测和严重精神障碍发病报告管理办法，由国务院卫生行政部门制定。国务院卫生行政部门应当会同有关部门、组织，建立精神卫生工作信息共享机制，实现信息互联互通、交流共享。

第三章　精神障碍的诊断和治疗

第二十五条　开展精神障碍诊断、治疗活动，应当具备下列条件，并依照医疗机构的管理规定办理有关手续：

（一）有与从事的精神障碍诊断、治疗相适应的精神科执业医师、护士。

（二）有满足开展精神障碍诊断、治疗需要的设施和设备。

（三）有完善的精神障碍诊断、治疗管理制度和质量监控制度。从事精神障碍诊断、治疗的专科医疗机构还应当配备从事心理治疗的人员。

第二十六条　精神障碍的诊断、治疗，应当遵循维护患者合法权益、尊重患者人格尊严的原则，保障患者在现有条件下获得良好的精神卫生服务。精神障碍分类、诊断标准和治疗规范，由国务院卫生行政部门组织制定。

第二十七条　精神障碍的诊断应当以精神健康状况为依据。除法律另有规定外，不得违背本人意志进行确定其是否患有精神障碍的医学检查。

第二十八条　除个人自行到医疗机构进行精神障碍诊断外，疑似精神障碍患者的近亲属可以将其送往医疗机构进行精神障碍诊断。对查找不到近亲属的流浪乞讨疑似精神障碍患者，由当地民政等有关部门按照职责分工，帮助送往医疗机构进行精神障碍诊断。疑似精神障碍患者发生伤害自身、危害他人安全的行为，或者有伤害自身、危害他人安全的危险的，其近亲属、所在单位、当地公安机关应当立即采取措施予以制止，并将其送往医疗机构进行精神障碍诊断。医疗机构接到送诊的疑似精神障碍患者，不得拒绝为其做出诊断。

第二十九条　精神障碍的诊断应当由精神科执业医师做出。医疗机构接到依照本法第二十八条第二款规定送诊的疑似精神障碍患者，应当将其留院，立即指派精神科执业医师进行诊断，并及时出具诊断结论。

第三十条　精神障碍的住院治疗实行自愿原则。诊断结论、病情评估表明，就诊者为严重精神障碍患者并有下列情形之一的，应当对其实施住院治疗：

（一）已经发生伤害自身的行为，或者有伤害自身的危险的。

（二）已经发生危害他人安全的行为，或者有危害他人安全的危险的。

第三十一条　精神障碍患者有本法第三十条第二款第一项情形的，经其监护人同意，医疗机构应当对患者实施住院治疗；监护人不同意的，医疗机构不得对患者实施住院治疗。监护人应当对在家居住的患者做好看护管理。

第三十二条　精神障碍患者有本法第三十条第二款第二项情形，患者或者其监护人对需要住院治疗的诊断结论有异议，不同意对患者实施住院治疗的，可以要求再次诊断和鉴定。依照前款规定要求再次诊断的，应当自收到诊断结论之日起三日内向原医疗机构或者其他具有合法资质的医疗机构提出。承担再次诊断的医疗机构应当在接到再次诊断要求后指派二名初次诊断医师以外的精神科执业医师进行再次诊断，并及时出具再次诊断结论。承担再次诊断的执业医师应当到收治患者的医疗机构面见、询问患者，该医疗机构应当予以配合。对再次诊断结论有异议的，可以自主委托依法取得执业资质的鉴定机构进行精神障碍医学鉴定；医疗机构应当公示经公告的鉴定机构名单和联系方式。接受委托的鉴定机构应当指定本机构具有该鉴定事项执业资格的二名以上鉴定人共同进行鉴定，并及时出具鉴定报告。

第三十三条　鉴定人应当到收治精神障碍患者的医疗机构面见、询问患者，该医疗机构应当予以配合。鉴定人本人或者其近亲属与鉴定事项有利害关系，可能影响其独立、客观、公正进行鉴定的，应当回避。

第三十四条　鉴定机构、鉴定人应当遵守有关法律、法规、规章的规定，尊重科学，恪守职业道德，按照精神障碍鉴定的实施程序、技术方法和操作规范，依法独立进行鉴定，出具客观、公正的鉴定报告。鉴定人应当对鉴定过程进行实时记录并签名。记录的内容应当真实、客观、准确、完整，记录的文本或者声像载体应当妥善保存。

第三十五条　再次诊断结论或者鉴定报告表明，不能确定就诊者为严重精神障碍患者，或者患者不需要住院治疗的，医疗机构不得对其实施住院治疗。再次诊断结论或者鉴定报告表明，精神障碍患者有本法第三十条第二款第二项情形的，其监护人应当同意对患者实施住院治疗。监护人阻碍实施住院治疗或者患者擅自脱离住院治疗的，可以由公安机关协助医疗机构采取措施对患者实施住院治疗。在相关机构出具再次诊断结论、鉴定报告前，收治精神障碍患者的医疗机构应当按照诊疗规范的要求对患者实施住院治疗。

第三十六条　诊断结论表明需要住院治疗的精神障碍患者，本人没有能力办理住院手续的，由其监护人办理住院手续；患者属于查找不到监护人的流浪乞讨人员的，由送诊的有关部门办理住院手续。精神障碍患者有本法第三十条第二款第二项情形，其监护人不办理住院手续的，由患者所在单位、村民委员会或者居民委员会办理住院手续，并由医疗机构在患者病历中予以记录。

第三十七条　医疗机构及其医务人员应当将精神障碍患者在诊断、治疗过程中享有的权利，告知患者或者其监护人。

第三十八条　医疗机构应当配备适宜的设施、设备，保护就诊和住院治疗的精神障碍患者的人身安全，防止其受到伤害，并为住院患者创造尽可能接近正常生活的环境和条件。

第三十九条　医疗机构及其医务人员应当遵循精神障碍诊断标准和治疗规范，制订治疗方案，并向精神障碍患者或者其监护人告知治疗方案和治疗方法、目的以及可能产生的后果。

第四十条　精神障碍患者在医疗机构内发生或者将要发生伤害自身、危害他人安全、扰乱医疗秩序的行为，医疗机构及其医务人员在没有其他可替代措施的情况下，可以实施约束、隔离等保护性医疗措施。实施保护性医疗措施应当遵循诊断标准和治疗规范，并在实施后告知患者的监护人。禁止利用约束、隔离等保护性医疗措施惩罚精神障碍患者。

第四十一条　对精神障碍患者使用药物，应当以诊断和治疗为目的，使用安全、有效的药物，不得为诊断或者治疗以外的目的使用药物。医疗机构不得强迫精神障碍患者从事生产劳动。

第四十二条　禁止对依照本法第三十条第二款规定实施住院治疗的精神障碍患者实施以治疗精神障碍为目的的外科手术。

第四十三条　医疗机构对精神障碍患者实施下列治疗措施，应当向患者或者其监护人告知医疗风险、替代医疗方案等情况，并取得患者的书面同意；无法取得患者意见的，应当取得其监护人的书面同意，并经本医疗机构伦理委员会批准：

（一）导致人体器官丧失功能的外科手术。

（二）与精神障碍治疗有关的实验性临床医疗。实施前款第一项治疗措施，因情况紧急查找不到监护人的，应当取得本医疗机构负责人和伦理委员会批准。禁止对精神障碍患者实施与治疗其精神障碍无关的实验性临床医疗。

第四十四条　自愿住院治疗的精神障碍患者可以随时要求出院，医疗机构应当同意。对有本法第三十条第二款第一项情形的精神障碍患者实施住院治疗的，监护人可以随时要求患者出院，医疗机构应当同意。医疗机构认为前两款规定的精神障碍患者不宜出院的，应当告知不宜出院的理由；患者或者其监护人仍要求出院的，执业医师应当在病历资料中详细记录告知的过程，同时提出出院后的医学建议，患者或者其监护人应当签字确认。对有本法第三十条第二款第二项情形的精神障碍患者实施住院治疗，医疗机构认为患者可以出院的，应当立即告知患者及其监护人。医疗机构应当根据精神障碍患者病情，及时组织精神科执业医师对依照本法第三十条第二款规定实施住院治疗的患者进行检查评估。评估结果表明患者不需要继续住院治疗的，医疗机构应当立即通知患者及其监护人。

第四十五条　精神障碍患者出院，本人没有能力办理出院手续的，监护人应当为其办理出院手续。

第四十六条　医疗机构及其医务人员应当尊重住院精神障碍患者的通讯和会见探访者等权利。除在急性发病期或者为了避免妨碍治疗可以暂时性限制外，不得限制患者的通讯和会见探访者等权利。

第四十七条　医疗机构及其医务人员应当在病历资料中如实记录精神障碍患者的病情、治疗措施、用药情况、实施约束、隔离措施等内容，并如实告知患者或者其监护人。患者及其监护人可以查阅、复制病历资料；但是，患者查阅、复制病历资料可能对其治疗产生不利影响的除外。病历资料保存期限不得少于三十年。

第四十八条　医疗机构不得因就诊者是精神障碍患者，推诿或者拒绝为其治疗属于本医疗机构诊疗范围的其他疾病。

第四十九条　精神障碍患者的监护人应当妥善看护未住院治疗的患者，按照医嘱督促其按时服药、接受随访或者治疗。村民委员会、居民委员会、患者所在单位等应当依患者或者其监护人的请求，对监护人看护患者提供必要的帮助。

第五十条　县级以上地方人民政府卫生行政部门应当定期就下列事项对本行政区域内从事精神障碍诊断、治疗的医疗机构进行检查：

（一）相关人员、设施、设备是否符合本法要求。

（二）诊疗行为是否符合本法以及诊断标准、治疗规范的规定。

（三）对精神障碍患者实施住院治疗的程序是否符合本法规定。

（四）是否依法维护精神障碍患者的合法权益。县级以上地方人民政府卫生行政部门进行前款规定的检查，应当听取精神障碍患者及其监护人的意见；发现存在违反本法行为的，应当立即制止或者责令改正，并依法做出处理。

第五十一条　心理治疗活动应当在医疗机构内开展。专门从事心理治疗的人员不得从事精神障碍的诊断，不得为精神障碍患者开具处方或者提供外科治疗。心理治疗的技术规范由国务院卫生行政部门制定。

第五十二条　监狱、强制隔离戒毒所等场所应当采取措施，保证患有精神障碍的服刑人员、强制隔离戒毒人员等获得治疗。

第五十三条　精神障碍患者违反治安管理处罚法或者触犯刑法的，依照有关法律的规定处理。

第四章　精神障碍的康复

第五十四条　社区康复机构应当为需要康复的精神障碍患者提供场所和条件，对患者进行生活自理能力和社会适应能力等方面的康复训练。

第五十五条　医疗机构应当为在家居住的严重精神障碍患者提供精神科基本药物维持治疗，并为社区康复机构提供有关精神障碍康复的技术指导和支持。社区卫生服务机构、乡镇卫生院、村卫生室应当建立严重精神障碍患者的健康档案，对在家居住的严重精神障碍患者进行定期随访，指导患者服药和开展康复训练，并对患者的监护人进行精神卫生知识和看护知识的培训。县级人民政府卫生行政部门应当为社区卫生服务机构、乡镇卫生院、村卫生室开展上述工作给予指导和培训。

第五十六条　村民委员会、居民委员会应当为生活困难的精神障碍患者家庭提供帮助，并向所在地乡镇人民政府或者街道办事处以及县级人民政府有关部门反映患者及其家庭的情况和要求，帮助其解决实际困难，为患者融入社会创造条件。

第五十七条　残疾人组织或者残疾人康复机构应当根据精神障碍患者康复的需要，组织患者参加康复活动。

第五十八条　用人单位应当根据精神障碍患者的实际情况，安排患者从事力所能及的工作，保障患者享有同等待遇，安排患者参加必要的职业技能培训，提高患者的就业能力，为患者创造适宜的工作环境，对患者在工作中取得的成绩予以鼓励。

第五十九条　精神障碍患者的监护人应当协助患者进行生活自理能力和社会适应能力

等方面的康复训练。精神障碍患者的监护人在看护患者过程中需要技术指导的，社区卫生服务机构或者乡镇卫生院、村卫生室、社区康复机构应当提供。

第五章　保障措施

第六十条　县级以上人民政府卫生行政部门会同有关部门依据国民经济和社会发展规划的要求，制订精神卫生工作规划并组织实施。精神卫生监测和专题调查结果应当作为制订精神卫生工作规划的依据。

第六十一条　省、自治区、直辖市人民政府根据本行政区域的实际情况，统筹规划，整合资源，建设和完善精神卫生服务体系，加强精神障碍预防、治疗和康复服务能力建设。县级人民政府根据本行政区域的实际情况，统筹规划，建立精神障碍患者社区康复机构。县级以上地方人民政府应当采取措施，鼓励和支持社会力量举办从事精神障碍诊断、治疗的医疗机构和精神障碍患者康复机构。

第六十二条　各级人民政府应当根据精神卫生工作需要，加大财政投入力度，保障精神卫生工作所需经费，将精神卫生工作经费列入本级财政预算。

第六十三条　国家加强基层精神卫生服务体系建设，扶持贫困地区、边远地区的精神卫生工作，保障城市社区、农村基层精神卫生工作所需经费。

第六十四条　医学院校应当加强精神医学的教学和研究，按照精神卫生工作的实际需要培养精神医学专门人才，为精神卫生工作提供人才保障。

第六十五条　综合性医疗机构应当按照国务院卫生行政部门的规定开设精神科门诊或者心理治疗门诊，提高精神障碍预防、诊断、治疗能力。

第六十六条　医疗机构应当组织医务人员学习精神卫生知识和相关法律、法规、政策。从事精神障碍诊断、治疗、康复的机构应当定期组织医务人员、工作人员进行在岗培训，更新精神卫生知识。县级以上人民政府卫生行政部门应当组织医务人员进行精神卫生知识培训，提高其识别精神障碍的能力。

第六十七条　师范院校应当为学生开设精神卫生课程；医学院校应当为非精神医学专业的学生开设精神卫生课程。县级以上人民政府教育行政部门对教师进行上岗前和在岗培训，应当有精神卫生的内容，并定期组织心理健康教育教师、辅导人员进行专业培训。

第六十八条　县级以上人民政府卫生行政部门应当组织医疗机构为严重精神障碍患者免费提供基本公共卫生服务。精神障碍患者的医疗费用按照国家有关社会保险的规定由基本医疗保险基金支付。医疗保险经办机构应当按照国家有关规定将精神障碍患者纳入城镇职工基本医疗保险、城镇居民基本医疗保险或者新型农村合作医疗的保障范围。县级人民政府应当按照国家有关规定对家庭经济困难的严重精神障碍患者参加基本医疗保险给予资助。人力资源社会保障、卫生、民政、财政等部门应当加强协调，简化程序，实现属于基本医疗保险基金支付的医疗费用由医疗机构与医疗保险经办机构直接结算。精神障碍患者通过基本医疗保险支付医疗费用后仍有困难，或者不能通过基本医疗保险支付医疗费用的，民政部门应当优先给予医疗救助。

第六十九条　对符合城乡最低生活保障条件的严重精神障碍患者，民政部门应当会同有关部门及时将其纳入最低生活保障。对属于农村五保供养对象的严重精神障碍患者，以及城市中无劳动能力、无生活来源且无法定赡养、抚养、扶养义务人，或者其法定赡养、抚养、扶养义务人无赡养、抚养、扶养能力的严重精神障碍患者，民政部门应当按照国家有关规定予以供养、救助。前两款规定以外的严重精神障碍患者确有困难的，民政部门可以采取临时救助等措施，帮助其解决生活困难。

第七十条　县级以上地方人民政府及其有关部门应当采取有效措施，保证患有精神障碍的适龄儿童、少年接受义务教育，扶持有劳动能力的精神障碍患者从事力所能及的劳动，并为已经康复的人员提供就业服务。国家对安排精神障碍患者就业的用人单位依法给予税收优惠，并在生产、经营、技术、资金、物资、场地等方面给予扶持。

第七十一条　精神卫生工作人员的人格尊严、人身安全不受侵犯，精神卫生工作人员依法履行职责受法律保护。全社会应当尊重精神卫生工作人员。县级以上人民政府及其有关部门、医疗机构、康复机构应当采取措施，加强对精神卫生工作人员的职业保护，提高精神卫生工作人员的待遇水平，并按照规定给予适当的津贴。精神卫生工作人员因工致伤、致残、死亡的，其工伤待遇以及抚恤按照国家有关规定执行。

第六章　法律责任

第七十二条　县级以上人民政府卫生行政部门和其他有关部门未依照本法规定履行精神卫生工作职责，或者滥用职权、玩忽职守、徇私舞弊的，由本级人民政府或者上一级人民政府有关部门责令改正，通报批评，对直接负责的主管人员和其他直接责任人员依法给予警告、记过或者记大过的处分；造成严重后果的，给予降级、撤职或者开除的处分。

第七十三条　不符合本法规定条件的医疗机构擅自从事精神障碍诊断、治疗的，由县级以上人民政府卫生行政部门责令停止相关诊疗活动，给予警告，并处五千元以上一万元以下罚款，有违法所得的，没收违法所得；对直接负责的主管人员和其他直接责任人员依法给予或者责令给予降低岗位等级或者撤职、开除的处分；对有关医务人员，吊销其执业证书。

第七十四条　医疗机构及其工作人员有下列行为之一的，由县级以上人民政府卫生行政部门责令改正，给予警告；情节严重的，对直接负责的主管人员和其他直接责任人员依法给予或者责令给予降低岗位等级或者撤职、开除的处分，并可以责令有关医务人员暂停一个月以上六个月以下执业活动：

（一）拒绝对送诊的疑似精神障碍患者做出诊断的。

（二）对依照本法第三十条第二款规定实施住院治疗的患者未及时进行检查评估或者未根据评估结果做出处理的。

第七十五条　医疗机构及其工作人员有下列行为之一的，由县级以上人民政府卫生行政部门责令改正，对直接负责的主管人员和其他直接责任人员依法给予或者责令给予降低岗位等级或者撤职的处分；对有关医务人员，暂停六个月以上一年以下执业活动；情节严重的，给予或者责令给予开除的处分，并吊销有关医务人员的执业证书：

（一）违反本法规定实施约束、隔离等保护性医疗措施的。

（二）违反本法规定，强迫精神障碍患者劳动的。

（三）违反本法规定，对精神障碍患者实施外科手术或者实验性临床医疗的。

（四）违反本法规定，侵害精神障碍患者的通讯和会见探访者等权利的。

（五）违反精神障碍诊断标准，将非精神障碍患者诊断为精神障碍患者的。

第七十六条　有下列情形之一的，由县级以上人民政府卫生行政部门、工商行政管理部门依据各自职责责令改正，给予警告，并处五千元以上一万元以下罚款，有违法所得的，没收违法所得；造成严重后果的，责令暂停六个月以上一年以下执业活动，直至吊销执业证书或者营业执照：

（一）心理咨询人员从事心理治疗或者精神障碍的诊断、治疗的。

（二）从事心理治疗的人员在医疗机构以外开展心理治疗活动的。

（三）专门从事心理治疗的人员从事精神障碍的诊断的。

（四）专门从事心理治疗的人员为精神障碍患者开具处方或者提供外科治疗的。心理咨询人员、专门从事心理治疗的人员在心理咨询、心理治疗活动中造成他人人身、财产或者其他损害的，依法承担民事责任。

第七十七条　有关单位和个人违反本法第四条第三款规定，给精神障碍患者造成损害的，依法承担赔偿责任；对单位直接负责的主管人员和其他直接责任人员，还应当依法给予处分。

第七十八条　违反本法规定，有下列情形之一，给精神障碍患者或者其他公民造成人身、财产或者其他损害的，依法承担赔偿责任：

（一）将非精神障碍患者故意作为精神障碍患者送入医疗机构治疗的。

（二）精神障碍患者的监护人遗弃患者，或者有不履行监护职责的其他情形的。

（三）歧视、侮辱、虐待精神障碍患者，侵害患者的人格尊严、人身安全的。

（四）非法限制精神障碍患者人身自由的。

（五）其他侵害精神障碍患者合法权益的情形。

第七十九条　医疗机构出具的诊断结论表明精神障碍患者应当住院治疗而其监护人拒绝，致使患者造成他人人身、财产损害的，或者患者有其他造成他人人身、财产损害情形的，其监护人依法承担民事责任。

第八十条　在精神障碍的诊断、治疗、鉴定过程中，寻衅滋事，阻挠有关工作人员依照本法的规定履行职责，扰乱医疗机构、鉴定机构工作秩序的，依法给予治安管理处罚。违反本法规定，有其他构成违反治安管理行为的，依法给予治安管理处罚。

第八十一条　违反本法规定，构成犯罪的，依法追究刑事责任。

第八十二条　精神障碍患者或者其监护人、近亲属认为行政机关、医疗机构或者其他有关单位和个人违反本法规定侵害患者合法权益的，可以依法提起诉讼。

第七章　附　则

第八十三条　本法所称精神障碍，是指由各种原因引起的感知、情感和思维等精神活动的紊乱或者异常，导致患者明显的心理痛苦或者社会适应等功能损害。本法所称严重精神障碍，是指疾病症状严重，导致患者社会适应等功能严重损害、对自身健康状况或者客观现实不能完整认识，或者不能处理自身事务的精神障碍。本法所称精神障碍患者的监护人，是指依照民法通则的有关规定可以担任监护人的人。

第八十四条　军队的精神卫生工作，由国务院和中央军事委员会依据本法制定管理办法。

第八十五条　本法自 2013 年 5 月 1 日起施行。

附录二 90 项症状清单

本量表包含 90 个项目，分为 5 个等级。下表列出了有些人可能会有的问题，请仔细阅读每一条。

填表说明：所有题目均共用答案，请在 1、2、3、4、5 栏里画√。

姓名＿＿＿＿＿＿＿＿ 性别：＿＿＿＿＿

项目	没有 1	很轻 2	中等 3	偏重 4	严重 5
1. 头痛					
2. 神经过敏，心中不踏实					
3. 头脑中有不必要的想法或字句盘旋					
4. 头晕或昏倒					
5. 对异性的兴趣减退					
6. 对别人责备求全					
7. 感到别人能控制自己的思想					
8. 责怪别人制造麻烦					
9. 忘性大					
10. 担心自己的衣饰整齐及仪态的端庄					
11. 容易烦恼和激动					
12. 胸痛					
13. 害怕空旷的场所或街道					
14. 感到自己的精力下降，活动减慢					
15. 想结束自己的生命					
16. 听到旁人听不到的声音					
17. 发抖					
18. 感到大多数人都不可信任					
19. 胃口不好					
20. 容易哭泣					
21. 同异性相处时感到害羞不自在					
22. 感到受骗、中了圈套或有人想抓住自己					
23. 无缘无故地突然感到害怕					
24. 自己不能控制地大发脾气					

续表一

项　　目	没有	很轻	中等	偏重	严重
	1	2	3	4	5
25. 怕单独出门					
26. 经常责怪自己					
27. 腰痛					
28. 感到难以完成任务					
29. 感到孤独					
30. 感到苦闷					
31. 过分担忧					
32. 对事物不感兴趣					
33. 感到害怕					
34. 您的感情容易受到伤害					
35. 旁人能知道您的私下想法					
36. 感到别人不理解您、不同情您					
37. 感到人们对您不友好、不喜欢您					
38. 做事必须做得很慢以保证做得正确					
39. 心跳得很厉害					
40. 恶心或胃部不舒服					
41. 感到比不上他人					
42. 肌肉酸痛					
43. 感到有人在监视您、谈论您					
44. 难以入睡					
45. 做事必须反复检查					
46. 难以做出决定					
47. 怕乘电车、公共汽车、地铁或火车					
48. 呼吸有困难					
49. 一阵阵发冷或发热					
50. 因为感到害怕而避开某些东西、场合或活动					
51. 脑子变空了					
52. 身体发麻或刺痛					
53. 喉咙有梗塞感					
54. 感到没有前途没有希望					

续表二

项　目	没有 1	很轻 2	中等 3	偏重 4	严重 5
55. 不能集中注意					
56. 感到身体的某一部分软弱无力					
57. 感到紧张或容易紧张					
58. 感到手或脚发重					
59. 想到死亡的事					
60. 吃得太多					
61. 当别人看着您或谈论您时感到不自在					
62. 有一些不属于您自己的想法					
63. 有想打人或伤害他人的冲动					
64. 醒得太早					
65. 必须反复洗手、点数目或触摸某些东西					
66. 睡得不稳不深					
67. 有想摔坏或破坏东西的冲动					
68. 有一些别人没有的想法或念头					
69. 感到对别人神经过敏					
70. 在商店或电影院等人多的地方感到不自在					
71. 感到任何事情都很困难					
72. 一阵阵恐惧或惊恐					
73. 感到在公共场合吃东西很不舒服					
74. 常与人争论					
75. 独自一人时神经很紧张					
76. 别人对您的成绩没有做出恰当的评价					
77. 即使和别人在一起也感到孤单					
78. 感到坐立不安、心神不定					
79. 感到自己没有什么价值					
80. 感到熟悉的东西变得陌生或不像是真的					
81. 大叫或摔东西					
82. 害怕会在公共场合昏倒					
83. 感到别人想占您的便宜					
84. 为一些有关“性”的想法而很苦恼					

续表三

项　目	没有	很轻	中等	偏重	严重
	1	2	3	4	5
85. 您认为应该因为自己的过错而受到惩罚					
86. 感到要赶快把事情做完					
87. 感到自己的身体有严重问题					
88. 从未感到和其他人很亲近					
89. 感到自己有罪					
90. 感到自己的脑子有毛病					

1、4、12、27、40、42、48、49、52、53、56、58 共 12 个项目，主要反映主观的身体不适感。

3、9、10、28、38、45、46、51、55、65 共 10 个项目，主要反映强迫症状。

6、21、34、36、37、41、61、69、73 共 9 个项目，反映人际关系敏感。

5、14、15、20、22、26、29、30、31、32、54、71、79 共 13 个项目，反映抑郁症状。

2、17、23、33、39、57、72、78、80、86 共 10 个项目，反映焦虑症状。

11、24、63、67、74、81 共 6 个项目，反映敌对表现。

13、25、47、50、70、75、82 共 7 个项目，反映恐怖状态。

8、18、43、68、76、83 共 6 个项目，反映偏执症状。

7、16、35、62、77、84、85、87、88、90 共 10 个项目，反映精神病症状。

19、44、59、60、64、66、89 共 7 个项目，反映睡眠和饮食。

评价标准：请患者仔细阅读每一条，读懂后根据最近一周的实际情况在相符处标记“√”。如果患者文化程度低看不懂问题内容，由评估者逐条念给患者听，由患者自己做评定。每个条目均按 1、2、3、4、5 五级评分。其中“没有”是指自觉并无该项症状（问题），记 1 分；“较轻”是指自觉有该项症状，但对你并无实际影响或影响轻微，记 2 分；“中度”是指自觉有该项症状，对你有一定的影响，记 3 分；“相当重”是指自觉常有该项症状，对你有相当程度的影响，记 4 分；“严重”是指自觉该症状的频度和强度都十分严重，对你的影响严重，记 5 分。

单项分≥2 的项目数，表示患者在多少项目中呈现有症状。

单项分=1 的项目数，表示患者在多少项目中无症状。

附录三　焦虑自评量表

焦虑是一种普遍的精神体验，长期存在焦虑反应的人易发展为焦虑症。本量表包含 20 个项目，分为 4 个等级。

填表说明：所有题目均共用答案，请在 1、2、3、4 栏里画√。

姓名____________________　　性别：____________

项　目	偶尔 1	有时 2	经常 3	持续 4
1. 你觉得最近比平常容易紧张、着急吗?				
2. 你无缘无故地感到害怕吗?				
3. 你是否感到心烦意乱或觉得惊慌?				
4. 你是否有将要发疯的感觉?				
5. 你是否感到不如意或觉得其他糟糕的事将发生在你的身上?				
6. 你是否感到自己发抖?				
7. 你是否常感头痛、胃痛?				
8. 你是否感到疲乏无力?				
9. 你是否发现自己无法静坐?				
10. 你是否感到心跳得很厉害?				
11. 你是否感到头晕?				
12. 你是否有过晕厥或觉得要晕倒?				
13. 你是否感到气不够用?				
14. 你是否感到四肢或唇周麻木?				
15. 你是否感到心里难受、想吐?				
16. 你是否常常要小便?				
17. 你的手心是否容易出汗?				
18. 你是否感到脸红发烫?				
19. 你是否感到无法入睡?				
20. 你是否常做噩梦?				

评价标准：请患者仔细阅读每一条，读懂后根据最近一周的实际情况在相符处标记"√"。如果患者文化程度低看不懂问题内容，由评估者逐条念给患者听，由患者自己做评定。每个条目均按 1、2、3、4 四级评分。标准总分 = 20 个单项分之和乘以 1.25。正常标准总分<50 分；50~59 分为轻度焦虑；60~69 分为中度焦虑；70~79 分为重度焦虑。

附录四　抑郁自评量表

本量表包含20个项目，分为4个等级。

填表说明：所有题目均共用答案，请在1、2、3、4栏里画√。

姓名＿＿＿＿＿＿＿＿＿＿＿＿＿＿　　　　性别：＿＿＿＿＿＿＿＿

项　目	偶尔	有时	经常	持续
	1	2	3	4
1. 你感到情绪沮丧、郁闷吗？				
2. 你要哭或想哭吗？				
3. 你早晨醒来心情不好吗？				
4. 你入睡困难吗？经常早醒吗？				
5. 你最近饭量减少了吗？				
6. 你感到体重减轻了吗？				
7. 你是否对异性不感兴趣？				
8. 你的排便习惯有何改变？常为便秘烦恼吗？				
9. 你感到心跳得很厉害吗？				
10. 你容易感到疲劳吗？				
11. 你是不是总感到无法平静？				
12. 你是否感到做事的动作越来越慢了？				
13. 你是否感到思路混乱无法思考？				
14. 你是否感到内心空荡荡的？				
15. 你对未来没有希望吗？				
16. 你是否感到难以做出决定？				
17. 你容易发脾气吗？				
18. 你对以往感兴趣的事没有兴趣了吗？				
19. 你是否感到自己是无用之辈？				
20. 你是否有轻生的念头？				

评价标准：请患者仔细阅读每一条，读懂后根据最近一周的实际情况在相符处标记“√”。如果患者文化程度低看不懂问题内容，由评估者逐条念给患者听，由患者自己做评定。每个条目均按1、2、3、4四级评分。标准总分=20个单项分之和乘以1.25。正常标准总分<50分；50~59分为轻度抑郁；60~69分为中度抑郁；70~79分为重度抑郁。